ZHI
CHINA

U0909372

图书在版编目（CIP）数据

知中·孙子兵法指南书 / 苏静主编. -- 北京：中信出版社，2016.7
ISBN 978-7-5086-6333-3

Ⅰ. ①知… Ⅱ. ①苏… Ⅲ. ①兵法－中国－春秋时代－通俗读物 Ⅳ. ①E892.25-49

中国版本图书馆CIP数据核字(2016)第131702号

知中·孙子兵法指南书

主　　编：苏静
策划推广：中信出版社（China CITIC Press）
出版发行：中信出版集团股份有限公司
（北京市朝阳区惠新东街甲4号富盛大厦2座　邮编　100029）
（CITIC Publishing Group）
承 印 者：鸿博昊天科技有限公司

开　　本：787mm×1092mm　1/16　　插　　页：4
印　　张：14　　字　　数：318千字
版　　次：2016年7月第1版
印　　次：2016年7月第1次印刷
广告经营许可证：京朝工商广字第8087号
书　　号：ISBN 978-7-5086-6333-3
定　　价：56.00元

ZHI
CHINA

知中 03

孙子兵法指南书

出版人 & 总经理
苏静
Publisher & General Manager
Johnny Su

艺术指导
马仕睿 [typo_d]
Art Director
Ma Shirui [typo_d]

主编助理
朱鸣
Assistant of Chief Editor
Zhu Ming

编辑
刘小荻 / 李宛霖 / 迟广赟（实习）
Editors
Liu Xiaodi / Li Wanlin / Chi Guangyun(Intern)

特约撰稿人
董哲 / 罗兆良
Special Correspondent
Dong Zhe / Paul

策划编辑
王菲菲
Acquisitions Editor
Wang Feifei

责任编辑
王未希 / 郝兰 / 谢沐
Responsible Editor
Wang Weixi / Hao Lan / Xie Mu

营销编辑
胡奕
PR Manager
Hu Yi

平面设计
typo_d
Graphic Design
typo_d

联络我们
zhichina@foxmail.com
微博
@ 知中 ZHICHINA
商业合作洽谈
(010)67043898
发行支持
中信出版集团股份有限公司，北京市朝阳区惠新东街甲 4 号，富盛大厦 2 座，100029

微博账号
@ 知中 ZHICHINA

受访人／interviewees

梅维恒
Victor Henry Mair——
1943年生，世界知名汉学家，美国哈佛大学博士，专攻汉、梵两文佛教经典。曾带领美国“史密森学会”的专家，揭示了“塔里木干尸”的身世，及一同掩埋在沙尘下的西域古国文明；曾出版世界上第一本按词语排序的汉英字典，翻译了如《道德经》《庄子》和《孙子兵法》等大量先秦经典，创立了在汉学界有里程碑意义的专著式期刊——《中国柏拉图文库》(Sino-Platonic Papers)。

翟东升——
1976年生，中国人民大学国际关系学院博士、副教授，中国对外战略研究中心副主任，研究领域涉及国际战略与战略思想史、对外经济关系及国际政治经济学等。曾发表论文《对孙子的克劳塞维茨式批判》，代表作有《中国为什么有前途》《大国货币》等。

协力人／information providers

汤皓全——
台湾大块文化出版股份有限公司总编辑

时殷弘——
国务院参事，中国人民大学国际关系学院教授

撰稿人／Authors

芦蔽子——
北京大学中文系博士，专攻出土文献与古代思想文化。

张巍译——
台湾清华大学历史研究所硕士，专攻明史、战争史。

王亚萍——
山东临沂“银雀山汉墓竹简博物馆”副研究馆员，专攻《孙子兵法》兵学研究。

李健——
山东临沂“银雀山汉墓竹简博物馆”馆员，山东大学考古学及博物馆学研究生，专攻商周、两汉考古。

协力机构／ cooperative organizations

中国人民革命军事博物馆

中国人民革命军事博物馆，中国唯一“国家级”综合性军事博物馆。收藏、陈列了以军事战争、历史为主的34万余件文物和藏品，其中国家一级文物1793件、大型武器装备290余件、艺术品1600余件。常设展馆有古代战争馆、近代战争馆、兵器馆、军事艺术馆等等；其中的古代战争馆，着重展示了春秋战国时期的青铜战争器械。2008年，博物馆围绕《孙子兵法》，举办了名为“制胜之道”的主题展览，展出了许多如“越王勾践剑”“吴太子姑发剑”等春秋战国时期的精品文物。

➩ 北京市海淀区复兴路9号

➩ 010-68525857

www.jb.mil.cn

山东省博物馆

山东省博物馆是新中国成立后建立的第一座省级“综合性地志”博物馆。博物馆藏有历史文物14万余件，近现代文物13万余件，自然标本8000余件。其中，藏有1972年银雀山汉墓出土的《孙子兵法》竹简105枚、《孙膑兵法》232枚，以及《六韬》《尉缭子》等兵书竹简。

➩ 济南市经十路11899号（燕山立交桥东2公里）

➩ 0531-85058201
0531-85058202

www.sdmuseum.com

银雀山汉墓竹简博物馆

银雀山汉墓竹简博物馆是一座遗址性专题博物馆。1972年，在山东省临沂市银雀山发掘两座汉墓，出土了7500余枚以先秦兵书为主要内容的竹简，特别是《孙子兵法》与《孙膑兵法》的同时出土，解开了历史上对于“孙武、孙膑其人有无、其书真伪”的谜团。为纪念这一重大考古发现，1981年在汉墓上兴建了银雀山汉墓竹简博物馆，馆内陈列以图文与实物相结合，重点介绍两部兵书竹简、孙武和孙膑的作战实践，以及春秋战国的兵器。

➩ 山东省临沂市沂蒙路中段212号

➩ 0539-8312649

www.yqszj.com

苏州博物馆

苏州博物馆是一座地方综合性博物馆，藏有文物4万余件，其中尤以考古出土文物、明清书画见长。此外，苏州博物馆还藏有古籍善本725种，共3128册，是全国古籍重点保护单位。作为吴越文化的发源地，苏州博物馆设有“吴地遗珍”“吴塔国宝”“吴中风雅”“吴门书画”四个常设展厅，重点展示当地的历史文化风貌。

➩ 苏州市东北街204号

➩ 0512-67575666

www.szmuseum.com

知中《孙子兵法指南书》特集·言论

ZHICHINA
GUIDE TO THE ART OF WAR
Expressions

文+编 朱鸣、李宛霖
text & edit: Zhu Ming & Li Wanlin

时殷弘

国务院参事
中国人民大学教授
《现当代国际关系史》作者

提到《孙子兵法》，您首先会联想到什么？

作为学者，我能够联想到很多。孙武，始终被中国人当作军事和战略方面无与伦比的“圣训缔造者”，他的思想杰出、精深，并且流传了一部甚为系统、言简意赅的《孙子兵法》，是世界军事思想史上，任何其他军事典籍都远远比不上的。而我还会继续联想，这背后深刻的政治文化和战略文化的根源是什么？作为中国政治文化以及意识形态主流的儒家思想，是否与孙武的思想相契合？进而，通过中外对比，我又会联想到《战争论》的作者克劳塞维茨，比较他与孙武，西方与东方的思想异同。

最早接触《孙子兵法》是在什么时候？为何会去读一本“兵书”？

如果仅仅是“知道”《孙子兵法》这本书，那应该是很早以前，我还很小的时候。但如果说能够“解读”，并且对孙武的思想进行自己的思考，那就是长大以后的事了。至于为什么会去读，我认为，《孙子兵法》作为中国古代的经典，仅仅是“知道”其中的词句，而不对其中蕴含的深刻道理进行自己的思考和解释，真是太可惜了。

《孙子兵法》全文中，哪些句子您觉得最精彩？请列举3个。

“不战而屈人之兵，善之善者也”“以迂为直，以患为利”和“胜可知，而不可为”。

《孙子兵法》是否对您的工作/生活产生过影响？

有的。我所研究的方向是国际政治、国际战略，而《孙子兵法》就是一部伟大的军事战略思想著作。并且，研究其背后的政治文化和民族特性，可以让我们更准确地认识中国，不管是好的优点，还是有所欠缺的地方。孙武式的军事战略方式，即强调“精致迂回”“不战而屈人之兵”的政治哲学，在中国历史上受到了主流儒家文化的支持，强调争取“代价最小化”，而不是“收益最大化”，就在这一点上，我已颇受启发。

请用一句话来推荐《孙子兵法》。

《孙子兵法》——千年前的经典，时至今日，仍对中国有着潜移默化的影响；在未来，它也依旧会具有深刻意义，值得我们反复研读。

宋忠平

军事评论员
前第二炮兵工程学院教官
《强国利器》《美国来了》作者

提到《孙子兵法》，您首先会联想到什么？

全面了解对手，知己知彼。

最早接触《孙子兵法》是在什么时候？为何会去读一本“兵书”？

初次接触到这本兵书，是在我的中学时代。为什么会去读？在我看来，它是一本人人都想读的书！

《孙子兵法》全文中，哪些句子您觉得最精彩？请列举3个。

“故善战者，致人而不致于人”“故将通于九变之地利者，知用兵矣”“兵者，诡道也”——分别出自《计篇》《虚实篇》和《九变篇》。

《孙子兵法》是否对您的工作/生活产生过影响？

当然。《孙子兵法》时刻指引我，“绝不打无准备的仗，事事要做到可控”。

请用一句话来推荐《孙子兵法》。

古之兵法已极致，国人须创新以超越！

华杉

战略营销创意专家
上海“华与华”营销咨询公司董事长
《华杉讲透孙子兵法》作者

提到《孙子兵法》，您首先会联想到什么？

压倒性的投入——这是兵法的基本原则。所有的成功靠的都是比别人投入更多。在同样的资源下，如何通过资源分配和调配，选择战略重心，压倒它，这就是兵法。

最早接触《孙子兵法》是在什么时候？为何会去读一本“兵书”？

最早不好说，小时候就有接触吧。不过正式认真读，是在大学时代。在吉林工业大学汽车学院学习内燃机专业的时候，我对汽车发动机并没有兴趣，倒是醉心于“经史子集、兵书战策”。《武经七书》就是我在那时候读的，尤为喜欢《孙子兵法》《吴子》《唐太宗李卫公问对》这三本。为什么读？那是智慧呀！

《孙子兵法》全文中，哪些句子您觉得最精彩？请列举3个。

三句话都在《形篇》：“先胜后战”“善战者无智名，无勇功”“以镒称铢”。

《孙子兵法》是否对您的工作/生活产生过影响？

影响非常大，尤其是那个兵法基本原则——压倒性的投入。《孙子兵法》告诉我，想成功，就要压倒性的投入。兵法讲的道理，就是没有什么“兵法”，付出时间、汗水、金钱和努力多的，就会胜过付出少的。

请用一句话来推荐《孙子兵法》。

想彻底读懂《孙子兵法》？请看知中《孙子兵法指南书》特集，还有我的《华杉讲透孙子兵法》。

邱毅

台湾“中国文化大学”教授
中国国民党第十九届中央委员

提到《孙子兵法》，您首先会联想到什么？

策略管理与市场营销。

最早接触《孙子兵法》是在什么时候？为何会去读一本“兵书”？

应该是在我的求学期间。1982年，我在台湾大学念博士，那时候，正准备写一篇关于“博弈理论”的论文，我的参考书目里就有古代的《孙子兵法》和《武经七书》。现在想想，那已经是30多年前的事了。

《孙子兵法》全文中，哪些句子您觉得最精彩？请列举3个。

《孙子兵法》中精彩的语句有很多，比如说《计篇》中的“道天地将法”和“兵者诡道也”；《谋攻篇》中孙武的“上下同欲者胜”；还有《势篇》中的“以正合，以奇胜”等。

《孙子兵法》是否对您的工作/生活产生过影响？

影响自然是有的，孙武的智慧很有魅力，也对我启发很大。因此，20多年来，我一直在教授“孙子兵法与策略营销”的课程。

请用一句话来推荐《孙子兵法》。

这是一部汇聚中国人智慧的“宝典”。

司马迁

西汉史学家

“世俗所称师旅，皆道孙子十三篇，吴起兵法，世多有，故弗论，论其行事所施设者。”——《史记·孙子吴起列传》

李世民

唐太宗，唐朝第二位皇帝

“朕观诸兵书，无出孙武；孙武十三篇，无出虚实。夫用兵识虚实之势，则无不胜焉。”——《唐太宗李卫公问对》

苏洵

北宋文学家，“唐宋散文八大家”之一

“孙武十三篇，兵家举以为师。然以吾评之，其言兵之雄乎！今其书，论奇权密机，出入神鬼，自古以兵著书者罕所及……吴起与武，一体之人也，皆著书言兵，世称之曰孙吴。然而吴起之言兵也，轻法制，草略无所统纪，不若武之书辞约而意尽，天下之兵说皆归其中。”——《权书》

曹操

汉末魏王、曹魏奠基人

“吾观兵书战策多矣，孙武所著深矣。”——《孙子略解》序

杜牧

唐代诗人

“及年二十，始读《尚书》《毛诗》《左传》《国语》‘十三代史书’，见其树立其国，灭亡其国，未始不由兵也。主兵者圣贤材能多闻博识之士，则必树立其国也；壮健击刺不学之徒，则必败亡其国也。”——《注孙子序》

诸葛亮

三国蜀汉丞相

“孙武所以能致胜于天下者，用法明也。”——《三国志·马良传》

欧阳修

北宋翰林学士，“唐宋散文八大家”之一

“武之书本于兵，兵之术非一，而以不穷为奇，宜其说者之多也。”——《欧阳文忠公集·孙子后序》

苏轼

北宋翰林学士，“唐宋散文八大家”之一

“古之言兵者，无出于孙子矣。利害之相权，奇正之相生，战守攻围之法，盖以百数，虽欲加之而不知所以加之矣。”——《三苏策论·孙武论》

戚继光

明代抗倭名将

“愚尝读孙武书，叹曰：兵法其武库乎！用兵其取诸库之器乎！兵法其药肆乎！用兵其取诸肆之材乎……数年间余承乏浙东，乃知孙武之法，纲领精微莫加矣。第于下手详细节目，无一及焉，犹禅者上乘之教也。”——《纪效新书·自序》

孙中山

中华民国、中国国民党缔造者

就中国历史来考究，二千多年来的兵书，有十三篇，那十三篇兵书，便成为中国的军事哲学。”——《孙中山选集》

蒋介石

二战同盟国中国战区最高统帅、中华民国总统

“我们中国两三千年以前的《孙子》和《孙吴兵略问答》这些书，到现在还是同样的有价值，并且其意义亦与日俱新。比方孙子讲：‘善攻者动于九天之上，善守者藏于九地之下。’这不是讲现代的战术吗？所以书中所讲的东西，有很多就是现在外国人最新最先进的战术原则。”——《抵御外侮与复兴民族》

毛泽东

中华人民共和国、中国解放军的主要缔造者和领导人

“中国古代大军事学家孙武子书上‘知彼知己，百战不殆’这句话，是包括学习和使用两个阶段而说的，包括从认识客观实际中的发展规律，并按照这些规律去决定自己行动克服当前敌人而说的；我们不要看轻这句话。”——《中国革命战争的战略问题》

蒋百里

民国军事理论家、教育家

“吾欲取他国之学说，输之中国，吾盍若举我先民固有之说，而光扬大之？”——《孙子新释·缘起》

冯友兰

哲学家、教育家

“孙武的《吴孙子》比较科学地从春秋时期的战争中总结出战争的一般规律，具有丰富的唯物主义辩证法思想。它是古代一部优秀的兵书，也是一部出色的哲学著作。”——《中国哲学史新编》

杨丙安

新中国主要的《孙子兵法》研究者

“两千五百年前，在中国这块古老的土地上升起了两颗灿烂的明星：一个是儒家的‘圣人’孔子，一个是兵家的‘圣人’孙子。他们的思想光辉不但照耀着中国本土，也照耀着世界的其他地方，尤其是东方。孙子的光辉甚至还越过阿拉伯大沙漠，照到中东，并越过大洋，照到西欧和北美。在中国文化思想史上，除孔子之外，我们很难找到第二个人能像孙子那样具有如此广泛的影响；在世界军事思想史上，我们也很难找到有哪一部古典军事著作能像《孙子》那样受到如此普遍的重视。”——《孙子兵学的东流和西渐》

李德·哈特 B. H. Liddell Hart

英国军事理论家

“孙子的《孙子兵法》为世界上最古老的兵书，但其内容的渊博和对兵法了解的深入却无人能及，可以称之为有关战争指导的智慧精华。过去所有的军事思想家之中，只有克劳塞维茨可以与其比较。但即便克劳赛维茨的书比《孙子兵法》晚了两千多年，他的内容也还是比《孙子兵法》‘过时’(dated)，部分内容更是陈旧(antiquated)。孙子有较清晰的眼光，较深远的见识和永恒的新意。”——格里菲斯翻译英文版《孙子兵法》序言

理查德·尼克松 Richard Nixon

美国第37任总统

“民主国家总是没有做好充分准备打旷日持久的战争。一个民主国家是在敌人发起攻击、激起全国同仇敌忾的情绪、促进战时生产之后才能打好仗的，而一个极权国家能迫使它的民众无期限地投入战斗。一个民主国家也只有在公众舆论支持战争的情况下才能打好仗，而公众舆论将不会继续支持一场没有明显进展迹象、久拖不决的战争。关于这一点，在远离半个地球之外打的这场战争，更是千真万确。2500年前，中国古代的战略家孙子写道：‘夫兵久而国利者，未之有也。’他又说：‘兵贵胜，不贵久。’而美国人民所没有得到的东西就是胜利。”——《真正的战争》

约翰·斯莱瑟 John Slessor

英国军事理论家

“孙武的思想有惊人之处——把一些词句稍加变换，他的箴言就像是昨天刚写出来的。”——《中国的军事箴言》

罗纳德·里根 Ronald Wilson Reagan

美国第40任总统

“2500年前，中国的哲学家孙子说：‘百战百胜，非善之善者也；不战而屈人之兵，善之善者也。’真正成功的军队是这样的：由于其力量、能力和忠诚，它将不是用来打仗的一般军队，因为谁都不敢向他寻衅。”——摘自《关于战争的言论》

布热津斯基 Kazimierz Brzezinski

美国政治理论家、外交家

“孙子在《九地篇》中说：‘诸侯之地三属，先至而得天下之众者，为衢地。’运用孙子的这段话，从更广的范围讨论美国的战略和美中关系的重要性，我认为那是最为恰当不过的了。”——《运筹帷幄——指导美苏争夺的地缘战略构想》

约翰·柯林斯
John Collins

美国战略理论家

“孙武是古代第一个形成战略思想的伟大人物。他写成了最早的名著《孙子兵法》。‘孙子十三篇’可与历代名著，包括2200年后克劳塞维茨的著作媲美。今天，没有一个人对战略的相互关系、应考虑的问题和所受的限制有着比他更深刻的认识。他的大部分观点在我们的当前环境中仍然具有和当时同样重大的意义。”——《大战略》

吉田松阴
よしだ しょういん

日本江户政治家，“明治维新”的主要奠基者

“是十三篇结局，遥应始计。盖孙子本意，在知彼知己。知彼篇篇详之，知彼秘诀在用间。一间用，而万情见矣，七计立矣。孙子开卷言计，终篇言间，非间何以为计，非计何以为间。间计二事，可以终始十三篇矣。”——《孙子评注》

大前研一
おおまえ けんいち

日本管理学家、经济评论家

“从未见过哪本书能像《孙子兵法》一样，为我们提供如此丰富的经济管理思想。这本谈论战略的书籍是用极其精练的语言写成的，里边有着取之不尽的战略思想，每次读它，我的脑中都会涌出无限的想象力。”——《孙子兵学大典》

武田信玄
たけだ しんげん

日本战国名将，“甲斐国”领导者

“疾如风，徐如林，侵掠如火，不动如山。”——武田家军旗

松下幸之助
まつした こうのすけ

日本“松下电器”创始人

“《孙子兵法》中表现出永不变的处世原则，是所有现代人的反省之师。”——《孙子圣典》

孙正义
孫 正義

日本企业家，“软件银行集团”董事长

“一流攻守群，道天地将法，智信仁勇严，顶情略七斗，风林火山海——当我获得巨大成功的时候，我要反复研读这25个字，以此来告诫我居安思危；当我遇到重大损失的时候，一个星期损失十几亿美金，我也反复研读这25个字，以此鼓励我东山再起。”——《孙子兵学大典》

编辑的话

Words of Editor

《孙子兵法》，全书共由13篇构成，通常也被置于《武经七书》之首。全书侧重于从“战略”角度探讨军事问题，行文流畅，言简意赅，又有着严密的逻辑性。书中对于“人与人”，“人与天地”之间关系的思考与辩证，更令它充满东方哲学意味。

千百年流转，《孙子兵法》并未随着时代的变迁而过时，它的价值反而经久不衰，今天，它的很多观念和词汇更是深深嵌入汉语文化体系；同时，它也堪称是海外知名度最高的中国古代文化典籍之一，和后世德国人克劳塞维茨的《战争论》（两者相隔了两千多年），并称东西方两大军事理论代表性著作。

《孙子兵法》所蕴含的思想和观念，至今仍被广泛运用在各个领域，在西方和日本，甚至变成当地波普流行文化的一部分；在日本，更是有着多达百部的作品对《孙子兵法》进行了各种注解。

兵法奥义，一册入门，这本《孙子兵法指南书》特集，我们期望可以起到这个作用。

兵法辞典

Art of War Lexicon

编 李宛霖、朱鸣

edit: Li Wanlin & Zhu Ming

兵法解释类

兵者，国之大事 出自《孙子兵法·计篇》——“兵者，国之大事也。死生之地，存亡之道，不可不察也。”意为，战争是关系国家战略全局的大事情，维系着民众的生死、国家的存亡，是不能不缜密考察，不能不认真研究的。

五事 出自《孙子兵法·计篇》——“五事”即道、天、地、将、法，指政治开明，顺应天时，熟知地利，委任贤能，法制严明。

七计 出自《孙子兵法·计篇》——“七计”是“五事”的另一种概括方法，即“主孰有道？将孰有能？天地孰得？法令孰行？兵众孰强？士卒孰练？赏罚孰明？”孙武从政治、经济、军事、自然、国际关系、精神等多方面分析，判断决定战争胜负的基本要素。

智信仁勇严 古代将领的五德，出自《孙子兵法·计篇》——智，即智谋才能；信，即赏罚分明；仁，指爱抚士卒，优待俘虏，要理解士卒的辛苦，与之同甘共苦；勇，指果断勇敢，能够身先士卒，冲锋陷阵；严，指治军严格，执法一丝不苟。

庙算 出自《孙子兵法·计篇》——“夫未战而庙算胜者，得算多也；未战而庙算不胜者，得算少也。”以“五事七计”比较敌我双方的条件优劣，并制定克敌制胜的办法，即是庙算的基本内容。后人将“庙算”引申为广义上的战略谋划。

兵者，诡道也 出自《孙子兵法·计篇》，意为用兵作战，就是一种隐匿谋诈、智取奇胜的较量。孙武的这一思想揭示了军事斗争的本质和规律，对指导军事行动具有普遍意义。

攻其无备，出其不意 出自《孙子兵法·计篇》——“攻其无备，出其不意。此兵家之胜，不可先传也。”意为，运用诡道的办法有很多，要在敌人毫无戒备的情况下实施攻击，在敌人意想不到的情况下果断行动，使敌人措手不及。这些都是兵家制胜的奥妙所在，是不能事先规定、泄露的。

兵贵胜，不贵久 出自《孙子兵法·作战篇》，指用兵作战重在获胜，应速战速决，不宜旷日持久。

不知害者，则不知利 出自《孙子兵法·作战篇》——“故不尽知用兵之害者，则不能尽知用兵之利也。”意为，不能完全懂得用兵作战的危害，也就不可能完全了解用兵作战的利处。

因粮于敌 出自《孙子兵法·作战篇》——“善用兵者，役不再籍，粮不三载，取用于国，因粮于敌，故军食可足也。”意为，善于用兵的将帅，能从敌方获得战争资源（兵员、粮食、器械），做到愈战愈强。

不战而屈人之兵 出自《孙子兵法·谋攻篇》——“是故百战百胜，非善之善者也；不战而屈人之兵，善之善者也。”意为，百战百胜，并不算高明中最高明的；不经交战而使敌人屈服，那才是高明中最高明的。

上兵伐谋 出自《孙子兵法·谋攻篇》——“故上兵伐谋，其次伐交，其次伐兵，其下攻城。”意为，用兵作战的上策是以谋胜敌，其次是运用外交手段，再次才是以兵克敌，最下策是攻城。孙武把“以谋胜敌”作为实现“不战而屈人之兵”的最佳手段。

知彼知己，百战不殆 出自《孙子兵法·谋攻篇》——“故曰：知彼知己，百战不殆；不知彼而知己，一胜一负；不知彼不知己，每战必败。”意为，既了解敌人又了解自己，战争获胜的概率便极高；不了解敌人而仅了解自己，胜利与失败的概率各占一半；不了解敌人又不了解自己，每战都必定失败。

小敌之坚，大敌之擒 出自《孙子兵法·谋攻篇》，意为，兵力弱小，而又固执坚守的，必定成为强敌的俘虏。

胜可知，而不可为 出自《孙子兵法·形篇》，指胜利是可以预知的，但不能强求。孙武认为，要想获得战争的胜利，不仅自己要有充分准备、有必胜把握，而且要建立在敌人疏于戒备的客观有利条件之中。

形 主要指积聚起来的军事实力。最早见于《孙子兵法·势篇》——“斗众如斗寡，形名是也”“强弱，形也。”《孙子兵法·形篇》也说——“若决积水于千仞之溪者，形也。”兵家讲求“形”，要求己方在总体实力上超过敌人，并且要示形动敌，隐藏真相，制造种种假象来迷惑敌人。

先胜后战 出自《孙子兵法·形篇》——“是故，胜兵先胜而后求战，败兵先战而后求胜。”意为，打胜仗的军队总是事先创造取胜条件，有了必胜的把握才去同敌人作战；打败仗的军队往往不顾主客观条件，盲目求战，企求侥幸取胜。这表明孙武主张打有准备、有把握之仗，反对鲁莽草率的盲目行动。

镒铢 出自《孙子兵法·形篇》——“故胜兵若以镒称铢，败兵若以铢称镒。”意为胜利的一方，就好比以镒称铢那样，处于绝对优势，失败的一方，则有如以铢称镒一样，处于绝对劣势。镒、铢均为古代重量单位，二十四两为一镒，二十四分之一两为一铢，因此一镒是一铢的五百七十六倍。镒、铢用来形容两者对比悬殊。

名词解释类

兵家

先秦诸子百家之一，是研究军事理论，从事军事活动的学派。根据《汉书·艺文志》记载，兵家又可分为兵权谋家、兵形势家、兵阴阳家和兵技巧家四类。

国事

指对国家有重大影响的事务，泛指一切跟国家有关的具体事情，尤其是与政治相关。国事可用于国内，也可用于国际，如“国事访问”是一国首脑接受他国邀请所做的正式访问。

国是

指国家的重大政策，区别于一般的国事。“国是”是书面用语，“国事”则更带有口语色彩。

战略

指从全局考虑谋划，实现全局目标的规划。最早是军事方面的概念，《孙子兵法》《吴子》等兵书被认为是中国军事战略的起源。

战术

指具体指导和进行战斗的方法，是完成战略目标的手段之一。

兵阵

指古代作战队伍的行列及组合方式。

旌旗

旗帜的通称。旌，原指旗杆顶上用旄牛尾和彩色鸟羽作装饰的旗子，主要用于军事领域，标明将士的编组。

金鼓

古代军中的指挥用具。金，即钲、铙等金属响器，击打以宣示退军之意；击鼓，则表示进兵。在战场上，鸣金击鼓可以用来统一军队的行动，从而达到百万之众，进退如一的效果。

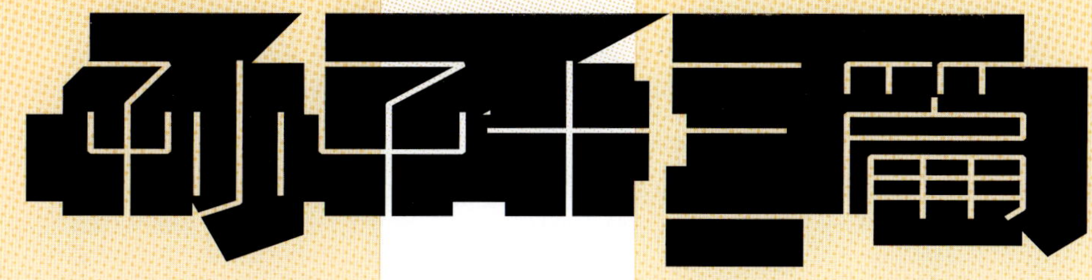

① 计篇

- 兵者，国之大事
- 用兵前须考察五个基本条件
  - 政治
  - 天时
  - 地利
  - 将领
  - 军队制度
- 战前周密谋划为重中之重

② 作战篇

- 做好充分战争准备，但不可轻易出兵
- 战争有利有弊
  - 拓展版图、保卫领土
  - 丁壮伤亡、财力消耗
- 从敌国补充战争资源
  - 激励士兵，勇夺敌军物资
  - 优待俘虏，补充己方兵员
- 兵贵胜，不贵久

③ 谋攻篇

- 必以全争于天下
  - 上兵伐谋（不战而屈人之兵）
  - 其次伐交（外交手段）
  - 其次伐兵
  - 其下攻城（攻城之法为迫不得已）
- 不得已时，发动战争
  - 十则围之
  - 五则攻之
  - 倍则分之
  - 敌则能战之
  - 少则能逃之
  - 不若则能避之
  - 小敌之坚，大敌之擒也
- 统治者要警惕三种情况
  - 不了解敌我双方情况，直接指挥军队作战
  - 不了解军队的具体事务，任意干扰将领的指挥
  - 不懂得用兵的权谋机变，任意干涉将领的指挥
- 知胜之道
  - 知可以战与不可以战者胜
  - 识众寡之用者胜
  - 上下同欲者胜
  - 以虞待不虞者胜
  - 将能而君不御者胜
    - 知彼知己百战不殆
    - 不知彼而知己，一胜一负
    - 不知彼不知己，每战必殆

④ 形篇

- 攻守基本原则
  - 先为不可胜，以待敌之可胜
    - 不可胜者，守也
    - 可胜者，攻也
      - 守则不足，攻则有余
      - 善守者，藏于九地之下
      - 善攻者，动于九天之上
- 先认清必胜的形势然后用兵
  - 故善战者，
  - 立于不败之地，
  - 而不失敌之败也
    - 见胜不过众人之所知，
    - 非善之善者也
    - 战胜而天下曰善，
    - 非善之善者也
- 善用兵者，修道而保法

⑤ 势篇

- 战争中用兵原则
  - 部队编制齐整，管理严密

兵家必争之地

Place of Military Conflict

XXXXXXXXXXXXXXXX

编 迟广赟、朱鸣

edit: Chi Guangyun & Zhu Ming

“兵家必争之地”，即战略要地，指的是对于战争局势有着重大影响的地域。如古代许多的关隘、要塞、渡口，依附于山、水等自然屏障，只要控制住这里，便可以扼住整个地区的咽喉，从而起到“一夫当关，万夫莫开”的战略效果。另外，一些地处特殊位置的城市，除了军事上的意义，也有政治和经济价值，所以也是历代战争中博弈的重点。

城市

西安 古称镐京、长安，位于关中平原中部，北濒渭河，南依秦岭。这里地势平坦，土地肥沃，是黄河流域的经济中心，古时极为富庶，历代汉人政权多选择建都于此。但这里的缺点是不易防御，外敌一旦攻克潼关，便可直取长安。因此，从周公时代起，就开始将洛阳作为“陪都”。

洛阳 曾为十三朝古都，其地处中原，西依秦岭，东临嵩岳，北近太行且依黄河，南望伏牛，山川纵横。相较于西安，洛阳的腹地太小，方圆不过数百里，田地贫瘠，所以经济地位要逊色不少；但其胜在地利，有险可依，外敌难以攻克。

汉中 地处关中之南，巴蜀之北，是西南和西北连接处。左有崤函之险（即崤山与函谷关），右有陇蜀丛山，中部的汉中平原水土肥沃，易于农耕。此外，这里还是汉水的发源地，对阵下游的楚地时极为有利。所以刘邦据汉中，开辟四百年汉业；刘备自立汉中王，诸葛亮屯兵汉中八年，与关中的曹魏争天下。

成都 位于四川盆地西部，东为龙泉山脉，西是纵贯南北的龙门山脉，中有岷江、沱江经流，北部有秦岭、大巴山为屏障，地形易守难攻。三国时期，刘备于此称帝，建立蜀都。

太原 古称晋阳，其地处黄土高原东部，北、西、东三面环山，中部、南部是黄河支流——汾河的河谷平原，战略地形优越。春秋末期，“三家分晋”后，赵国定都太原；唐朝多位帝王数次扩建晋阳城，封其为“北都”，与长安、洛阳并称“三都”。

临淄 地处鲁中丘陵与鲁北平原交接地带，春秋战国时为齐国的都城。其北依黄河，东临大海，拥有鱼盐之利，又因地处平原，粮食产量丰富，古时是个极为富庶的地方，常被诸侯觊觎。

徐州 地处黄淮平原，气候适宜，农业物产丰富；北依齐鲁，南接江淮，西通中原，东出黄海，境内平原和丘陵相间，是南北交通的要冲。战国中期先成后为宋、楚国都。

南京 古称金陵、建业，曾为六朝古
长江下游中心，北连江淮平原，是距
华北最近的江南中心城市。得此地，
江下游富庶的扬州、苏州纳入势力
时期，东吴孙权在此建都；明太祖
国，也以南京为都。

南阳 北依秦岭、伏牛，西靠大巴山，
山，处于三面环山、南部开口的南
面皆与关中、汉中与中原相通。其位
游，淮河源头，东西伸展，南北交汇
光武帝刘秀起兵南阳，从而成就帝业

襄阳 位于江汉平原腹地，向南可沿
荆州，向东可达汉口、信阳，往北可
洛阳，西去即为长安、汉中，占据陆
优势，是古代连通全中国重点地域
代兵家必争，为重中之重的要地。

关隘

01 **山海关** 位于河北省秦皇岛市，地处燕山与渤海之间，故得“山”“海”二字。被认为是明长城的东端起点，有“天下第一关”之称。

02 **居庸关** 位于北京昌平区，位于太行山余脉——军都山峡谷之间，始建于汉代。开始只作为郡县间的关口，至北魏时期，才被修筑为长城上的一座重要关口。与紫荆关和倒马关统称“内三关”。

03 **黄崖关** 位于天津市蓟县。其为明代蓟镇长城的重要关隘，也是该县境内唯一的一座关城。

04 **瓦桥关** 位于河北省雄县城西南。关城建于河湖相连之处，水路交通便利。由此向西，可至河北重镇保定，北连冀北军事重镇幽州，战略地位重要。因此区域地势低洼，居民稀少，易被敌人偷袭，故设此关，利于防守。

05 **紫荆关** 位于河北省保定市，始建于春秋战国时期，为长城上一座著名关城，“内三关”之一。其东为万仞山，西有犀牛山，北为拒马河，南是黄土岭，关城就建在这依山傍水、两山相夹的盆地之内。

06 **倒马关** 位于河北省保定市。最初于战国时代设置，名为“鸿之塞”，汉代称常山关，明代以后更名倒马关，是“内三关”之一。整座关城依地势而建，因山路险峻，战马到此常要摔倒，因而得名。

07 **井陉关** 位于河北省井陉县北井陉山上，为战国时期所筑的长城重要关卡。古为“太行八陉”之一，是从太行山进入华北平原的重要关隘。秦汉时为军事要地，秦将王翦伐赵，韩信破赵的背水一战，均发生于此。

08 **娘子关** 位于太行山脉东侧，河北省井陉县西口，是战国时期所建的长城关口，与井陉关隔山相对，扼太行山井陉口，是山西和河北之间为数不多的通道之一，为历朝军事要地。

09 **马岭关** 位于河北省邢台市西部的太行山脉上，东、西、南三面均有高山作为天然屏障，关隘设在两山之间的谷口处，是秦汉以来中国北部边陲的一个重要关隘。

10 **龙泉关** 位于河北省阜平县西部，分为上、下两关。东临阜平县城，西界五台山，北近平型关。关之南北，沿山曲折，格数百里，有隘口六十余处，明代曾有重兵把守于此。现存遗址为上关关城。

11 **雁门关** 位于山西省忻州市代县以北，始建于明代，与宁武关、偏头关合称山西“外三关”。其高踞雁门山上，扼守塞北高原通向华北的要道，连接山西南北交通，为明长城上的重要关隘。

12 **宁武关** 位于山西省忻州市，始建于明代，山西“外三关”之一，其位于恒山余脉的华盖山上，与偏头、雁门关联结成内长城一线，是晋北的一道巨大屏障。

13 **偏头关** 位于山西省忻州市偏关县，山西“外三关”之一，东连丫角山，西濒黄河，因其地势“东仰西伏”，故名得名“偏头”。现存的关城为明代所建。

14 **平型关** 位于山西省忻州市繁峙县，雁门关之东，为内长城的一个关口。古称“瓶形寨”，因其周围地形如瓶，故得名。北有恒山，南有五台山，周边海拔较高，关隘设于两山之间“带状低地”中隆起的部分，地势险要。

15 **杀虎口** 位于山西省朔州市右玉县境，建于明朝。关城东依塘子山，西傍大堡山，两侧高山对峙，地形险峻。两山之间开阔的苍头河谷地，自古便是南北重要通道。明朝为了抵御蒙古瓦剌南侵，多次从此口出兵征战，故最初名为“杀胡口”。

16 **鸦鹘关** 位于辽宁省新宾县苇子峪镇，明代为限制建州女真人的出入、防止朝鲜使臣窥视辽东虚实而建。关城东西面皆为群山，唯此处有一狭窄通口，可通南北。1618年，萨尔浒之战时被后金攻占。

17 **虎牢关** 位于河南省荥阳市汜水镇，因周穆王在此圈养猛虎而得名“虎牢”，又称汜水关、成皋关。其南连嵩岳，北濒黄河，战略形势险要，为洛阳东边的门户。楚汉争霸，这里是刘邦、项羽博弈的核心地带。

18 **函谷关** 位于河南省灵宝市函谷关镇，春秋时期由秦国所建，是中国最早的军事要塞之一，与武关、萧关、大散关并称为“秦之四塞”。其处于涧谷之中，深险如函，所以得名“函谷”。函谷关“东自崤山、西至潼津、南接秦岭、
西安之间，
平坦的通道
之地。

19 **潼关** 位于
北，始建于
临黄河、华
省要冲，是
关中、西域

20 **蒲津关** 位
战国时期，
之险，是连
战略要地。

21 **阳平关** 位
建于西汉，
北边濒临嘉
北面通略阳
南与西北的
代皆为重镇

22 **武关** 位于
县，春秋时
之四塞”之
习山，东延
谷深，狭窄
门，也是秦
检查处。

23 **大散关** 位
郊，“秦之四
中地区通往
道，为“川
“明修栈道
关；三国时
经此关，进

24 **穆陵关** 位
市交界处，
城的隘口。
期，春秋齐

，其位于
中原和
可将长
。三国
元璋建

有大别
盆地，四
汉水上
东汉时，

水直达
抵中原、
和水路
枢纽。历

武汉 由原先的武昌（江夏）、汉口（夏口）、汉阳三地合并而成。长江与其最大支流汉水交汇于此，有“九省通衢”之称。南宋抗金名将岳飞驻防鄂州（今武昌）八年，曾在此兴师北伐。

九江 古称浔阳，为多条江河汇集之处。其位于长江中游南岸，庐山北麓，东濒鄱阳湖，与赣、鄂、皖三省毗邻，古人称其为“据三江之口，当四达之衢”。夏商时期属荆、扬二州之域，春秋时属吴之西境、楚之东境。

合肥 古称庐州。地处长江中下游，位于长江、淮河分水岭，临近巢湖，地貌以平原、丘陵为主。因其有充足的水源和平坦的冲积平原，土地肥沃，农耕发达。东晋时，南北分裂，合肥为双方争夺的重地。

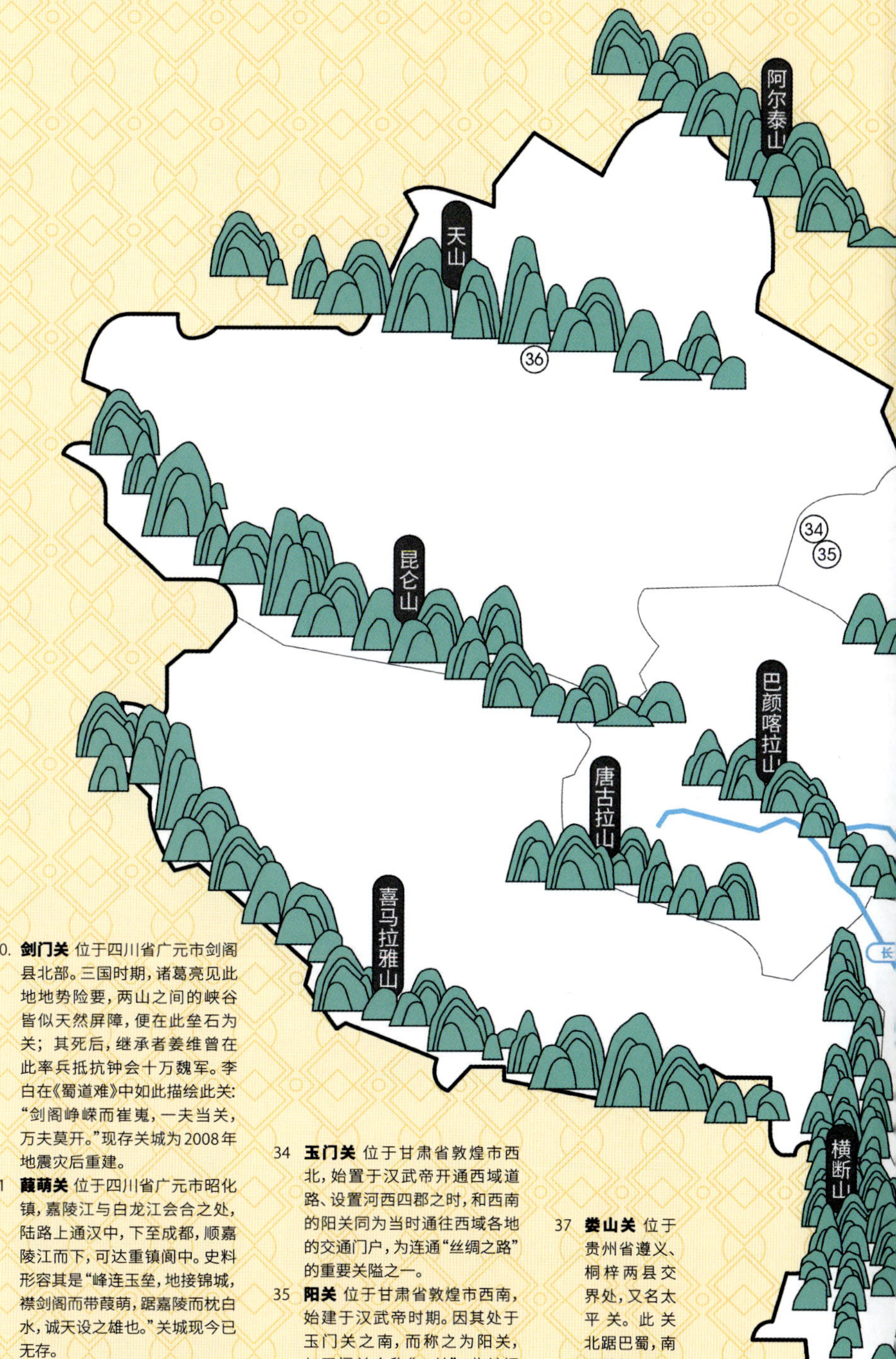

塞黄河”，在洛阳、
唯一一条东西向
，因此为兵家必争

西省渭南市潼关县
汉，南有秦岭，北
，位居晋、陕、豫三
末以来出入中原、
必经之处。
陕西省大荔县东，
置关于此，据黄河
秦晋两大区域的

陕西省汉中市，始
南边倚靠大巴山，
陵江，南行可入川，
西可达陇南，是西
咽喉。自汉开始，历

西省商洛市丹凤
为少习关，是“秦
，其北依高峻的少
腰盘曲而过，崖高
行，是秦国的南大
楚、晋与楚的国境

陕西省宝鸡市南
”之一。其扼守汉
中地区的陈仓古
咽喉”。汉朝韩信
暗度陈仓”夺取此
诸葛亮率军出蜀，
北上谋关中。
山东潍坊市与临沂
沂山东麓古齐长
传初建于西周时
沿此处构筑二道

长城，被称为“齐南天险”。这里曾是齐鲁两国相争的核心地带，现遗址无存。

25 **武胜关** 位于湖北省广水市北侧，春秋时已有，古称直辕关，秦定中原后，称其为“武阳”，后更名为“武胜”，与九里关、平靖关并称为“义阳三关”。其北屏中原，南锁鄂州，是大别山脉和桐柏山脉之间的重要隘口，也是中国南北方的分水岭之一。

26 **平靖关** 位于河南省信阳市南湾村，地处武胜关西侧，古称冥轭关。其两侧有五峰岭、凤凰山双峰对峙，山势险峻，占该关可扼鄂、豫两省之襟喉。

27 **九里关** 位于河南省信阳市九里关村，春秋时称大隧关，宋朝更为今名，“义阳三关”之一。其西邻灵山，东依大别山，为中原与江汉的交通要道。70年代，豫、鄂两省共修水库，该关被沉于水底。

28. **铁门关**（武汉）位于湖北省武汉市，三国时期，吴国为防魏国进攻所建，后因唐代兴建汉阳城，铁门关失去其军事意义，成为一个普通的关隘。铁门关曾在明朝被大火烧毁，现存关城为近代重修。

29. **萧关** 位于宁夏固原市东南，“秦之四塞”之一，其于六盘山山口依险而立，扼守着自泾河方向进入关中的通道，也为关中与塞北之间的交通要冲，设此关，用于抵抗塞外游牧民族的侵略。

30. **剑门关** 位于四川省广元市剑阁县北部。三国时期，诸葛亮见此地地势险要，两山之间的峡谷皆似天然屏障，便在此垒石为关；其死后，继承者姜维曾在此率兵抵抗钟会十万魏军。李白在《蜀道难》中如此描绘此关：“剑阁峥嵘而崔嵬，一夫当关，万夫莫开。”现存关城为2008年地震灾后重建。

31 **葭萌关** 位于四川省广元市昭化镇，嘉陵江与白龙江会合之处，陆路上通汉中，下至成都，顺嘉陵江而下，可达重镇阆中。史料形容其是“峰连玉垒，地接锦城，襟剑阁而带葭萌，踞嘉陵而枕白水，诚天设之雄也。”关城现今已无存。

32 **江油关** 位于四川省平武县南坝镇，是刘备入川以后，为防曹操势力南下而建立的军事要塞。蜀汉后主炎兴元年，曹魏征西，奇袭江油关，蜀汉守将马邈不战而降，魏军便由此关长驱直入，攻陷成都，致使蜀汉灭亡。

33 **嘉峪关** 位于甘肃省嘉峪关市，始建于明朝，为明长城西端最重要的关口。因其处于地势陡峭的嘉峪山上，城关两翼，城墙横穿沙漠和戈壁，巍峨险要，所以被誉为“天下第一雄关”。

34 **玉门关** 位于甘肃省敦煌市西北，始置于汉武帝开通西域道路、设置河西四郡之时，和西南的阳关同为当时通往西域各地的交通门户，为连通“丝绸之路”的重要关隘之一。

35 **阳关** 位于甘肃省敦煌市西南，始建于汉武帝时期。因其处于玉门关之南，而称之为阳关，与玉门关合称“二关”，此关把守着通往西域的南路，是古代中国与西域陆路交通的咽喉之地。唐代诗人王维，在诗中写道：“劝君更尽一杯酒，西出阳关无故人。”意指出了阳关，便要开始远离故国了。

36 **铁门关**（新疆）位于新疆库尔勒市北郊，唐朝统一西域后设立。因其险固，又是北疆通往南疆的唯一通道，故称铁门关。唐代名相张九龄赞道：“铁门千术，回镇咽喉。”现存关楼为清代林则徐主持重修。

37 **娄山关** 位于贵州省遵义、桐梓两县交界处，又名太平关。此关北踞巴蜀，南扼黔桂，周边峭壁绝立，为川黔交通要道，所以娄山关也被誉为“黔北第一要塞”。

38 **镇南关** 位于广西凭祥市西南，今称友谊关，出此关便是越南国土。镇南关始建于汉朝，是中国南部边疆的重要关口。清末中法战争时期，清军于此抵御法国侵略者，并取得“镇南关大捷”。

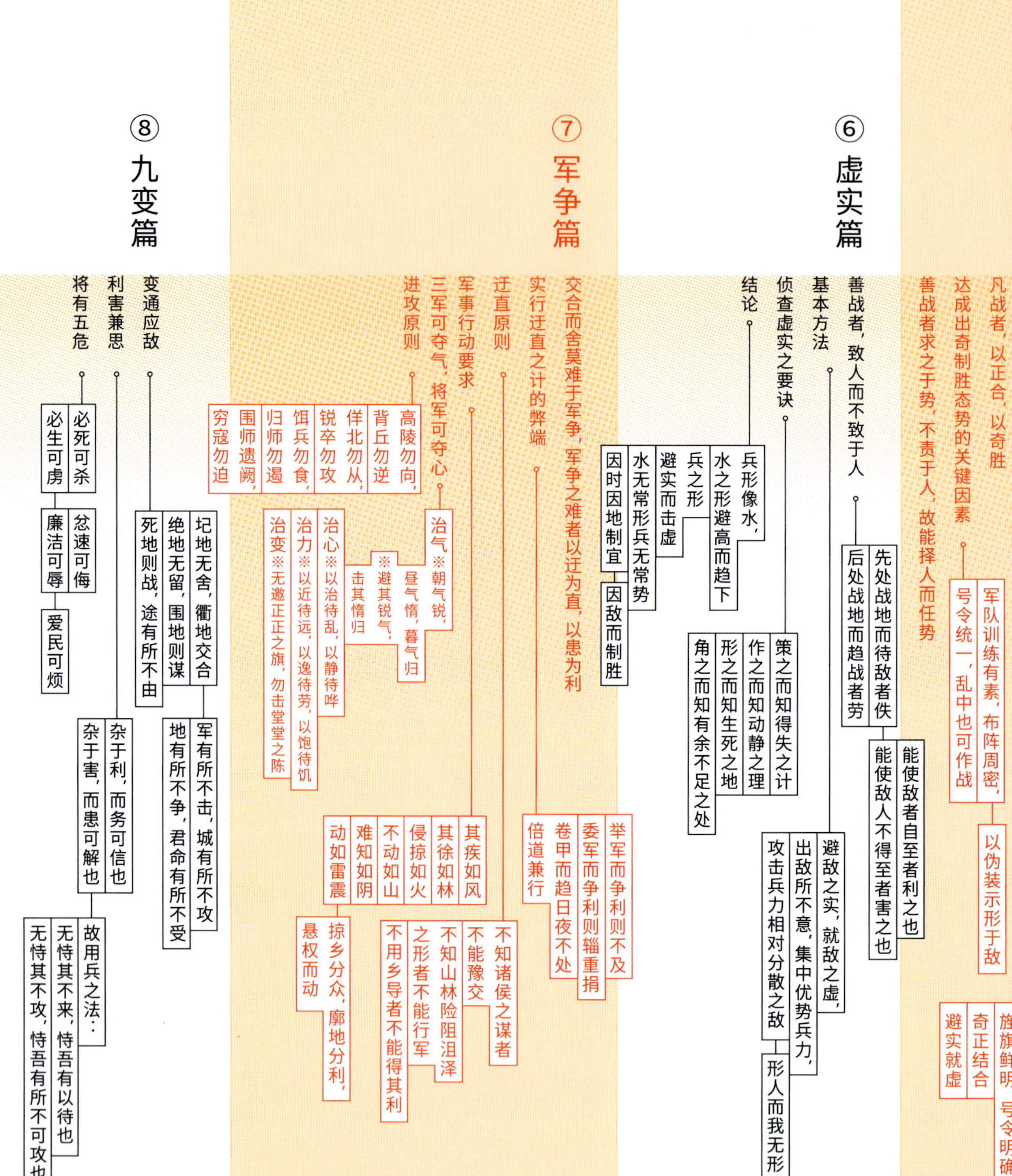

势篇
凡战者，以正合，以奇胜
达成出奇制胜态势的关键因素
善战者求之于势，不责于人，故能择人而任势
军队训练有素，布阵周密，
号令统一，乱中也可作战
以伪装示形于敌
旌旗鲜明，号令明确
奇正结合
避实就虚
⑥
虚实篇
善战者，致人而不致于人
基本方法
侦查虚实之要诀
结论
先处战地而待敌者佚
后处战地而趋战者劳
能使敌者自至者利之也
能使敌人不得至者害之也
避敌之实，就敌之虚，
出敌所不意，集中优势兵力，
攻击兵力相对分散之敌
形人而我无形
策之而知得失之计
作之而知动静之理
形之而知生死之地
角之而知有余不足之处
兵形像水，
水之形避高而趋下
兵之形
避实而击虚
水无常形兵无常势
因时因地制宜
因敌而制胜
⑦
军争篇
交合而舍莫难于军争，军争之难者以迂为直，以患为利
实行迂直之计的弊端
迂直原则
军事行动要求
三军可夺气，将军可夺心
进攻原则
举军而争利则不及
委军而争利则辎重捐
卷甲而趋日夜不处
倍道兼行
不知诸侯之谋者
不能豫交
不知山林险阻沮泽
之形者不能行军
不用乡导者不能得其利
其疾如风
其徐如林
侵掠如火
不动如山
难知如阴
动如雷震
掠乡分众，廓地分利，
悬权而动
治气※朝气锐，
昼气惰，暮气归
※避其锐气，
击其惰归
治心※以治待乱，以静待哗
治力※以近待远，以逸待劳，以饱待饥
治变※无邀正正之旗，勿击堂堂之陈
高陵勿向，
背丘勿逆
佯北勿从，
锐卒勿攻
饵兵勿食，
归师勿遏
围师遗阙，
穷寇勿迫
⑧
九变篇
变通应敌
利害兼思
将有五危
圮地无舍，衢地交合
绝地无留，围地则谋
死地则战，途有所不由
军有所不击，城有所不攻
地有所不争，君命有所不受
杂于利，而务可信也
杂于害，而患可解也
故用兵之法：
无恃其不来，恃吾有以待也
无恃其不攻，恃吾有所不可攻也
必死可杀
必生可虏
忿速可侮
廉洁可辱
爱民可烦

兵法解剖

Dissecting the Art of War

编 朱鸣、李宛霖 绘 刘佩佩

edit: Zhu Ming & Li Wanlin

illustration: Liu Peipei

⑨ 行军篇

- 行军安营注意事项
- 行军安营、侦察敌情的基本方法
- 兵非贵益多也
  - 惟无武进
  - 足以并力、料敌、取人而已
  - 夫惟无虑而易敌者，必擒于人
- 统帅军队的方法
  - 平时的教育
  - 战时军纪严肃
  - 赏罚分明
  - 为将者言而有信
  - 令行禁止

⑩ 地形篇

- 六种不应归于地形不利，而应归于主将领兵失误的情况
  - 走兵
  - 弛兵
  - 陷兵
  - 崩兵
  - 乱兵
  - 北兵
- 地利只是辅助条件，将领素质是关键
  - 准确判明敌情，了解地形险恶远近，按照战争规律指挥
  - 爱护士卒，使其甘愿与主将同生死；纪律严明，阵法整齐，调度有序
  - 知彼知己，胜乃不殆
  - 知天知地，胜乃不穷

⑪ 九地篇

- 将领出征时，国家的相应措施
  - 封锁国境
  - 断绝使者往来
  - 趁敌国犹豫之时，抢先占据战略要地
- 军队深入敌境后，将领的决心与处置
  - 大胆继续深入敌境
  - 可置军队于险境，
  - 将士患难与共，团结一致
  - 保持镇静，赏罚公正，
  - 使人心稳定，心甘情愿服从命令，
  - 只顾冲锋杀敌，而不问其他
- 九地之变屈伸之利，人情之理不可不察也

⑫ 火攻篇

- 火攻对象
- 火攻主客观条件
- 五种火攻方式，应灵活选择实施策略

⑬ 用间篇

- 用间的意义
  - 兵之要也
  - 对国家、民众，对战争负责
- 克敌制胜，在于预知敌情
- 五种运用间谍的方式
  - 因间
  - 内间
  - 反间
  - 死间
  - 生间
- 间谍的作用
  - 乡间、内间可得而使也
  - 死间为诳事，可使告敌
  - 生间可使如期
- 用间的重要性，只有智慧的人才善于用间
  - 三军之事，莫亲于间
  - 事莫密于间
  - 非圣智不能用间
  - 非仁义不能使间
  - 非微妙不能得间之实

决积水于千仞之溪 出自《孙子兵法·形篇》——“称胜者之战民也，若决积水于千仞之溪者，形也。”意为，把握制胜要诀的人，组织和调度军队，就像在八千尺的高处掘开山谷中的积水一样，这就是军事实力的体现。孙武十分重视军队力量的积蓄和使用，认为积蓄时就要像积水于千仞之溪，力量雄厚，深不可测；使用时就像决堤放水，其势迅猛，锐不可当。

度量数称胜 衡量敌对双方综合国力的几条标准。出自《孙子兵法·形篇》，度，即度量土地幅员；量，即计量物质资源；数，即计算兵员多寡；称，即衡量双方实力对比状况；胜，即双方优劣胜负之情状。孙武认为，它们之间是相互联系、相互影响的——“地生度，度生量，量生数，数生称，称生胜”。通过度、量、数、称、胜的比较，可以事先预测出战争的胜负。

势 关于军事实力的表现、使用和发挥的军事术语。见于《孙子兵法·势篇》——“激水之疾，至于漂石者，势也”“故善战人之势，如转圆石于千仞之山者，势也”。势的基本含义是“力”，但“力”不是静止不变的，要在运动中获得最大能量、发挥最大效力。

奇正 用于表现用兵领域辩证关系的军事术语。见于《孙子兵法·势篇》——“三军之众，可使毕受敌而无败者，奇正是也。”奇与正并没有刻板的规定，二者是相互联系、不可分割的。正中有奇，奇中有正，完全视具体战场情况随机应变，灵活运用。

分数 关于军队组织编制的用语。见于《孙子兵法·势篇》——“凡治众如治寡，分数是也。”曹操注《孙子兵法》言：“部曲为分，什伍为数。”“分数”用来表示军队管理中整体与局部的关系。

择人而任势 出自《孙子兵法·势篇》——“故善战者，求之于势，不责于人，故能择人而任势。”意为，善于指挥作战的将帅，他的着眼点是放在造成和利用有利的态势上面，而不是放在苛求部属方面。

虚实 “虚实”，本源于古代方阵的队形变换。《孙子兵法·虚实篇》将“虚实”引申为长处和短处——“兵之形，避实而击虚”，认为用兵要充分发挥己方的长处，攻击敌方的薄弱环节，就能克敌制胜。

致人而不致于人 出自《孙子兵法·虚实篇》——“凡先处战地而待敌者佚，后处战地而趋战者劳。故善战者，致人而不致于人。”意为，凡是先于敌人到达预定战场而等待敌人的，就能得到休整，因而处于主动地位。后敌到达战场的，必然会因奔走疲惫而处于不利地位。所以善于指挥作战的人，总是设法调动敌人而不是被敌人所调动。孙武强调主动性是取得战争胜利的重要条件。

专分 出自《孙子兵法·虚实篇》——“故形人而我无形，则我专而敌分；我专为一，敌分为十，是以十攻其一也。”意为，诱使敌人现形，并迫使敌人分散兵力，这样我方就可以集中力量，达到以众击寡，以实击虚的目的。

攻而必取，守而必固 出自《孙子兵法·虚实篇》——“攻而必取者，攻其所不守也；守而必固者，守其所必攻也。”意为，进攻必然奏效的原因，是找到敌人疏于防守，或不易防守的地方；防守必然稳固的原因，是洞悉了敌人必定进攻之处，并提前布置好优势兵力。

兵以诈立 出自《孙子兵法·军争篇》，意指用兵作战要善于用“诈”。此处“诈”也有变化多端的意思。

风林火山阴雷 出自《孙子兵法·军争篇》——“其疾如风，其徐如林，侵掠如火，不动如山，难知如阴，动如雷震”，意指战争中，急行军如风般迅速，侵袭掠扰如烈火般无法遏制，徐行队列如树林般齐整，驻军固守如山岳般不可动摇，军队的状态如阴云蔽日难以捉摸，进攻时如雷霆般势不可当。

朝气锐，昼气惰，暮气归 出自《孙子兵法·军争篇》——“是故朝气锐，昼气惰，暮气归。故善用兵者，避其锐气，击其惰归，此治气者也。”意为，朝阳初至，敌人的气势必盛；陈兵至中午，则人力困倦，开始怠惰；待至日暮，人心思归，气势便逐渐衰落。善于用兵的人，面对敌人气势正旺则避之，趁其士气衰竭时才发起猛攻，这才是正确运用士气的原则。

后发先至 出自《孙子兵法·军争篇》——“故迂其途而诱之以利，后人发，先人至，此知迂直之计者也。”意指，故意用迂回绕道的佯动，并以小利去引诱敌人、拖住敌人，这样就能做到虽比敌人后出动，却先到达所要争夺的地方。

君命有所不受 出自《孙子兵法·九变篇》——“途有所不由，军有所不击，城有所不攻，地有所不争，君命有所不受。”意为，一切要从全局利益出发，依战场的实际情况而决策，如果不合理，即使主君的命令也要考虑不执行。

进不求名，退不避罪 出自《孙子兵法·地形篇》——“故进不求名，退不避罪，唯民是保，而利合于主，国之宝也。”意为，进攻取胜，并不是为了追求个人的功名，不战而退兵，也不惧怕对自己违令的罪责，一切只求保全民众与国君的利益，这样的将帅，才是国家的栋梁。

吴越同舟 出自《孙子兵法·九地篇》——“夫吴人与越人相恶也，当其同舟而济，遇风，其相救也如左右手。”春秋时期，吴国与越国时常交战，势如水火。某次，在吴越交界的河流上，吴人和越人共乘一船，突然，天色骤变，随时可能翻船。此时，吴人与越人放下两国恩怨，同心协力共度危难，犹如左右手。后以“吴越同舟”比喻虽有旧怨，但同遭危难且利害一致时，也要互相救助、共同努力。

投之亡地然后存，陷之死地然后生 出自《孙子兵法·九地篇》，意为，在非常情况下，把士卒投入到危险的境地，然后才能化险为夷；因为士兵面对绝境，退无可退，为求生存，必会拼死奋战。这是一着险棋。

火攻 出自《孙子兵法·火攻篇》——“凡火攻有五，一曰火人，二曰火积，三曰火辎，四曰火库，五曰火队。”即焚烧敌军人马、粮草积蓄、辎重、库藏装备军饷以及交通和转运设施等。古代战争中，成功使用火攻，能为战局带来翻天覆地的影响。

非利不动，非得不用，非危不战 出自《孙子兵法·火攻篇》，意为，君主将帅需认真思考，凡不是有利于国家的，就不要采取军事行动。没有取胜的把握，就不要随意用兵。不到危急紧迫之时，就不要轻易开战。孙武认为，着眼全局，以利为动，是谋划和指导战争的基本出发点。

用间 出自《孙子兵法·用间篇》——“故用间有五：有乡间、有内间、有反间、有死间、有生间。”即使用间谍战，孙武要求将领精通“用间”本领，以夺取战争中的先机。

虎符

古代调兵遣将用的兵符，大多为伏虎形状，可分为两半，一半由统治者持有，另一半交由将领保管，若想调动军队，需二者共同使用，方可生效。

关隘

指险要的关口，通常为兵家必争之地，如阳平关、虎牢关、剑门关、居庸关、山海关、雁门关、嘉峪关等。

武庙十哲

唐朝开元十九年，玄宗皇帝为表彰并祭祀历代名将所设置的庙宇，以周朝开国丞相吕尚（姜子牙）为主祭，以历代名将十人从之。十哲为白起、韩信、诸葛亮、李靖、李勣、张良、司马穰苴、孙武、吴起、乐毅。

武经七书

编纂于北宋神宗时期，官方权威军事教科书。“七书”分别为《孙子兵法》《吴子兵法》《司马法》《尉缭子》《六韬》《三略》《李卫公问对》。

十一家注孙子

《孙子兵法》是以辑注形式传世的重要刊本之一，所辑十一位注家为三国曹操，梁孟氏，唐李筌、贾林、杜佑、杜牧、陈皞，宋梅尧臣、王皙、何氏与张预。

春秋战国

属于东周的一个时期（公元前770年～公元前221年），是中国历史上的一段大分裂时期。春秋，公元前770年至公元前476年，周王势力减弱，春秋五霸（齐桓公、晋文公、宋襄公、秦穆公、楚庄王）相继称霸中原。战国，为公元前475年至公元前221年，其间秦、楚、齐、燕、赵、魏、韩七国混战。最后，秦国于公元前221年统一六国，建立中央集权国家。

39 **鹳阴古渡** 位于甘肃省平川区境内。据史书记载，古代西域民族侵扰中原，多由此渡过黄河。

40 **西口古渡** 位于山西省忻州市河曲县。其对岸右侧是内蒙古大口渡，左侧是陕西省大沁渡。因其西接宁夏陇右，北通阴山草地，在元明清三朝，此处的贸易活动较为频繁。

41 **蒲津渡** 位于山西省永济市，为古代黄河的一个大渡口，为春秋时期秦晋之间的交通要冲，曾有多朝于此修造浮桥。唐朝初期，此处是长安与河东的枢纽。金元之际，浮桥毁于战火，只剩下两岸的铁牛。

42 **风陵渡** 位于山西省芮城县，正处于黄河东转的拐角，为河东、河南、关中咽喉要道，为黄河上最大的渡口。历史上曾有多场战争发生于此，比如春秋时秦、魏之争，东汉时曹操讨伐韩遂、马超。

43 **大禹渡** 位于山西省芮城县，位于秦、晋、豫三省交界处，为山西的南大门。相传当年大禹于此治水，故名“大禹渡”。

44 **茅津渡** 位于山西省运城市，黄河北岸，是晋、豫两省间的重要渡口。史料称其“地当晋豫通衢，商旅之辐辏，三晋运盐之孔道”，是战国时期赵、魏、韩三国出入河南及南方诸省的门户。

45 **孟津古渡** 位于河南省洛阳市孟津县，孟津关附近。渡口与关隘，北濒黄河，南依邙岭。有山河作托，形成了关、河相卫的形势。但目前关城与渡口的具体位置存疑。

46 **玉门古渡** 位于河南省荥阳市汜水镇。其西有大坯山，接洛阳；东有广武山，接开封；中有汜河北注黄河，是往返南北、连接东西的水陆交通要道。

47 **西津渡** 位于江苏省镇江市。其东有象山为屏障可以抵挡海潮，北与古邗沟相对应，临江断矶绝壁，是岸线稳定的天然港湾。东晋农民起义军率军由海入江，直抵镇江，控制西津渡口，切断南北联系，以围攻晋都建业。宋代，此处是抗金前线，宋兵曾驻扎在此抵御金兵南侵。

48 **朝天门码头** 位于重庆市渝中区，长江与嘉陵江交汇处，所在地三面环水，地势中高。早在公元前秦灭巴国后便设立，明初在此修建城门，因面朝帝都南京，故称“朝天门”。

◉ 以国家测绘地理信息局官方网站下载地图加工而成。

始计第一

01

海外兵法研究者——梅维恒访谈录

An Interview of Professor Victor Henry Mair

采访+文 董哲 图 梅维恒 编 朱鸣

interview & text: Dong Zhe photo: Victor Henry Mair edit: Zhu Ming

P R O F I L E

梅维恒教授是世界知名的汉学家，他从中国文化和历史的诸多角度着手，探究这个源远流长的文明。作为一个专攻汉、梵两文佛教经典的博士，他带领美国"史密森学会"的专家，在塔里木盆地腹地，揭示了"塔里木干尸"的身世，以及一同掩埋在沙尘下的西域古国文明；出版了世界上第一本按词语排序的汉英字典，翻译了如《道德经》《庄子》和《孙子兵法》等大量先秦经典，创立了在汉学界有里程碑意义的专著式期刊——《中国柏拉图文库》(Sino-Platonic Papers)。

从早期的翟林奈(Lionel Giles)译本开始，过去百余年里，《孙子兵法》被西方世界、尤其是英语世界广泛翻译。梅维恒教授的译本[1]因其论理考究，及其作者学养深厚，在当代美国影响巨大。作为研究中文语源学和修辞学的名家，梅教授的翻译字斟句酌，不但清晰、准确地表达了原典的含义，还尽可能地用英语保留了原文中语言的韵律和节奏。此外，他还在《中国柏拉图文库》第178期出版了《军士之术：一个关于〈孙子兵法〉颠覆性译本的小册子》[2]，其中引介了卓鸿泽(H. T. Toh)的满文译本，也严密论证和推敲了《孙子兵法》的各章和全书的成书年代、其与道教思想的关系、青铜器时代和铁器时代的军事技术等问题。两本专著都是当代西方研究《孙子兵法》的必读书目。

1943年仲春生于俄亥俄州东坎顿市的梅维恒，在完成了高中学业后，被常春藤名校、美国汉学重地达特茅斯学院录取。他曾是校男子篮球队的队长，颇受欢迎。大学毕业后，他在驻尼泊尔的维和部队服役两年。之后赴西雅图的华盛顿大学，和久负盛名的伦敦大学亚非学院学习中文和梵文。在西雅图期间，他结识了在学校教授中文的学者张立青，并与她结为终身伉俪。1976年，他凭借以《敦煌通俗叙事文学》(Tun-huang Popular Narratives)为题的博士论文，获得哈佛大学博士学位并留校任助理教授。1979年，他举家迁往费城，并成为宾夕法尼亚大学的教授。

梅教授对《孙子兵法》的研究颇为深入，结合他对中国文化其他方面的兴趣，产生了很多新颖而立论扎实的观点，这里我们拣选两个重要观点做整理、简述。(以下观点均摘选、编辑自前述梅教授的两本专著)

1 The Art of War: Sun Zi's Military Methods, Columbia University Press, 2007 2 Soldierly Methods: Vade Mecum for an Iconoclastic Translation of Sun Zi Bingfa, No. 178 of Sino-Platonic Papers, 2008

◉ 梅维恒教授译本《孙子兵法》（The Art of War: Sun Zi's Military Methods）

◉ 梅维恒教授译本《道德经》（Tao Te Ching: The Classic Book of Integrity and the Way）

◉ 梅维恒教授译本《庄子》（Experimental Essays on Zhuangzi）

《孙子兵法》诞生于何时？

传统上，认为《孙子兵法》是春秋时期孙武所作，但根据其中论及的战争规模和组织、战术、武器装备等均较春秋时期发达，应实际成书于战国时期。具体地说，从指挥权上看，春秋时期天子将兵，贵族统兵，且兵士都是贵胄宗亲，而《孙子兵法》中提到了孙武指挥的情形，更像是战国时期的状况。那一时期文化下移、平民参与作战后，因为对人才的迫切需求，非贵胄也能指挥作战。其次，从规模上看，动辄带甲十万、战阵严谨、训练有素、声势浩大，这些特点并不是春秋时期的，而更符合兵法、技术高度发达的战国时期。其三，将话语归于某一君子，以"某某说"的形式将一家言论集结成书的方式是战国时期所常见，春秋罕有。其四，《孙子兵法》中提及的武器装备，有不少是到战国才出现的。比如第二章说"甲胄矢弩"，而根据东汉的《吴越春秋》，弩是公元前四世纪，战国时期楚国人发明的，恐怕在孙武所生活的公元前6世纪末是没有使用的。

战国与春秋并不简单是文化上的分野，在技术上，铁器的盛行改变了整个中国。虽然早在公元前621年的秦穆公墓中就有生铁所铸铁铲出土，但直到战国中后期，冶铁技术才被普及到各国的农业和军事部门中。春秋时期兵器多为青铜材质，价格昂贵，矿产资源有限，所以各国才为争夺铜矿打得不可开交，而战争的规模也局限于兵器的数量。到了战国，用生铁铸造的农具和兵器在北方的燕国和南方的楚国大量出现。农具的改进可以养活更多的兵源，兵器的廉价可以让一国维持更大的军队，于是战争的规模开始不断扩大，进而产生了对谋略、兵法的强烈需求。

可以推定，《孙子兵法》应成书于战国时期。除此之外，梅教授还用文献学的方法综述几位同行的成果，给出了一个《孙子兵法》各章完成的时间表：

成文时间	章节
公元前345年	《行军第九》
公元前342年	《地形第十》
公元前336年（?）	《九变第八》
公元前330年	《九地第十一》
公元前317年	《军争第七》
公元前316年	《虚实（实虚）第六》
公元前314年	《（兵）势第五》
公元前313年	《（军）形第四》
公元前312年	《谋攻第三》
公元前311年	《作战第二》
公元前310年	《火攻第十二》
公元前309年	《（始）计第一》
公元前272年	《用间第十三》

◉《正统道藏》书影：此为明万历御赐官刻本，开本35×13厘米，现存227函、576目、1576卷

《孙子兵法》从内容上看，前六章是讲基本原则和战略，七到十一章是讲战术和地形，最后两章是专事专论的特殊计谋。以上表成文时间的顺序看，《孙子兵法》的作者应是先从战事、战例上分析了战术和战法，逐步成书的第二部分；对战争的理论胸有成竹后，才归纳总结出前六章的基本原则；最后再依据战国当时激增的战争经验，总结出最后两章。

兵法之"道"

中国国家图书馆和日本宫内厅书陵部皆藏有明善本的《正统道藏》，此书被认为是道教经典的大集合，分为"三洞四辅十二类"，其中四辅之"太清部"，收入宋人吉天保的《孙子注解》和郑友贤的《孙子遗说》两书。为什么兵学著作会被收为道教经典呢？

其一，孙武对于战争奉行的是"极简主义"。战争并不总是为了掠夺，还常常是以保护自己的利益为目的，因此需要尽可能用最低限度的努力、损耗、伤亡和风险，换取胜利和和平。这种极简主义是道教认可和奉行的。

其次，《道德经》讲"无为而治"，而孙武讲"不战而屈人之兵"，都是一种"无为"的思想。而《孙子兵法·(始)计第一》即谈到"道者，令民与上同意，可与之死，可与之生，而不畏危也"，这与老子的"以正治国"不谋而合。再者，儒教重"礼"，《礼记·仲尼燕居》载"以之军旅有礼，故武功成也"。而孙武与早期道教思想家都认为"礼"是虚伪的，甚至是道德败坏、导致混乱的祸首。

尽管孙武与道教思想在诸多方面不谋而合，但《孙子兵法》却从未论及《道德经》中的"德"。也许这是因为，为了追求战争的极简主义、迅速地达成胜利与和平，作者回避谈论与战争本身无关的事情。值得注意的是，郑友贤应是十二世纪早期写就《孙子遗说》，那正是北宋哲宗、徽宗时代。徽宗崇信道教，推崇极简主义的审美，其美学影响一直可以延续到明代。而晚唐到北宋之际，儒释道"三教合流"，社会思潮开化，出现了像东周、魏晋时期一样的社会动荡但文化繁盛的景象。兵家思想被道教杂糅，正是发生在这一时期。

梅维恒教授访谈录

知中 现在英语读者能够接触到的《孙子兵法》译本已经有很多，除了您的，常被引述的还有翟林奈博士，萨缪尔·格里菲斯将军（General Samuel B. Griffith），以及拉夫·索耶博士（Dr. Ralph D. Sawyer）的版本。每位译者均有截然不同的背景。翟林奈是大英博物馆古籍部的负责人，能够接触到大量珍贵中文典籍。格里菲斯将军曾是美国海军陆战队的司令。而索耶博士是专门研究中国战争与情报史的专家。已经有了如此多的译本，是什么促使您再做翻译的？您的翻译与其他人的相比，有哪些独到之处？

梅维恒(VHM) 我对古代中国文献的翻译是从一个汉学家的角度进行的，即首要的视角是从一个关注中国史料的哲学家出发，其次才是作为一个中国语言与文学系的教授。一方面，作为一个曾经专业学习英语文学的人，我总是致力于把晦涩难懂的中文翻译成可读性强、分寸得当的英文。另一方面，作为一个四十年专注于古代中国经典和汉语文学教学的学者，我对于中文原文的注解和分析非常审慎和严谨，但又不失条理。当你阅读我的翻译，自然会发现，每段文字都有自己的节奏和韵律，并能够获得对中文原文文学性的体验。这是其他翻译版本无法提供的。

知中 在专著中，您曾提及《孙子兵法》的道家内涵。大多数中国学者喜欢把兵家思想与墨家和法家思想联系起来，因为《墨子》提及守城之法，且墨家被认为是中国科学和逻辑学发展的开端。而法家人物吴起，因其善战，也被列为兵家人物，且著有兵书。那么，《孙子兵法》中的道家意义究竟是什么？

VHM 当我在书中提到道家内涵时，并不是指先秦道家哲学，而更多的是指道教高士们在过去两千年里对《孙子兵法》的特别关注。这一点很少有其他学者注意到，但是在《道藏》和其他道教文献中却能找到《孙子兵法》和其踪迹。这不得不让人惊讶。我觉得十分有必要搞清楚道教为何对《孙子兵法》这部兵书有兴趣，尤其是对于研究中国思想和文化变迁颇有意义。

知中 您曾考据《孙子兵法》各章节的成文时间。这项工作是如何完成的？基于成书时间，能否假设《孙子兵法》与《孙膑兵法》是同一群人写作完成的？

VHM 考订各章成文时间的工作有赖于文本研究的“积累理论”(Accretion Model of the Text)。这一理论主要是由白牧之(E. Bruce Brooks)和白妙子(A. Taeko Brooks)在他们的著作《论语辨》(The Original Analects)[3]中提出的。这项工作需要深入、细致地比较大量跨越不同时期的文字、史实、语言习惯和日期等。

很难确定两部兵法是不是同一群人所写，但是他们应该是基于大量相同的材料来完成这两部书的。不同的是，《孙膑兵法》显得更加完整、翔实。更具体地指导了如何布局、如何使用情报、如何作战。而《孙子兵法》更像是一部格言式的军事思想、军事智慧言论集。

知中 中国学者比较《孙子兵法》和克劳塞维茨的《战争论》，认为两者的差别是：前者是以“不战而胜”为最优，后者是以“战则必胜”为最优。您觉得是这样的吗？

VHM 某种程度上是这样的。《孙子兵法》倡导的是使用一切手段取胜，包括“交”“诈”和其他战场以外的举措。这种思想影响深远，可以看到当代中国也是一样。在南海和东海问题上，中国并不希望开战，会采取所有措施来维护和平战略。

克劳塞维茨深信军队必须训练有素、高度服从纪律，当冲突发生，则毫不犹豫地、数学般精准、无误地执行指挥官的命令，上战场冲锋杀敌。《孙子兵法》则不同，他倡导使用佯攻、袭扰等小规模战术。当我们审视现代战争时，其特点是对抗双方信息和实力的不对称，这似乎更接近《孙子兵法》所论述的形式。

知中 索耶博士曾说：“中国的历史就是一部战争史。”您觉得是这样的吗？

VHM 一方面，中国的历史确实充满战争，但另一方面，中国的历史又是一部充斥着诗歌、神话、占卜巫术、伦理道德等等文化现象的历史。我觉得面对如此复杂多元的历史，我们不能化繁为简、一言以蔽之。

知中 《孙子兵法》是一部诞生于大洋彼岸远古时代的兵书，为什么美国人会热衷于研究这部兵书？它在现代实际中是否仍有意义？

VHM 在西方，商人更热衷于研究《孙子兵法》。西方军官研究这部书是为了了解中国的战争思想和行为方法，而不是为了实践这些原则。商人则希冀通过对这部上古兵书的深入研究，找到战胜竞争对手的不二法门。我本人也曾在美国的商学院邀请下开设过《孙子兵法》的课程。

知中 古印度、西亚和其他古文明是否曾有过类似《孙子兵法》的著作？

VHM 古印度的经典中，考底利耶的《政事论》(Arthasastra)中大篇幅论及军事，但没有专门的兵书传世。据我所知，西亚也没有。

知中 是什么动力，使您开始研究中国文化史和汉语的词源学？每每读到您在“语言日志”(Language Log)[4]上关于汉语方言和字义的日志我都觉得颇为有趣。您的各种研究是为了通过追溯中国文化的渊源以理解现代中国的种种现象，还是为了以当代中国为线索，究其本源，揭开尘封的古文明的面纱？

VHM 对于古代中国，现代人已经有太多的误解，这些误解促使我深入研究中国文化和历史。我认为对一个在数千年里延绵不息的伟大古文明的误解是十分危险的，所以我致力于理解这个文明的过去，并把它准确、清晰地展现给美国人民。

知中 研究中国文化多年，您有着怎样的体验？

VHM 一言以蔽之——我无法想象出一种更有意义、更有价值的方式，度过这一生的时光。

3 Columbia University Press, 1998 4 Language Log 是一个研究网络和大众语言的语言学网站。

“我不唱赞歌，否则无法进步”
"I Don't Glorify, Otherwise Progress Won't Be Made"

采访+文 李宛霖 图 翟东升 编 朱鸣

interview & text: Li Wanlin photo: Di Dongsheng photo: Zhu Ming

P R O F I L E

翟东升，中国人民大学国际关系博士、副教授，中国对外战略研究中心副主任，研究领域涉及国际战略与战略思想史、对外经济关系及国际政治经济学等。曾发表论文《对孙子的克劳塞维茨式批判》，代表作有《中国为什么有前途》《大国货币》等。

《孙子兵法》被誉为“中国古典战略思想史”上的巅峰之作，高高在上，其实换个角度来看，全书就像一篇论述“如何成为一个成功职业将领”的六千字“小论文”——如何看待战争？如何处理与君王的关系？如何利用智慧去赢得战争？这些问题，都在书中一一被孙武清晰地解答。

《孙子兵法》历经千年流传，有时难免被过度地抬高，保持客观辩证的读书态度，才能更好地了解书中的真意，为此，知中 ZHICHINA 特别邀请中国人民大学教授翟东升，来谈谈在他眼中，这本兵书的足与不足。（《孙子兵法》以下简称《孙子》）

知中 在您看来，孙武的战略思想根源与特点是什么？

翟东升 从思想史上看，孙武借鉴了西周晚期的兵书，比如《军志》《军政》。虽然这两本书现都已失传，但包括《孙子》在内的几十种后代著作中，都可以见到相关引述。显然，这两本兵书的水准，是达到了一定高度的；因此，我认为孙武是站在前人肩膀上的。在一定程度上，孙武的思想也和家学渊源有关，他是齐国大族田氏的后代。

在思想的哲学特点上，孙武具有“理性主义”和“经验主义”色彩。他高度信奉并且强调“知识、智慧、信息”在战争中的作用。这些“知识和智慧”都源自对前人实践经验的总结，也就是“经验主义”的，而不是理论上的演绎和推论。不是先构建一个关于战争的框架和模型，然后从这个理论模型上推论出如何打仗，更多的是经验的总结。这和代表西方战略思想史主流的著作，比如克劳塞维茨的《战争论》，形成了鲜明的对比。

知中 《孙子》在当时是成功还是失败的？我们应当如何看待其中的战略思想？

翟东升 孙武在写《孙子》时，据考证是26岁，还很年轻，而且没有参加过真正的战争。他从家乡千里迢迢跑到吴国，寻求安身立命之所和事业进步之途。为了能够得到吴国君王的赏识，才写了《孙子》。孙武写这本书的初衷，并不是为了要给中国战略思想史做多大贡献，当时的他，主要的目的是要吸引君王的注意

◉卡尔·冯·克劳塞维茨，他的著作《战争论》代表了西方军事战略思想的核心，与东方的《孙子兵法》各有千秋。

Vom Kriege.
Hinterlassenes Werk
des
Generals Carl von Clausewitz.
Erster Theil.
Berlin,
bei Ferdinand Dümmler.
1832.

◉1832年，首版德文《战争论》封面——克劳塞维茨将1816年至1830年的拿破仑战争进行总结，写作成《战争论》手稿。但是，克劳塞维茨去世前，并没有完成全部书稿，去世后由其夫人整理，于1832年出版。

力，从而获得施展所学的平台。他达到了目的，所以，作为一篇"毛遂自荐"的文章，《孙子》是相当成功的。一个人的智商在26至27岁是峰值期，孙武在26岁达到他创造力和想象力的巅峰。《孙子》在想象力、创造力和文笔上都是非常棒的。但是，战略思想毕竟是要大量经验积累的，假如在多年后，让已身经百战的孙武再去写一本兵书，很有可能会和现在看到的《孙子》有极大的不同。

关于今人对《孙子》战略思想的借鉴与参考，需要强调的是，战争的"时代性"对"战略战术思想"的决定意义，有什么样的"战争"就会有什么样的"战略思想"，而不是相反。不是战略思想决定了战争的样子，主要是战争背后的政治和时代，决定了战略思想的形成。所以，今天的战略思想家，从《孙子》这样的古典兵法中寻求智慧，也应当充分意识到它是特定时代下的特定游戏规则，不能简单地移植和模仿。

知中　您在《对孙子的克劳塞维茨式批判》一文中，似乎也对孙武做了一个"不客气"的批判，那么，您认为他有哪些问题？

翟东升　我首先解释一下这篇文章的出发点。2004年之前，有关《孙子》和《战争论》的比较研究文献，无论英文还是中文的，我基本都读过。我发现，无论是中国还是外国学者，在研究《孙子》时基本都是大加赞赏。认为孙武是对的，克劳塞维茨也是对的，但是事实上这是不可能的事情。他们的观点在很多方面是矛盾的。

所以我写了这篇文章，本来是要写两篇的，一篇是《对孙子的克劳塞维茨式批判》，另一篇是《对克劳塞维茨的孙子式批判》，借助中国古典思想，来对西方当代战略思想之源进行批判。我的出发点是为了突破用崇拜的眼光来评价《孙子》和《战争论》。所以，我用这种互相批评的方式，才能激发我们对这两本伟大的战争思想著作的思考和辩论。否则，只是唱赞歌，是不能有进步的。我对孙武"不客气"，当然我也会对克劳塞维茨

从思想史上看，孙武借鉴了西周晚期的兵书，比如《军志》《军政》。虽然这两本书现都已失传……

……传播肯定是有的。西方学者认为中国古老、神秘的经典，能经过千年流传，总是有道理的，所以似乎有些带着崇拜的眼光去读《孙子》。西方世界所翻译的中国军事战略著作，最主要的就是《孙子》，因此，孙武在西方的知名度也是相当高。

"不客气"。但这种"不客气"，首先是承认这两本著作在迄今为止的战略思想史上有着重要地位，巅峰之作才值得我们进行批判。

我认为，孙武的问题有以下两个方面。第一点，"单边主义思维"。孙武所探讨的形式更像是"打猎"，似乎敌人会照着他所想的去做，而欠缺类似"敌人使用了更高级兵法"的复杂情况的探讨。在探讨战争的问题上，犯了一个后世经常犯的错误，并没有充分地考虑到敌人也是有智慧的。在整个叙述框架上，孙武把战争看作是一场浪漫的、快乐的，并且最终能获得胜利的"围猎"，而不是充满不确定性的对等博弈。第二点，"对知识的过度信任"。因为战争是充满不确定性的。无论你有多丰富的知识储备，多努力地去了解敌我态势，还是总会出现一些知识无法应对的局面，这才是真实的战争。

知中　您的老师时殷弘先生曾说："克劳塞维茨对于战争是悲观的，而孙武是充满理性主义的浪漫和乐观。"您对此有何看法，是什么造成了两者的差别？

翟东升　我同意时老师的看法，那是什么造成两者的差别呢？首先，我认为和年龄有关，孙武在写《孙子》的时候才26岁，是人生的上升期，充满了希望。他带着相对先进的高超技巧去偏远的吴国，相当于你在华尔街的基金公司里实习了几年，但是没有操盘经验。带着这样的技巧，加上很好的文字叙述，去找委托方，让他把基金委托给你。所以孙武充满了乐观的心态，相信自己的智力能够获得重用。

另外，如果孙武的书是告诉君王"战争这个东西，充满不确定性，我就尽力而为，能不能打赢说不准"，那肯定找不到好工作了。肯定是要跟君王说"放心，军队交给我，我肯定打胜仗。"所以，"书是要写给谁看的"——这个著书目的，对于这本书的整体色彩是有很大影响的。一个26岁，要求职的年轻人，需要的一定是充满着理性主义的浪漫和乐观。

而克劳塞维茨的《战争论》是悲观的，为什么？因为他所写的书，并不是给别人看的，而是为自己而写。他沐浴在战火中几十年，从二十几岁和拿破仑打仗，直到把拿破仑打败，其间，也曾流亡到俄罗斯，亲眼看过无数的惨烈情况。所以他对战争是充满悲观的。哪怕最后他赢了，也没有表现出对战争的狂热，而是作为一位幸存者来回忆战争。著书时，已经五十多岁的他，只是想弄明白，为什么之前拿破仑这么厉害？而最终他失败的原因又是什么？克劳塞维茨将自己痛苦的亲身经历，进行理论上的、思想上的总结和提升。他想探索战争背后更深刻的基本原理，他想发现真相。

知中　《孙子》中的战略思想是否影响了欧美国家？

翟东升　其实在《孙子》传入西方之前，他们自己就存在类似《孙子》的军事著作。当时欧洲的兵书，在思想风格上和《孙子》相似，当然，文笔远远不及孙武。要说《孙子》是否对欧美国家产生了重大影响，我个人认为，可能未必。

但是，传播肯定是有的。西方学者认为中国古老、神秘的经典，能经过千年流传，总是有道理的，所以似乎有些带着崇拜的眼光去读《孙子》。西方世界所翻译的中国军事战略著作，最主要的就是《孙子》，因此，孙武在西方的知名度也是相当高。其他中国经典兵书，如《司马法》《孙膑兵法》等，被翻译、传播的力度就要小得多，因为相对而言要晦涩难懂不少。《孙子》因文字简练，大大方便了传播。但是，在传播过程中，信息的损失量是很大的，许多英文版本的翻译母本，不是文言文，而是白话文。古语到白话文就已难保准确，更何况翻译成英语、再从英语翻译成其他语言。在当代的西方战略思想与学术中，《孙子》的影响力主要体现在书中的经典概念常被军人学者所引用，如"不战而屈人之兵"、"知己知彼，百战不殆"等等。图

03

孙武的人生长旅

A Lifelong Journey of Sun Wu

XXXXXXXXXXXXXXXXX

文 **董哲** 编 **朱鸣** 绘 **刘佩佩** text: Dong Zhe edit: Zhu Ming illustration: Liu Peipei

“有提十万之众而天下莫当者谁？曰桓公也。有提七万之众而天下莫当者谁？曰吴起也。有提三万之众而天下莫当者谁？曰武子也。”——《尉缭子·制谈》

这是现存可查的史料中，最早提及孙武的地方[1]。其后两千余年里，经历朝推尊封圣，孙武已超然百家，贵为“兵圣”，祀其神位的享庙遍布齐、鲁、吴、越诸地。尽管如此，孙武的身世、生平却始终在历史的烟雨中若隐若现，只留下一些“逸闻故事”漂浮在古籍之中。

他究竟姓什么？

孙武不姓孙？这似乎违反常识。但在上古先秦，人有姓有氏，姓为族号，氏为支号[2]，而“孙”就是孙武的氏。商人姓“子”，周人姓“姬”，秦人姓“嬴”，楚人姓“芈”，那孙武究竟姓什么呢？北宋欧阳修编撰的《新唐书》和南宋邓名世编纂的《古今姓氏书辩证》中称孙武为“妫”姓，清嘉庆年间所修的《全唐文》则判定孙武为“姬”姓[3]。以上都属于上古八大姓，前者出自黄帝，后者出自舜帝，就算在孙武的时代，也是老皇历了，讨论的意义何在？其实，这关系到孙武究竟是卫国人，还是齐国人。

依照“妫”姓说，孙武祖上是陈国的“妫”姓陈完，熟悉春秋史的人知道，这就是陈厉公的儿子，公子完；其因避祸逃到齐国，受到桓公赏识，改氏为“田”。后来历史上有名的“田氏代齐”的齐太公田和，就是田完的后人。田完的四世孙田无宇有二子，名曰田恒、田书。田书字子占，是齐国大夫，因为伐莒国有功，被齐景公赐姓“孙”氏，并封采邑于乐安，大约在今天山东省北部滨州一带。孙书生了孙凭，孙凭生了孙武，字长卿。但是这与《左传》中的“田齐世系”相矛盾，因为田恒和田书应该是叔侄关系，而田氏作为诸侯氏族，世系排序较为可靠，依此而论，上面“妫”姓的说法应该有误。

那“姬”姓说又是如何呢？周成王平定了商纣王之子武庚“妄图复国”的叛乱之后，把周武王的同母弟康叔封改封在了商都朝歌（在今天河南省鹤壁市淇县），建立卫国。到了西周末年，犬戎杀了周幽王，卫侯姬和辅佐周平王平定犬戎，被平王升“公”，这就是著名的卫武公。武公有字，名曰惠孙，他的后世就以其名中的“孙”字为氏。几代之后的孙嘉受聘到齐国，又过了几代孙书成为齐国大夫[4]，与田书一起伐莒，他的孙子就是后来的孙武。如果因为史料的矛盾排除了“妫”姓说，那孙武应该是卫国“姬”姓的后代。至少我们知道他的父亲是孙凭，祖父是孙书。至于他什么时候出生的，已经无法考证，多数学者推断为公元前535年。

今天，“孙”已成为中国第十二大姓氏。有趣的是，可考的“孙”氏两大姓源，一脉是孙武的祖先、“姬”姓公子惠孙的后代，另一脉是楚国宗亲、“芈”姓令尹孙叔敖的后代。周、楚两国，世代不睦，但其后代却融合为华夏民族中的同一个大姓，真是造化弄人。

1 李零．吴孙子发微［M］．北京：中华书局，1997． 2 王力．中国古代文化常识［M］．北京：中国人民大学出版社，2014． 3 其称依据《唐幽州内衙副将、中散大夫、试殿中监乐安郡孙府君神道碑》而判定。 4 郭化若．今译新编孙子兵法［M］．北京：中华书局，1962．

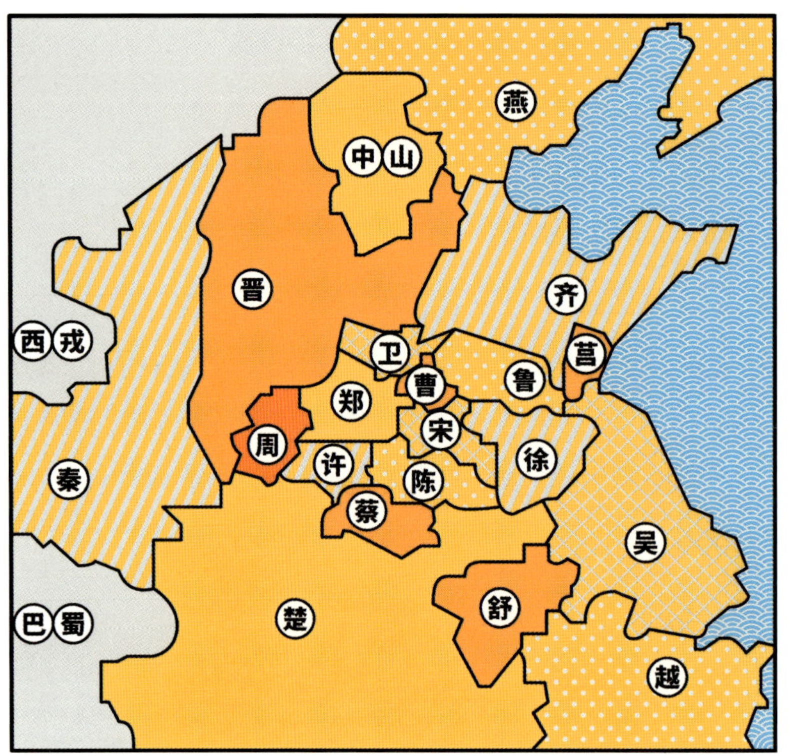

◉春秋时期主要诸侯国地图

奔吴，因乱？

不少书稿里解释孙武“弃齐奔吴”是因为避乱。常见的说法是，公元前548年，齐大夫崔杼杀死了染指其妻的齐庄公，立庄公之弟为齐景公，景公封崔氏和庆封为右相、左相。前546年，庆封灭崔氏，执政齐国。第二年，田、鲍、乐、高四族共讨庆封，庆封逃往吴国。

◉伍子胥落难奔吴／月百姿／月冈芳年

支持孙武为田完后人的学者说，田无宇此时跟着庆封到了吴国，后来孙武也就在吴国了。但这种说法并不合理，因为据《左传》记载，到公元前484年（哀公十一年），田无宇的后人田书仍在齐国，而且田氏已经把持朝政，没有逃跑的道理。另一种说法是，孙武因为觉得“四族作乱、政治纷扰”，故而离开了齐国。但“孙武弃齐”是在公元前517年，与近20年前的“四族作乱”似乎没有联系，而且“孙书伐莒”发生在公元前523年，那时正是孙氏显赫的时候。这样看来，孙武离开齐国是为了避乱就没有确凿的论据了。

不论具体因为什么，大约在公元前517年（齐景公三十一年），孙武奔吴。日后，他和伍子胥一起辅佐吴王阖闾，灭楚平越，取威定霸。

结交伍员

初到吴国的孙武，在姑苏郊外结识了因父兄被杀，而从楚国逃来的伍员（字子胥）。“伍”氏是楚国望族，世封采邑于“椒”（今安徽省阜南县焦坡），到伍子胥的祖父时，官至右司马。楚庄王刚继位时，终日饮宴行乐，伍举看不下去，不顾庄王的“禁谏令”，上前直谏：“有鸟落在山头，三年不飞，三年不鸣，这算什么鸟呢？”庄王回答：“三年不飞，飞将冲天，三年不鸣，一鸣惊人。”果不其然，这位楚王后来“问鼎中原”“一鸣惊人”，而直言劝谏的伍举也得到重用。光阴飞转，楚王位传至庄王之孙，平王熊居的时候，伍举的儿子伍奢被任命为太子建的太傅，费无忌为少傅。春秋时，晋楚争霸，楚平王为了“联秦制晋”，想让太子建娶秦景公之女孟嬴为妻。佞臣费无忌私下向楚王说孟嬴美貌无双，不如自娶，还想出了用齐女顶替孟嬴，嫁与太子建的坏主意。翌年，孟嬴生出了公子轸，也就是后来的楚昭王。

费无忌终日担心太子建会发现事端，登王位以后会除掉他，于是向平王建议让太子建出守“城父”（今安徽省亳州市）。公元前522年（楚平王七年），费无忌构陷太子建，密会齐、晋，预谋弑君自立。平王轻信谗言，派“城父”司马奋扬去诛杀太子建，幸而司马奋扬是个忠臣，放太子出逃宋国。但提前被召回郢都的太子太傅——伍奢和儿子伍尚，因同谋叛乱被杀。伍家只留下伍子胥一人，奔逃吴国，誓要复仇。

想在吴国立足，以期伺机杀死昏聩的楚平王而为父兄报仇的伍子胥，发现此时吴国局势也晦暗不明，公子光与吴王僚心怀二志。伍子胥见风使舵，向公子光引荐刺客专诸。公元前515年，吴国在楚平王丧期中，派公子盖余和烛庸伐楚，被楚军包抄，困在六、潜两国。大军在外，吴国国内空虚，伍子胥和公子光看到了弑君而立的绝好机会，于是就派专诸在吴王僚宴饮时，将匕首藏于鱼腹，刺杀了吴王。登上吴王位后的公子光，改号阖闾，而为他出谋划策的伍子胥，也位列庙堂。阖闾礼贤下士，广纳贤臣，巩固城池，操练军队，休养生息，开垦田亩，大得民心，吴国一片欣欣向荣。

◉孙武由齐奔吴／刘佩佩　绘

仕吴出将

公元前512年（阖闾三年），阖闾认为吴国已是兵精粮足，应当伐楚，但又知道伍子胥和伯嚭两将都与楚王有杀父之仇，恐怕他们意气用事，反而导致兵败。伍子胥看出了吴王的犹豫，此时，他想到孙武虽隐居多年，但熟稔兵法，一定可以“折冲销敌”。于是，便趁与吴王讨论军事的时候，“七荐孙武”[5]。

吴王看了孙武的《兵法十三篇》后，将信将疑，想亲眼看看他如何操练军士，就给他出了个难题。吴王命宫娥一百八十人，集合在教军场，让孙武操练军法。孙武将其分为两队，每队任命一名吴王的宠姬为队长，各领一队，人人持戟。孙武发号施令：“我说前，你们就向前；我说左，你们就转向左手；右，就转右；后，就转向背面。”宫娥们回答：“诺！”

号令既定，抬出铡刀，孙武又三令五申强调了军纪。当发令向右的时候，宫娥们大笑不止。孙武检讨道：“约束不明，申令不熟，这都是将军的过错。”于是再次重复军令。然而，再次发令向左时，情况照旧。孙武怒斥道：“既然已经明白了军令，但又不遵令，这就是军士的过错！”于是，要按军法斩掉两个队长。吴王连忙求情：“她们都是我的爱姬，没了她们我茶饭不思啊！我已经见识了将军的用兵之道，请将军宽恕了她们吧！”孙武回绝道：“将在外，君命有所不受。”还是按律斩了二姬，依次补缺。再次发令操练时，宫娥们不敢再怠慢，前后跪立都合规矩，阵形严整，没人敢胡乱说笑了。

5 见《吴越春秋·阖闾内传》。

于是，孙武告知吴王："兵已经练好，王上可以来观看，现在兵士已是唯王命是用，赴汤蹈火在所不辞。"吴王因为失去了爱姬，心中不悦，不愿去看。孙武便讽谏道："大王也只是喜欢听听军法的好处，没法身体力行、令行禁止吧。"吴王醒悟，明白了孙武用兵确有真才实学，于是命其为将，举兵伐楚[6]。

子胥脱难过韶关

平王信谗灭伍氏

孙武子举兵伐楚

吴兵五战拔荆州

◉来源：春秋列国志传

平 夷 定 边

"利而诱之，乱而取之，实而备之，强而避之，怒而挠之，卑而骄之，佚而劳之，亲而离之。"——《孙子兵法•始计第一》

刚上任的孙武，开始谋划伐楚，最先要攻略的目标，是楚国的两个附庸国——钟吾国（今江苏省宿迁市）和徐国（今安徽省宿州市泗县）。之前伐楚被困的公子盖余和烛庸，在知道吴王僚被刺后，逃到了这里，成了阖闾心头之患。楚国为了抗衡吴国，就又在养国（今安徽省太和县到河南省沈丘县一带）为他们筑城。

公元前512年12月，吴王阖闾借口征讨叛臣二公子，以孙武、伍子胥、伯嚭为将，伐钟吾国和徐国。钟吾国地狭民贫，不堪一击，迅速败亡。徐国在上古大禹称帝时就已建国，曾是"东夷集团"中的最强国，传至章禹为王，国虽不富，但经营千年，城池坚固[7]。孙、伍见攻城难胜，就掘开泗水，淹没都城。章禹出逃，被楚国安置在养国附近的夷国（今安徽省亳县附近）。自此，历经44代的徐国，亡都灭国。

灭了二国，吴国大军直指养国，志在消灭二公子。但是，战争进行得并不顺利，此时楚国开始发兵前来救援。楚军势众，不宜强攻，于是孙武将三万士卒分为三军，孙、伍、伯各领一军，以"强而避之""佚而劳之"为谋，定下"三军肆楚"的策略。吴先派一军南渡淮水，佯攻潜国和六国（均在今安徽省六安市境内），待楚军一到便罢兵。楚军刚在潜国、六国安顿下来，第二军就溯淮而上，"日夜不处，倍道兼行"[8]攻打楚国都城弦邑，楚军忙驰援来救。吴军分兵调度，而楚军却是整编奔袭，疲劳不已。此时，吴军的第三军见时机已到，趁楚军疲惫、士气低落，猛扑养国，成功擒杀了二公子。

伐 交 遏 楚

"故上兵伐谋，其次伐交，其次伐兵，其下伐城。"——《孙子兵法•谋攻第三》

大战告捷的吴王，急于想要顺势攻下楚国国都郢，但被孙武制止。其言："民众疲惫，不可进兵，要等待时机。"公元前509年（阖闾六年）[9]，楚昭王得到了欧冶子铸造的祥瑞宝器——湛庐宝剑，极为开心，约属国蔡国、唐国等国国君在郢都庆贺。蔡昭侯申衣着华丽赶来赴宴，为了彰显国力，还带来了精美的铜方壶[10]。方壶侈口长颈，纹饰繁缛，盖顶镂空，工艺极其精湛，内口有铭文"为蔡侯申作器"。楚国令尹[11]公子囊瓦[12]被这个方壶深深吸引，想据为己有。但如此国宝，蔡昭侯当然一口回绝了囊瓦。囊瓦鼠肚鸡肠，怀恨在心，于是构陷蔡国勾结吴国妄图灭楚。楚昭王大怒，令其伐蔡。蔡君被掳为人质，囚禁于楚。而同赴郢都之会的唐成公，也因不允囊瓦索取骕骦宝马的要求，被囊瓦扣为人质。

公元前508年（阖闾七年），孙武向吴王献"伐交、癖楚"之计，简而言之，就是交好楚国周边臣属国，离间他们和楚的关系，一方面"疲楚孤楚"，一方面为吴、楚之

6 见《史记•孙子吴起列传》。 7 见《左传•昭公•昭公三十年》。 8 见《孙子兵法•军争第七》。 9《左传》《吴越春秋》认为是阖闾七年事，此处为《史记》载年。 10 蔡侯申铜方壶，1955年出土于安徽省寿县蔡侯墓，现藏于中国国家博物馆，国家一级文物。 11 即楚国宰相，楚武王熊通时期（约公元前700年）所设官职，至秦亡楚前，均为楚国最高官职。 12 字子常，楚庄王曾孙。祖父子囊为楚庄王熊侣三子，共王、平王令尹，后世以其名"囊"为氏，芈姓王族。

◉孙武撰写兵法／刘佩佩　绘

间提供缓冲，使吴地得以休养生息。他们首先选中了桐国（今安徽省桐城市一带）这个楚国附庸，策动其叛楚。由于楚国令尹囊瓦贪婪无度，昭王昏愦，桐国很快就叛变了。楚国忌惮吴国强盛，忍气吞声没有发兵讨伐。孙武便又去策反了舒鸠国（今安徽省舒城县），并献上“误楚之计”。

舒鸠国人在楚国内散布谣言，说虽然桐国主动降吴，但吴国其实害怕楚国会迁怒于自己，如果楚兵部于吴楚边境，吴国就会顶不住压力去帮楚国讨伐桐国。于是，囊瓦发兵伐桐。吴军陈兵豫章（今安徽省寿县）附近的江面上，佯装准备讨伐桐国。囊瓦以为吴军是用伐桐讨好自己，就驻军豫章等待捷报。结果数月过去，等到了冬天，楚军士气渐弛，军备懈怠。这时，孙武指挥以逸待劳的吴军攻其不备，大败楚军。凯旋途中，又趁势拿下楚国的巢地（今安徽省巢县），至此，大别山以东尽归吴国。

此时，吴王阖闾又觉时机已到，问计伍、孙：“几年前，你们说郢都尚不可攻，现在呢？”二人答道：“囊瓦是个贪图享乐的人，和诸侯都有嫌隙，尤其是唐、蔡两国。大王要想伐楚，必先取得此二国的支持。”公元前507年（阖闾八年），蔡昭侯、唐成公在满足了囊瓦的索求之后，被放归国。西周时期，周王为“遏楚国、夺铜矿”，分封了十个“姬”姓国，史称“汉阳诸姬”，到春秋时期，姬姓诸国纷纷又为楚所吞并[13]。因为楚人早在商代，就

●孙武率军出阵／刘佩佩　绘

被中原势力排挤，所以对中原文化一向怀着向往又蔑视的复杂心理，姬姓诸国在“芈”姓楚国的统治下备受压迫。孙武从中看到了建立“伐楚联盟”的契机。

恼羞成怒的蔡昭侯，让公子元到北方大国晋国为人质，换取与晋结盟。于是，公元前506年（阖闾八年），晋定公奏请周天子，在昭陵盟会十八诸侯国，以晋大夫范士鞅、荀寅为正副帅，共讨楚国。岂料晋帅二人也贪婪无度，觊觎蔡昭侯华美的服饰和宝物，向蔡侯索贿。恰在此时，晋国国内也因北方边境鲜虞人袭扰而力不从心，蔡国对这个脆弱的联盟失去信心。四月，蔡国出兵灭掉楚国的属国“沈”，囊瓦大怒。眼看着为沈国报仇的楚军大兵就要来犯，走投无路的蔡侯只好派公子乾到吴国求援。

柏举破楚

公元前506年（阖闾九年），吴国经过数年休养生息，兵精粮足，府库充盈。而蔡、唐两国的求援，也使吴国伐楚“出师有名”。冬天，吴王率伍子胥、孙武、伯嚭、夫概，号令三万吴军，亲自出征。

蔡国、唐国皆位于楚国东北，蔡国在淮水上游。若去救蔡国，吴军要逆水行舟，三万大军行动缓慢。孙武认为，兵贵神速，水战虽为吴军所擅长，但弛缓行军，又深入敌腹，兵力悬殊，对战势不利。于是，自领三千五百精锐，弃舟登岸，破大隧、直辕、冥阨[14]三处关隘，迅速到达汉水东岸。

见到忽然袭来的吴军，楚昭王急召令尹囊瓦、左司马沈尹戌、大夫史皇率兵拒吴，陈兵汉水西岸。楚司马沈尹戌向囊瓦建议：大军与吴军周旋于汉水，他带人绕道吴军后方，烧毁战船阻断粮道，形成合围。沈尹戌刚出发，史皇就向囊瓦献谗言：楚国人本来就喜欢左司马，这回若是按照他的计策，岂不是功劳都归他一人了，何不速战速决。于是楚帅囊瓦改变了计策，渡过汉水，与吴军交战。

吴师人数远少于楚师，正面交兵几乎没有胜算，但是人少，则易于周转迂回。于是，吴军不断后撤，以逸待劳，寻找战机。囊瓦急于求战，以为吴军被楚兵声威所震慑，于是穷追不舍。当吴军退入大别山、小别山之间时，与楚军交锋。山地多险，无法展现楚军兵多的优势，而一路猛追的楚军此时已是疲惫不堪，所以三战三败于吴，士气跌至谷底。

11月19日，见时机成熟，吴军停止后撤，在柏举（今湖北省孝感市一带）列阵，准备迎击楚国追兵。吴王之弟，夫概请战，但吴王阖闾谨慎，未应允。夫概觉得对方舟车劳顿，机不可失，于是擅自率众五千出击囊瓦。因为之前孙武率兵反复袭扰，楚军屡战不利，军心涣散，与夫概一交兵便迅速溃败。阖闾见夫概得手，便投入主力，倾巢而上。楚将史皇战死，楚帅囊瓦败逃郑国。

将帅身亡的楚军顿时大乱，纷纷向西逃命。吴军一路紧逼，在柏举附近的清发水（今湖北省内汉江支流涢水）畔，追上正在渡河的楚军。楚军见吴兵赶到，争相下水渡河，怎料正中了吴军“半渡而击”之计。吴王在岸上等到楚兵大多入水泅渡时，挥师而击，楚军被俘大半。

侥幸逃过劫难的楚军残部，在雍澨（在今湖北省荆门市境内）埋锅造饭，还没来得及吃，就被夫概的先锋部队杀散。吴军主力到达后吃了楚军的饭，继续追击。

楚司马沈尹戌得知楚军溃败的消息，急忙回师救援，虽然击败了先锋夫概，但被孙武围困。沈尹戌屡次突围无望，知道大势已去，自戕其命，命人枭去自己的首级，回报楚王。楚昭王接到沈尹戌的消息后，不顾郢都百姓存亡，弃国出逃，投奔随国。

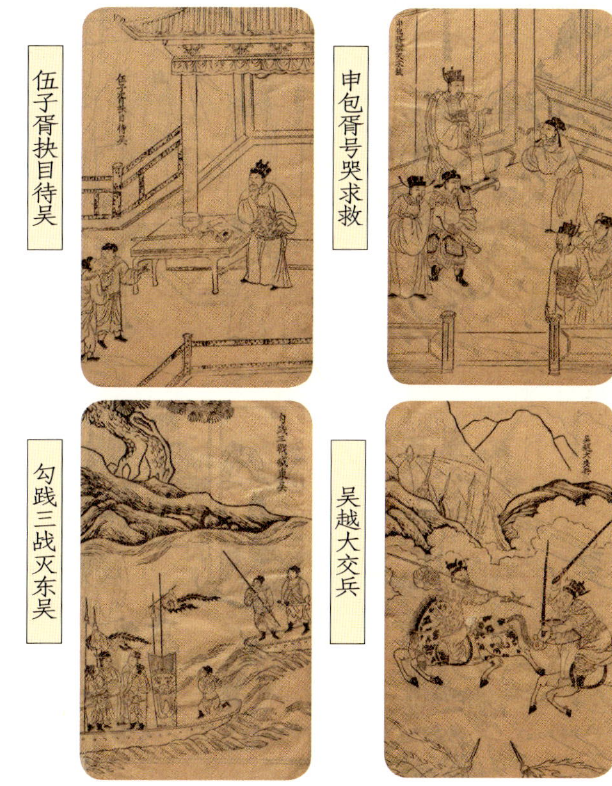

◉来源：春秋列国志传

11月29日，距柏举交兵仅十日，楚国郢都城被破，这就是历史上著名的“柏举之战”。司马迁在《史记·孙子吴起列传》中评论：“西破强楚，入郢；北威齐、晋，显名诸侯，孙子与有力焉！”破楚入郢就是指柏举之战。而柏举之战也因吴军能以三万之兵胜楚军二十万，而成为中国战争史上“以少胜多、快速取胜”的经典战例。

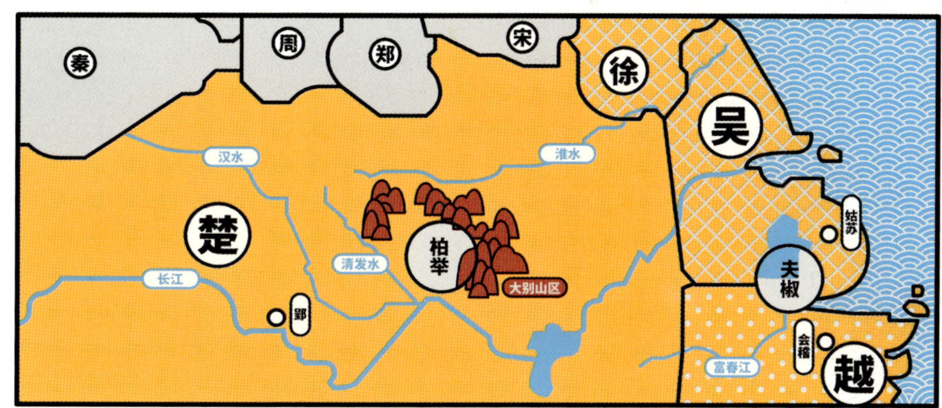

◉春秋吴、楚、越三国势力范围图

13《左传·僖公二十八年》：“汉阳诸姬，楚实尽之。” 14 见《左传·定公四年》。

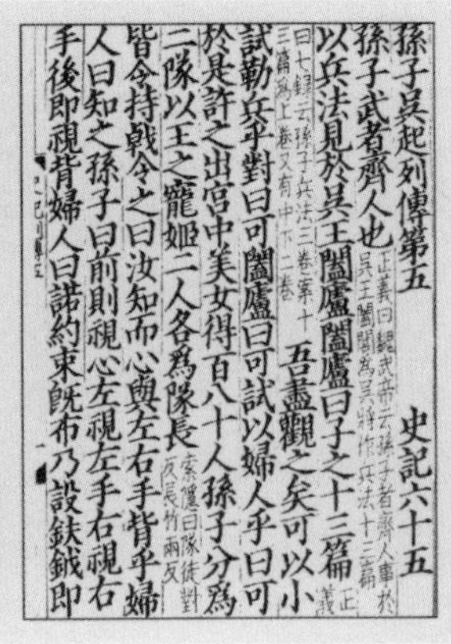
孫子吳起列傳第五　史記六十五

孫子武者齊人也以兵法見於吳王闔廬闔廬曰子之十三篇吾盡觀之矣可以小試勒兵乎對曰可闔廬曰可試以婦人乎曰可於是許之出宮中美女得百八十人孫子分爲二隊以王之寵姬二人各爲隊長皆令持戟令之曰汝知而心與左右手背乎婦人曰知之孫子曰前則視心左視左手右視右手後即視背婦人曰諾約束既布乃設鈇鉞即

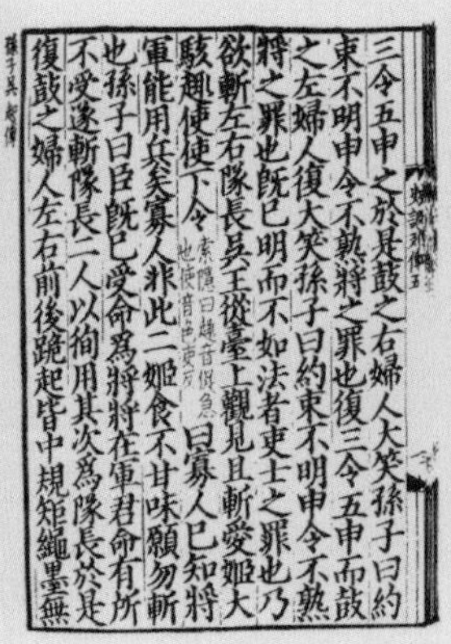
三令五申之於是鼓之右婦人大笑孫子曰約束不明申令不熟將之罪也復三令五申而鼓之左婦人復大笑孫子曰約束不明申令不熟將之罪也既已明而不如法者吏士之罪也乃欲斬左右隊長吳王從臺上觀見且斬愛姬大駭趣使使下令曰寡人已知將軍能用兵矣寡人非此二姬食不甘味願勿斬也孫子曰臣既已受命爲將將在軍君命有所不受遂斬隊長二人以徇用其次爲隊長於是復鼓之婦人左右前後跪起皆中規矩繩墨無

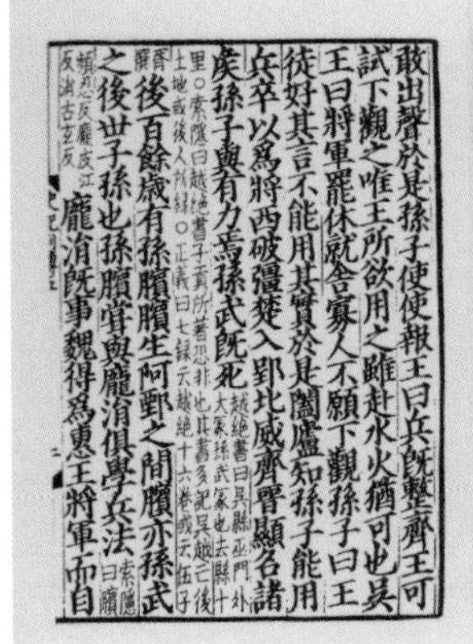
敢出聲於是孫子使使報王曰兵既整齊王可試下觀之唯王所欲用之雖赴水火猶可也吳王曰將軍罷休就舍寡人不願下觀孫子曰王徒好其言不能用其實於是闔廬知孫子能用兵卒以爲將西破彊楚入郢北威齊晉顯名諸侯孫子與有力焉孫武既死後百餘歲有孫臏臏生阿鄄之間臏亦孫武之後世子孫也孫臏嘗與龐涓俱學兵法龐涓既事魏得爲惠王將軍而自

◉《史记》中关于孙武事迹的记载

范蠡、文种等大量楚国英才来到越国，将中原文化和楚国军法带到越国，为后来越国崛起奠定了基础。

吴、越两国唇齿相连，但战事频仍。阖闾元年时，吴王就欲吞并东南面的越国[17]，而越国也时常有剿灭西北劲敌之意。范蠡曾说“非吴则越”[18]，势不两立。阖闾五年，吴王因越王拒绝伐楚，开始大举伐越。越国猝不及防，致使槜李（今浙江省嘉兴市）失守。阖闾十年，越王趁吴军在楚，掩袭吴国，虽未能取胜，但加重了两国的积怨。

吴军攻占郢都后，伍子胥下令屠城，并掘楚平王陵，开棺戮尸，以报父兄之仇。吴王阖闾遣使，逼随国交出楚昭王，但因“占卜不利”，被拒绝。公元前505年，楚大夫申包胥看到伍子胥倒行逆施，导致楚人民不聊生，便逃往秦国求援。秦国在春秋末年并未强盛，并且厌恶楚国的“无道强兵”，现在楚国被灭，秦哀公本不愿出兵复楚，怎奈申包胥在秦庭恸哭七日，哀公感叹其忠勇：“楚国虽然无道，但竟然有这样的好臣子，必不亡啊。”[15]于是，哀公答应以子蒲、子虎为将，率五百车，随申包胥救楚[16]。申包胥的忠孝后来反复被民间演绎，京剧、秦腔中都有《哭秦庭》的剧目。据说《诗经》中的《秦风・无衣》就是哀公被申包胥感动以后，表达同仇敌忾而作的诗篇。

公元前505年6月，子蒲让楚军先迎击吴军，从中熟悉了吴军战术，随后在沂地击败夫概。另一部分楚军由楚大夫子西率领，在军祥地方击败了吴军。九月，逃回吴国的夫概自立为王，而身在前线的阖闾大军又在公婿之溪遭遇大败，吴军只得将战线收回到本国。

公元前504年4月，吴王派太子夫差再伐楚境，屡次击败楚水军，攻取“番”邑。因为忌惮破郢之劫再现，楚国迁都至“鄀”（今湖北省襄阳市）。至此吴、楚之间战事渐息，而吴国威震九州。

伐越称霸

公元前496年（阖闾十九年），越王允常辞世。允常是越国的中兴之主，《史记・越世家》引《舆地志》评价其功绩为“拓土始大”。允常在位期间，拓土囤粮，积兵纳贤，

阖闾十九年，越王逝世，在吴王阖闾看来，这是灭越的最佳时机。尽管孙武和伍子胥都意识到，允常在位期间越国国力大增，不宜攻打，但此时的阖闾，日渐骄纵，已听不进去劝告。新即位的越王勾践率兵抵挡，双方在槜李对峙。吴军阵法严整，越军屡次冲锋均告失败。勾践将越国曾“因违抗军令而获罪”之人组织起来，成立敢死队，持剑于颈上，排成三列，走到吴军阵前自刎。吴军将士被这种残忍的场面震撼，而勾践则趁吴军失神，突然进攻，一举大败吴军。吴王阖闾的脚趾在这次战斗中被斩落，后死在了距槜李七里外的“陉”地。死前，阖闾愤懑地叮嘱夫差，一定要报仇！

夫差继吴王位后，伍子胥派人站在宫廷里，让他们每次见到夫差就大声喝问：“夫差！你忘了越王对你的杀父之仇了吗？”夫差在伍子胥和孙武的辅佐下，重新修整兵事，屯田积粮，充实府库，不出三年，吴国恢复实力。公元前494年春，勾践知道夫差的决心，不听范蠡劝阻，想要先发制人，仓促中发兵伐吴。勾践调集军队从水上向吴国进发，夫差率十万精兵在“夫椒”（今江苏省吴县西南太湖边）迎战，在孙武、伍子胥的策划下，让诈兵在夜间持火把分两翼迅速向越军阵地移动。只见黑暗中火光在天际连成一线，杀声震天，越军被声威震慑，惊恐万状，军心动摇。吴军乘势大败越军。勾践带着仅剩的五千兵士退守会稽山，被吴军重重围困。

受困的勾践问计范蠡，范蠡说：“如果吴国不能接受厚礼相求、言和修好，那就举国降吴，大王您也要给吴王夫差作奴仆，以图再起。”于是，勾践派文种去吴国言和。伍子胥深知吴、越民俗风土皆相同，一山不容二虎，坚决不同意言和，要吴王杀了勾践。他说：“不是吴灭越，将来

15 见《史记・伍子胥列传》。　16 见《左传・定公五年》。　17 见《吴越春秋・阖闾元年》。　18 见《越绝书・外传记范伯》。

就一定会是越灭吴。"[19]然而太宰伯嚭被文种以金钱美色收买，劝吴王说："若是赦了越国，让他们臣服，难道不是更有利吗？"急于北上称霸的吴王认为自己国力强盛，没有后顾之忧，就接受了越国的投降。尽管臣服了越国，南境扫平，但"剪除越患"这一先王阖闾的夙愿，终究因为夫差的自负和轻信谗言而错失良机，这为日后"越灭吴"埋下了深重的隐患。破楚灭越之后的吴国，在夫差、伍子胥、孙武的治理下，成为春秋一方霸主。

落寞晚年

春秋时期，"中原定霸"是每一个诸侯的梦想，夫差自然也不例外。公元前489年，夫差趁齐景公新丧伐齐，在艾陵败齐军，声威大震。两年后，伐鲁与鲁定盟。公元前486年，开"邗沟"（在今江苏省扬州市内），联结长江、淮河，并再次在艾陵灭齐兵十万。

每次吴军大胜，勾践都会献上丰厚大礼，奴颜屈膝地向夫差道贺。伍子胥意识到勾践是在麻痹吴王，他深知勾践是明君，又有范蠡、文种这样的贤臣，日后必定要报灭国之仇，向夫差建言要"联齐灭越"，因为越国是心腹之患，大患不除却去伐齐岂不是本末倒置。但夫差不听。伍子胥感到吴国将亡，就把孩子送到了齐国。太宰伯嚭借机谗言伍子胥要谋反。

公元前484年，夫差赐伍子胥宝剑令其自尽。把毕生心血献给吴国的伍子胥，因佞臣挑拨而拔剑自刎，最后被抛尸江中，这让孙武意识到"飞鸟尽，良弓藏；狡兔死，走狗烹"，于是他默然离开了吴国政坛。他的晚年经历缺少确切的史料记载，只知道他曾劝说伍子胥与他一同归隐。吴王夫差对于孙武辅佐其平边定霸的奖赏是，颁赏其子孙明为"富春侯"[19]。孙明一门的孙氏，自此被称为富春孙氏。

公元前482年春（夫差十四年），夫差北上会晋定公于"黄池"（今河南省新乡市），同年6月，越王勾践率众乘虚伐吴，杀死吴太子。"黄池之会"是吴国真正称霸为盟主的时刻，但也是其霸业瓦解的开端。

公元前473年，越灭吴。据传，隐居乡间的孙武在吴亡后回到了姑苏，大约逝世于公元前470年左右。东汉编纂的《越绝书·外传记吴地传》中记载"巫门外有大墓，是吴王的座上宾——齐国人孙武的墓，距县城十里"。他死后，曾险些被他毁灭的楚国，在昭王复国后再度强盛，又享国两百余年；晋国在一百年后被三个大族瓜分；越国一百六十余年后被强楚所灭；齐国在一百年后被田姓篡夺，史称"田氏代齐"；而秦国，最终"扫六合、定天下"。图

◉孙武黯然归 ／刘佩佩 绘

19 见《吕氏春秋·长攻》。

作战第二

谋攻
第三

04

庙算的玄机

The Initial Assessment

文 **张巍译、董哲** 编 **朱鸣**

text: Zhang Weiyi & Dong Zhe edit: Zhu Ming

兵者 國之大事
死生之地 存亡之道
不可不察也

战争是自人类诞生以来便持续存在的一种现象。从石器时代直至现代，人们不断地为了争夺资源、输出理念而相互残杀；几乎每天都不断上演着，规模大至数万人、小则个把人的种种争斗。有关战争的理论及技术，虽然随着历史演进而不断变化，但其最核心的概念，并未因时间而改变：一种生死存亡的挣扎，以及在这种挣扎下所衍生出的种种思考、行为；一种以活下去为目标的绽现，对于战败者而言，争夺不到资源最终都将只能面临死亡。对于这种生死存亡的深刻体验，历代兵书都不断地论及、探究，想要去驾驭战争这变化无常、捉摸不定，但又生死攸关的社会现象，进而能无往不胜。《孙子兵法》对这一现象的思考相当深刻，开篇即提出“兵者，国之大事，死生之地，存亡之道，不可不察也”。正因战争“你死我活”的性质，对于国家与个人的存亡都至关重要，因此必须严肃面对。然而，这样重要的事情，要如何“察”？要如何谨慎面对？要以何种方式衡量？《孙子兵法》开篇便指出，战争必须以“道、天、地、将、法”五事来衡量胜负。

道者令民與上同意可與之死可與之生而不畏危也

“道者，令民与上同意，可与之死，可与之生，而不畏危也”，也就是要下层民众与上层统治者一体同心，让民众能不畏生死，勇于为国家做出牺牲。春秋战国时代，君主在本国中虽居最上层，但仍需贵族阶层、民众支持才能顺利统治。否则，便可能产生叛乱，如西周厉王时期的“彘之乱”，和春秋时期的郑国“三月，子如立公子繻，夏，四月，郑人杀繻，立髡顽，子如奔许”。可见，当时国君如果施政不佳，就有可能遭到国人的反扑。另外，尤其需要注意的是，当时的军队主力基本以贵族国人为主，因此，如果贵族国人拒绝参战，作战便不能顺利展开。不过，即便到了现代，作战前也需先调动民意、动员军队，像二战时期的法国便陷入这种争执不休的危机中，以致落入快速被德军占领的命运。

天者陰陽寒暑時制也

“天者，阴阳、寒暑、时制也”，是讲天气、气候。作战之前必然要先了解气象条件，并准备相应的装备，否则便可能造成作战效率低下，或诱发各种疾病。例如，在两次进攻俄国的战役中，拿破仑受到冬季气候影响导致补给不足，最终只能败退；纳粹德国没有准备充足冬季装备，导致攻势推迟，最终使俄国得以喘息、反攻；又如元朝军队两次征伐日本，也都是没有确切掌握好气象和海况，导致舰队遭受台风袭击而惨败。因此，对于作战而言，天气也是相当重要的一环。

地者遠近險易廣狹死生也

“地者，远近、险易、广狭、死生也”，换言之，也就是要掌握整个战场的各种地形，面临各地不同的地形状况，能够采取不同的应变之道。在冷兵器时代，不同兵种在不同地形下有不同的优势，如步兵在大平原作战，便很容易受战车和骑兵的冲击，而伤亡惨重；若转为山地战，战车、骑兵的作战效果则远不及步兵。《左传》中就载有“晋中行穆子败无终及群狄于大原，崇卒也。将战，魏舒曰：‘彼徒我车，所遇又阨，以什（十人）共车必克。困诸阨，又克。请皆卒，自我始。’乃毁车以为行，五乘为三伍。荀吴之嬖人不肯即卒，斩以徇。为五阵以相离，两于前，伍于后，专为右角，参为左角，偏为前拒，以诱之。翟人笑之，未阵而薄之，大败之。”可见战车行动力不佳，如果不能适时改变战术，便不易取胜。

將者智信仁勇嚴也

“将者，智、信、仁、勇、严也”，即为将者要有智慧、信用、仁义、勇气与严格这五种特质，智慧、勇气、仁义、严格等都是大家可以理解的概念，不过“信用”则有些令人费解，甚至有人会反诘：“忠”对于将领而言也是相当重要的，在《孙子兵法》中却没有提及。究竟“信”与“忠”，哪个更重要呢？我认为将领的信用要重于忠诚，因为忠诚、忠心相当难以被量化或察觉。当一个人说他是忠心时，要如何证明？往往君主还是会怀疑这些将领的忠心，总要扣留人质或是留下一些把柄才能安心。另外，忠诚有着太多的模糊地带，究竟是忠于国家、人民，还是忠于君主个人？效忠对象的模糊更可能造成疑心四起。而信用，是建立在将领与君主之间的个人关系之上，由于信任对象的明确，信用的建立与维护便更为简单明了。之所以如此，在于为将者出征前的祭拜、授信等典礼，都是通过仪式象征与君主立下约定，因此为将者叛变，便是毁约毁信之举。总之，忠诚的将领不如有信用的将领，如此，既使得君主能信赖为将者的能力与忠诚，又使得为将者不会因为君主的猜疑而在作战上有所掣肘。

法者
曲制官道
主用也

“法者，曲制、官道、主用也”，是通过比较整个国家制度、练兵制度的优劣，评估作战的胜负如何。因为组织依分层管理及运作方式的不同，会产生不一样的效果。例如淝水之战，苻坚带领前秦八十万大军进攻东晋，东晋仅以八万北府兵应战，但结果却是东晋大胜。从练兵制度上看，北府兵都是精挑细选、详加训练的精兵，且多是从广陵一带征集的同乡；而苻坚则是从北方各地征召士兵从军，虽然人数众多，但这种从各地凑集的军队，其指挥系统应该相当混乱。单论士兵战斗力而言，北府兵虽略胜一点，但人数远远不利。然而实际战斗时，比起单兵能力，更重要的是团队合作及组织纪律，而这点必须靠平日的训练培养才行，临时组成的军队难以形成完美的组织，因此东晋的北府兵才能够击败苻坚的前秦大军。

故校之以計而索其情曰
主孰有道將孰有能
天地孰得法令孰行
兵衆孰彊士卒孰練賞罰孰明
吾以此知勝負矣

综上所述，对于这五种事情在进行庙算时必须审慎考虑、计算，“故校之以计，而索其情，曰：主孰有道？将孰有能？天地孰得？法令孰行？兵众孰强？士卒孰练？赏罚孰明？吾以此知胜负矣。”对于这些影响战争的要素，要逐一计算、客观理性地预判胜负，之后才能拟定整体战略规划，能够得知敌我双方的优劣，执行的指挥人员则是“将听吾计，用之必胜，留之；将不听吾计，用之必败，去之”。这里的“将”大多时候被理解为“将军”，直译便是，听从我计策的将领留下，不听从的离开，言外之意便是，要派出能够完美执行战略计划的将领，对于会擅自行动的将领不要轻易采用。

將聽吾計
用之必勝留之
將不聽吾計
用之必敗去之

計利以聽乃爲之勢
以佐其外
勢者因利而制權也

真正作战时，则有另一种方式：“计利以听，乃为之势，以佐其外。势者，因利而制权也。兵者，诡道也。故能而示之不能，用而示之不用，近而示之远，远而示之近。利而诱之，乱而取之，实而备之，强而避之，怒而挠之，卑而骄之，佚而劳之，亲而离之。攻其无备，出其不意。此兵家之胜，不可先传也。”计策定立之后，已经对己方与敌方的优劣得失有所了解，接下来便可依此推演、出招。这边的“势”相对于“形”，是一种看不见的力量，也就是除了兵力配置、粮草等可以观察的对象以外的东西，诸如士气、民心、战局变化等，都可算在“势”之内。而势“因利而制权也”，即随着局势变化，各种优势也会随之变化，种种策略也就要因之而动。前面讲的是随机应变的原则，接着说“兵者，诡道也”，意在提醒，战术上要让敌人猜不到真正的目的。于是可以看到各种与目的相反的行为出现，不过这里主要是概论，重点在于要攻其不备、出其不意，从敌人意想不到之处进攻，往往能有事半功倍的效果。

兵者詭道也
故能而示之不能
用而示之不用
近而示之遠
遠而示之近

从“奇袭”，这样一个常见的战术，能更容易理解孙武的这段话，核心就是，要让敌人意想不到，从而轻易获胜。然而“奇袭”并不总能轻易成功，只要敌人猜想到我方意图，往往便形成我方被反制的状况。因此，每一次奇袭的情况并不能被完全复制，即使是同一位将领，也不可能靠照搬同一套奇袭手法而屡获成功。以二战中盟军的两次空降奇袭作战——“诺曼底登陆战”及“市场花园行动”为例便可发现，两者虽然空降时都有诸多意外发生，也都达成奇袭效果，但两场战役所获战果却是相当不同：“市场花园行动”

的作战目标并未达成，而“诺曼底登陆战”则是相对成功的。因此，对孙武而言，战争瞬息万变，重点并不在于具体的方法，而在于基本原则：让敌人无法掌握你的动向。

夫未戰而廟筭勝者
得筭多也
未戰而廟筭不勝者
得筭少也
多筭勝少筭不勝
吾以此觀之
勝負見矣

《孙子兵法·计篇》最后认为，“夫未战而庙算胜者，得算多也；未战而庙算不胜者，得算少也。多算胜，少算不胜，而况于无算乎？吾以此观之，胜负见矣。”强调最终胜负的结果，在于事前的计算准备工作。掌握越多敌我双方的优劣情报，对战争胜负就越有把握，从而能够明确真正开战时，整体战略要如何施行，并尽可能地提升获胜的概率。同时，庙算越多，越能够了解整个局势变化，紧紧地掌握主动权，不至于被敌方牵着鼻子走、陷入被动局面。

用一个比喻来说，战争就像两个人打斗，我们不能完美地预测哪一方会赢，各种身体状况、心理状态、物质条件等因素都必须考虑，即使是小个子，也可能会赢得最后胜利。最有名的例子当是大卫战胜巨人歌利亚。仅仅两个人的打斗，就已经很难预料胜负输赢，那就更不用说动辄成千上万规模的战争，会是如何变化万端、难以捉摸了。但是，战争也并不是一种完全靠运气的赌博游戏，在一定程度上，它又是能够被预测、计算，能够在一定程度上了解最后的输赢概率的。《孙子兵法·计篇》揭示了战争是一个“在某种程度上能够被理性计算出胜率的社会现象”，越能精准分析这个概率，便越可能赢得战争、驾驭战争。

所以，开始战争之前，我方必须尽可能地掌握情报，尤其是掌握自身的各种情况，正如《孙子兵法·谋攻篇》所云：“知彼知己，百战不殆；不知彼而知己，一胜一负；不知彼不知己，每战必败。”了解自身最为重要，唯有了解了我方，才能立于不败之地，而后才求了解敌方。最终，充分了解敌我之间的优劣对比，如此才能对全局有所了解，从而有应对之策，便可求胜。同时，越努力地去了解战争胜负的玄机，才越能在这残酷世界上找到一线生机，而不至于将自己的生死存亡，建构在无法理解、不可知的命运之中。图

知彼知已百戰不殆
不知彼而知已一勝一負
不知彼不知已每戰必敗

《孙子兵法·计篇》全文

孙子曰：兵者，国之大事，死生之地，存亡之道，不可不察也。

○

故经之以五事，校之以计，而索其情：一曰道，二曰天，三曰地，四曰将，五曰法。道者，令民与上同意也，故可以与之死，可以与之生，而不畏危。天者，阴阳、寒暑、时制也。地者，远近、险易、广狭、死生也。将者，智、信、仁、勇、严也。法者，曲制、官道、主用也。凡此五者，将莫不闻，知之者胜，不知者不胜。

○

故校之以计，而索其情，曰：主孰有道？将孰有能？天地孰得？法令孰行？兵众孰强？士卒孰练？赏罚孰明？吾以此知胜负矣。

○

将听吾计，用之必胜，留之；将不听吾计，用之必败，去之。

○

计利以听，乃为之势，以佐其外。势者，因利而制权也。

○

兵者，诡道也。故能而示之不能，用而示之不用，近而示之远，远而示之近。利而诱之，乱而取之，实而备之，强而避之，怒而挠之，卑而骄之，佚而劳之，亲而离之。攻其无备，出其不意。此兵家之胜，不可先传也。

图

不战而屈人之兵

Breaking The Enemy's Resistance Without Fighting

文 刘小荻　编 朱鸣

text: Liu Xiaodi　edit: Zhu Ming

是故百戰百勝

非善之善者也

不戰而屈人之兵

善之善者也

“不战而屈人之兵”是《孙子兵法》的核心思想之一。很多人认为，这句话是证明孙武主张“反战”的证据。事实上，“孙子十三篇”从战争策划到备战，一直讲到火攻和谍战，没有一篇是单单论述“反战”的 。如果简单认为孙武写这部千古兵书，目的是鼓吹“反战”，似乎很难让人信服。那么，孙武到底想通过这句话传达什么思想呢？让我们结合全书的语境来理解。

夫用兵之法
全國爲上破國次之
全軍爲上破軍次之
全旅爲上破旅次之
全卒爲上破卒次之
是故百戰百勝
非善之善者也
不戰而屈人之兵
善之善者也

“不战而屈人之兵”出自《孙子兵法·谋攻篇》，该篇主要讲的是战争策略。原文写道：

“夫用兵之法，全国为上，破国次之；全军为上，破军次之；全旅为上，破旅次之；全卒为上，破卒次之；全伍为上，破伍次之。是故百战百胜，非善之善者也；不战而屈人之兵，善之善者也。”

孙武在一开始，就简明扼要地总结了用兵的原则，提出战争的理想状态，是通过“全国”“全军”“全旅”“全卒”而取得“全胜”；与之相对，“破国”“破军”“破旅”“破卒”虽也达到取胜目的，但敌我双方都折损巨大，因此较“全胜”而次一等。“全”，即完整之意。由“全胜”思想中“必以全争于天下，故兵不顿而利可全，此谋攻之法也”的结论来看，孙武所讲的“全”，应包括我方利益的“全”与敌方国家、军队的“全”两个方面。

对孙武而言，战争只是达成政治目的的手段，得胜并不是全部；孙武认为“百战百胜，非善之善者也”，追求战争胜利只是最低目标，而运用兵法谋略，达到“不战而屈人之兵”的效果，以最小的代价获得最大的利益，才是他追求的理想境界，也是战争的最高艺术。

在《孙子兵法·谋攻篇》开篇，孙武下了“不战而屈人之兵，善之善者也”的结论，做出这样论断的根本原因，他在随后一段中做了相应解释：

“故上兵伐谋，其次伐交，其次伐兵，其下攻城。攻城之法，为不得已。修橹轒辒，具器械，三月而后成，距堙，又三月而后已。将不胜其忿而蚁附之，杀士卒三分之一而城不拔者，此攻之灾也。”

“伐谋”是孙武最为推崇的，这也与“不战而屈人之兵”的主旨相对应，即在敌人的准备阶段，就能窥破其谋，从而令其不能或不敢开战。春秋诸侯国林立，政治关系错综复杂，要想赢得博弈的胜利，外交也是很重要的手段之一。“伐交”便主要是指，通过外交联络，为己方多争取盟友，劝敌方盟友保持中立，从而孤立敌方，令其不战自败。前两种方法应当重点考虑，实在不行，才是兵戎相见；而到了最后，万不得已才使用攻城的方法。

不能轻易动用攻城之法，是由于“攻城战”不仅在战前准备阶段消耗巨大，且即使最终取胜，也是用巨大的战争成本换取的胜利。按照李零先生在《兵以诈立》里的说法：“中国古代城市，城和市在一起，城和宫在一起，城和庙在一起，坟墓也在城里城外。它是财富、权力、宗教的中心。城破，攻方往往血腥屠城，还会挖祖坟，毁社稷，侮辱守方先人。守方因此负隅顽抗，困兽之斗，抵死抵抗，因此这样的攻城战，双方都消耗极大。”从国家的角度看，“攻城战”弊大于利，所以孙武强调要尽量避免。

故上兵伐謀
其次伐交
其次伐兵
其下攻城
攻城之法爲不得已
修櫓轒轀具器械三月而後成
距堙又三月而後已
將不勝其忿而蟻附之
殺士卒三分之一而城不拔者
此攻之災也

《孙子兵法》中，孙武时刻保持着“战争成本”意识，以及“危机意识”，他告诫将领们，应当充分了解、警惕战争所带来的损耗会对国家造成怎样的影响。在《孙子兵法·用间篇》开头，他便指出：

“凡兴师十万，出征千里，百姓之费，公家之奉，日费千金，内外骚动，怠于道路，不得操事者，七十万家。相守数年，以争一日之胜，而爱爵禄百金，不知敌之情者，不仁之至也。”

大军在外征战千里，每日的消耗是巨大的，战争一开始，上到国家，下至百姓，全部的社会力量都会围绕着战争运转，这是绝对的“国之大事”，战争的成败直接与国运相关。“相守数年，以争一日之胜”，正因战争残酷且牵连巨大，因此，孙武才对发动一场战争如此谨慎。

“慎战”有因，那么，如何通过“伐谋”“伐交”来实现“不战而屈人之兵”呢？对此，孙武认为，达成“不战而屈人之兵”的方法，需讲究“知胜”。《孙子兵法·谋攻篇》里，孙武列举了五条“知胜”的具体方法：

“知可以战与不可以战者胜；识众寡之用者胜；上下同欲者胜；以虞待不虞者胜；将能而君不御者胜。此五者，知胜之道也。”

《孙子兵法·谋攻篇》在陈述完“知胜之道”后，用“知彼知己，百战不殆；不知彼而知己，一胜一负；不知彼不知己，每战必败”为全篇做出了总结。“知彼知己，百战不殆”这一中国人耳熟能详的句子，早已扩展至战争之外，“知己”强调的是自知力及内省的重要性，在军事层面即是对我方战备、战力，优势、局限的深刻了解；无论是对于个人、军队或是国家，“自知”都是相当重要的能力。“认识你自己”也是古希腊哲学家苏格拉底提出的著名命题，这句话后来被刻在阿波罗神殿的石柱上，可见无论是在东方还是西方，无关文化差异，“自知”始终是个核心命题。而“知彼”，则更多趋向于战略意味，在《孙子兵法·用间篇》里，孙武提到：

“故明君贤将所以动而胜人，成功出于众者，先知也。先知者，不可取于鬼神，不可象于事，不可验于度，必取于人，知敌之情者也。”

取胜的关键在于“先知”，而“先知”的方法，不是问天地鬼神，不是猜想推断，而是要取决于“人”，取决于“知敌之情”的人；用间便是通过“人”来获取敌情的最优方式。关于情报对于战争的重要性，就又回到《孙子兵法·用间篇》开篇所明确表达的观点——“相守数年，以争一日之胜，而受爵禄百金，不知敌之情者，不仁之至也”。发动一场战争的代价巨大，如果是由于己方对情报重视度不够、对敌方了解不足，从而导致战争的最终失败，这样的主君与将领是“不仁之至”的。

虽然，孙武思想的核心“不战而屈人之兵”的本意并非在“反战”，但其中所蕴藏的惜兵力、惜民力的“全胜”战争观，无疑是饱含“人道主义关怀”的。所以，即使是在千年后的今天，《孙子兵法》仍然受到世人普遍的尊崇。

凡興師十萬
出征千里
百姓之費
公家之奉
日費千金
內外騷動
怠於道路
不得操事者
七十萬家
相守數年
以爭一日之勝
而愛爵祿百金
不知敵之情者
不仁之至也

故明君賢將所以動而勝人
成功出於衆者
先知也
先知者
不可取於鬼神
不可象於事
不可驗於度
必取於人
知敵之情者

左右大国命运的“地理”

Hegemony of Warring States and Their Shaping Landforms

XXXXXXXXXXXXXXXX

文 迟广赟、朱鸣 编 朱鸣

text: Chi Guangyun & Zhu Ming edit: Zhu Ming

自身所处的地理位置，以及周边的地缘政治环境，对于一个国家的兴衰，有着相当紧密的联系。春秋战国时期，相继崛起的几个霸主国，都处在相对特殊的地理位置上，如关中平原的秦国，山西高原的晋国，山东半岛的齐国，以及位于江汉平原的楚国。这几个地域，自春秋开始，便成为历朝历代大事件发生的主舞台。

被几大强国所围绕，处于“天下”正中心的，是早期农耕社会中最富饶的中原地区。但是，这里却一直没能形成足够强大且持久的地缘势力，这似乎与我们传统认知上“得中原者得天下”的说法产生了出入。从地理上看，中原地区，地势平坦宽阔，四通八达，虽然有利于发展大规模的农业，但从国家防卫的角度上来看，无险可依，是其致命弱点。又因其富庶，所以始终被列国觊觎着。这些国家，一旦有争霸的想法，中原便是首要的目标，故曰“问鼎中原”。如宋、卫、郑、鲁等国，战事一起，便会四面受敌，常年被动陷于各种政治纷争、军事斗争中，疲于应付，自身很难有较大的势力拓展。反观围绕中原崛起的几个周边大国，境内的地形结构层次分明，各自有着天然的军事屏障与战略纵深，因此无后顾之忧，可专心发展国力，开疆拓土。

譬如秦国，在西汉政治家贾谊的《过秦论》中曾写道，“秦孝公据崤函之固，拥雍州之地，君臣固守以窥周室，有席卷天下，包举宇内，囊括四海之意，并吞八荒之心”，即点明了秦国的战略地理位置优越，有争天下的野心，也具备这个条件。秦国所在的关中平原，介于秦岭和渭北山系之间，此地因在函谷关和大散关之间，故得名“关中”。秦国周围既有秦岭、陇山、秦晋峡谷、陕北高原等天险拱卫，又有函谷关、武关、大散关、萧关可据守，即所谓的“被山带河，崤函之固”，易守难攻，因此被称为“四塞之国”。汉张子房用“金城千里”来赞誉关中的优势，汉高祖刘邦最终也定都于此。战国时期，秦国又北上攻义渠，南下灭蜀国，占据了黄土高原和成都平原，因此也控制住了黄河和长江的上游。这两个重要地域，进一步巩固了关中的战略优势。处于如此宝地的秦国，势不可挡，最终横扫六合，一统天下。

晋国位处的山西高原是华北地区的屋脊。西面有吕梁山、黄河以及秦晋峡谷作为屏障，有效阻挡了关中秦国的扩张之势；东面太行山脉绵延，很大程度化解了来自华北平原的威胁；北部的恒山是抵御北方游牧民族侵扰的要塞；坐拥群险，晋国的腹地是汾河盆地，物产丰富。南面为出口，连接着战略要道——崤函通道，这些都是成就晋国的有利地理因素，因此其霸权维持了一个半世纪之久。就算到了春秋后期，晋被分裂成了韩、赵、魏三个国家，但这片区域仍旧能维持相当的实力。

齐国，位处山东半岛，北依黄河，西靠泰山，东面环海，所谓“尽东海之利”——国家不仅在战争中无须担

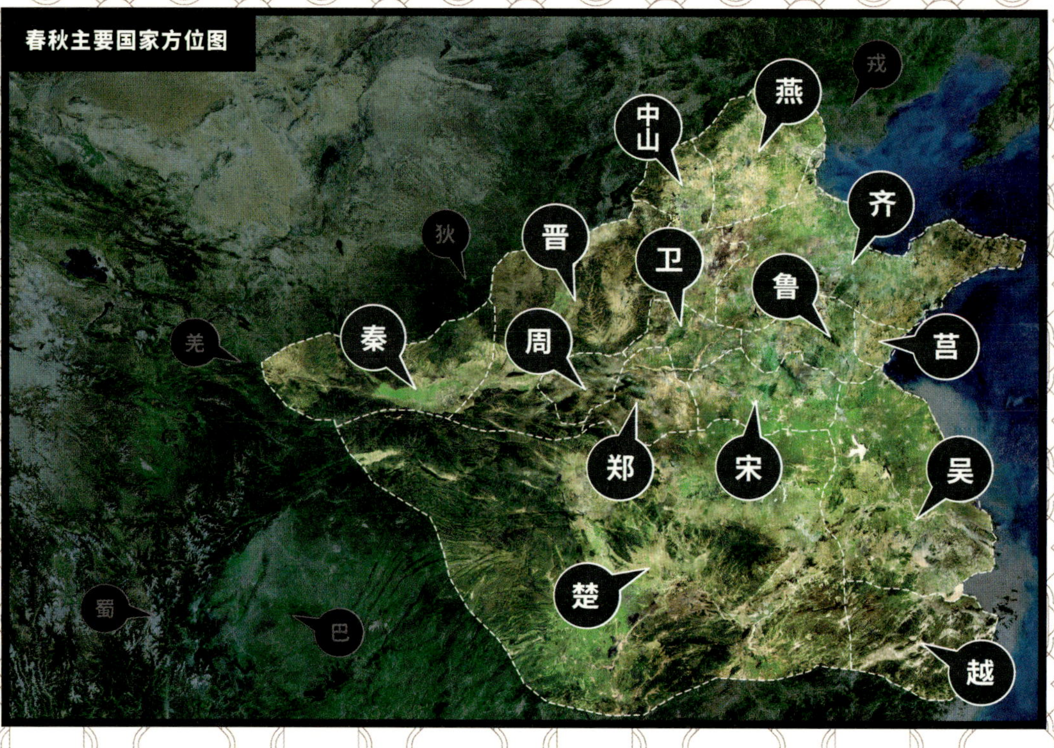
春秋主要国家方位图
燕
戎
中山
齐
狄
晋
卫
鲁
羌
秦
周
莒
郑
宋
吴
楚
蜀
巴
越

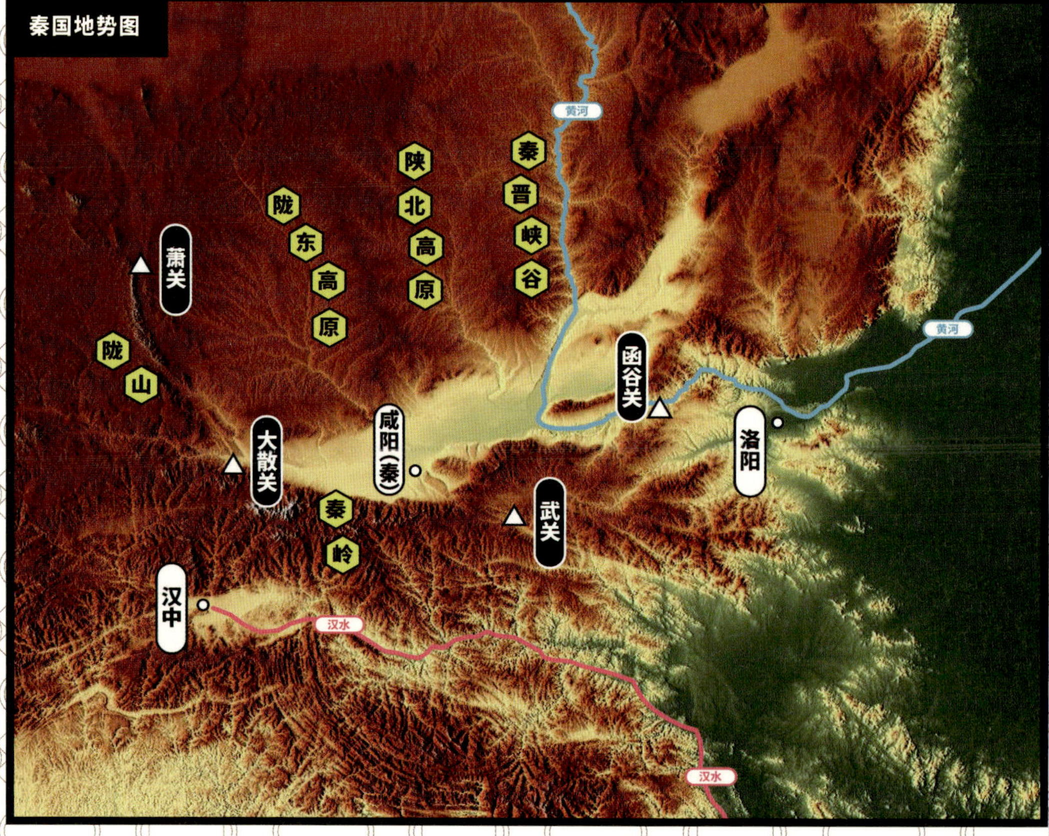
秦国地势图
黄河
秦晋峡谷
陕北高原
陇东高原
萧关
陇山
函谷关
黄河
洛阳
咸阳(秦)
大散关
秦岭
武关
汉中
汉水
汉水

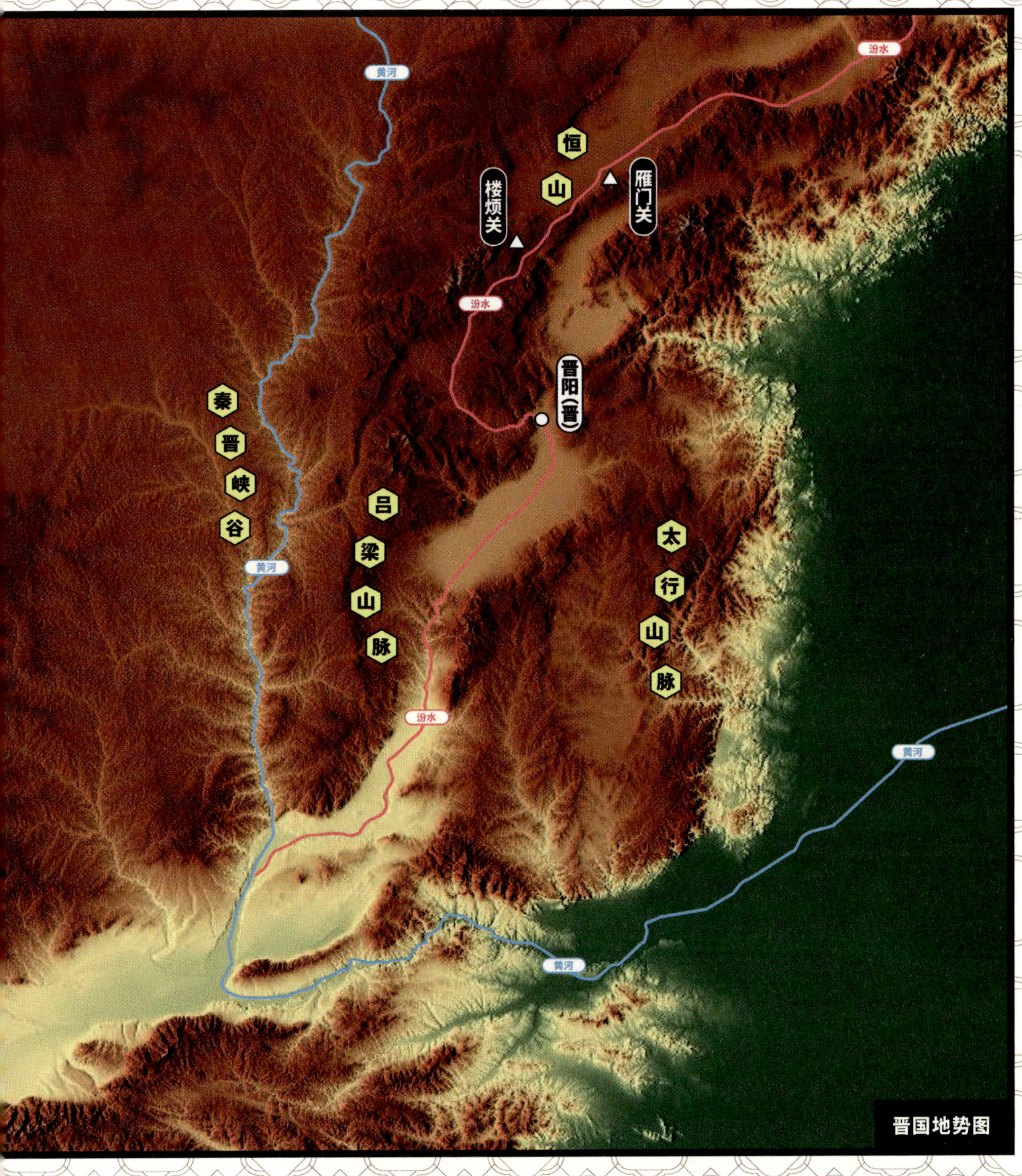

忧后方遭受敌袭，还可从海中获取鱼盐，因而非常富庶。反观同属山东地区的鲁国，地理实在没为其带来多少好处。鲁国东面虽有沂蒙山作为屏障，但三面皆可受敌，又缺乏战略纵深，地势极不利于防守；西面便是一马平川的宽阔平原，与中原直通，所以常常受到他国威胁。鲁国与齐国相较，强弱悬殊。两国文化相近，但军事摩擦频频，至战国时期，鼎盛的齐国疆域已延伸至淮河附近，将鲁国重重包围，使其几乎成了国中之国。

位于江汉平原的楚国，外有桐柏山、大别山、武陵山等天险环绕，内有长江、汉水等交通要道贯通，南边有大量待开拓的疆域，提供了充分的战略纵深。楚人只要守住襄阳地区和义阳三关（武胜关、九里关、平靖关）的要塞，就可以保证根本之地不失，进而安心北上争霸。

楚国进军中原的桥头堡——襄阳，在这里尤为值得

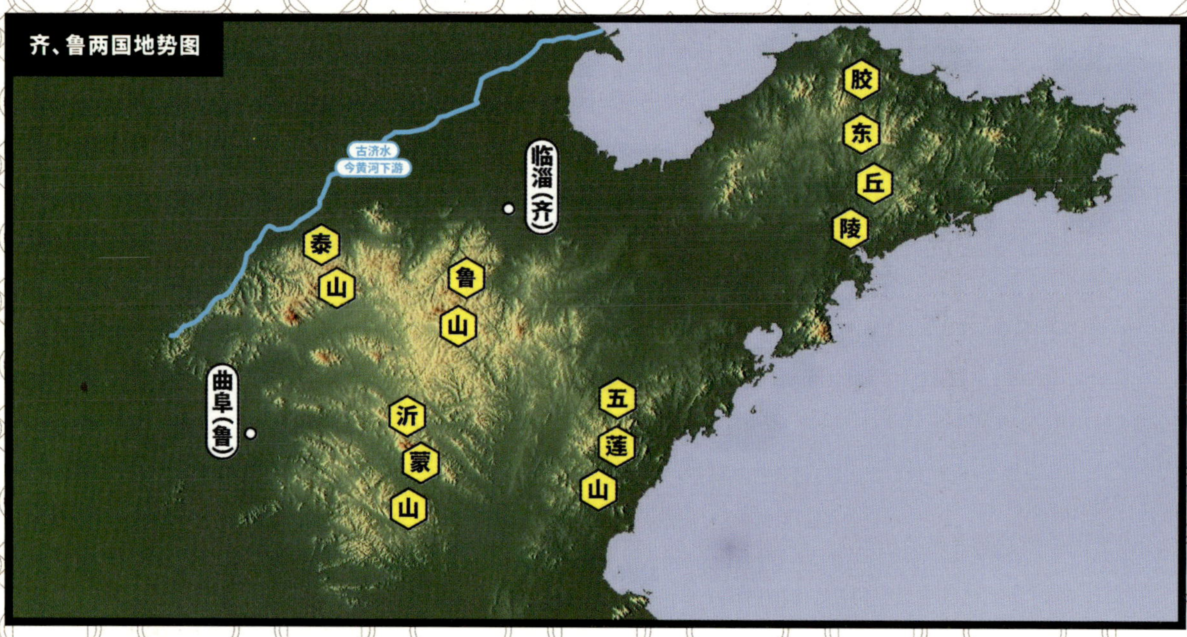

齐、鲁两国地势图

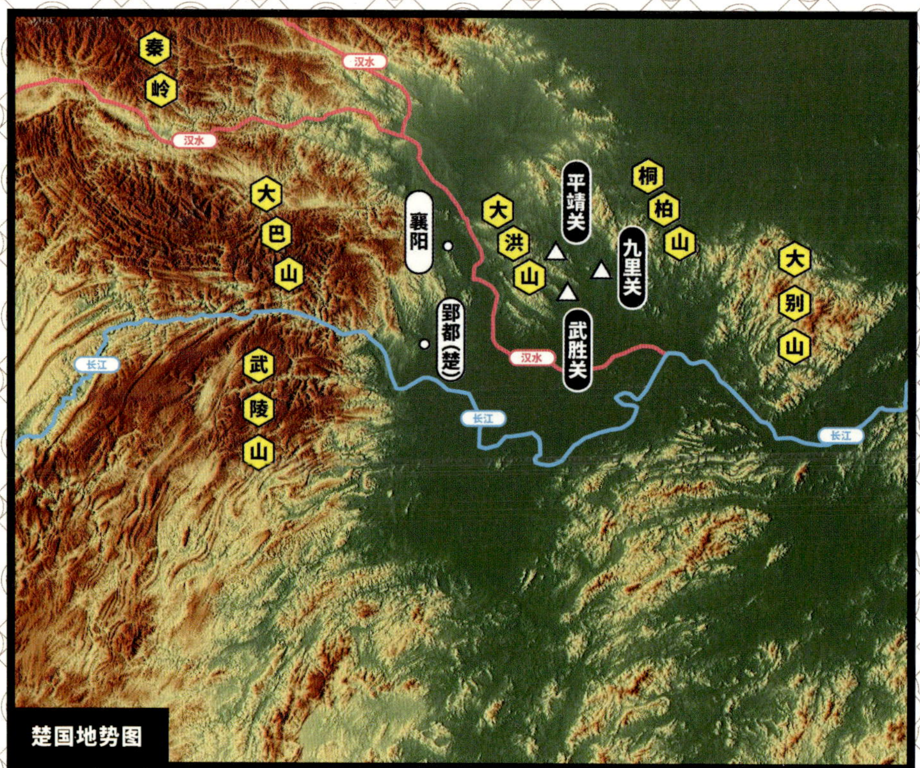

楚国地势图

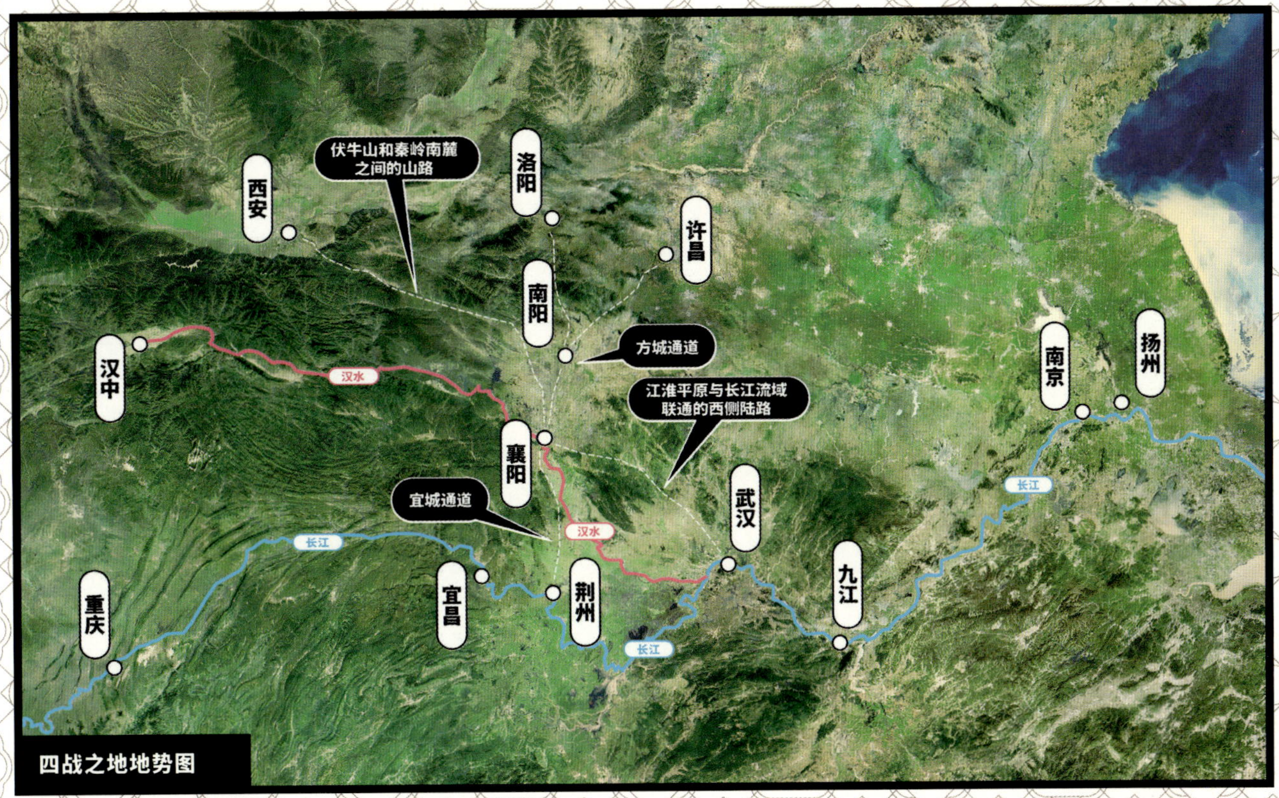

◉"四战之地"——襄阳，其南面通江汉，东面接汉口，北面可直通中原的洛阳，西去长安、汉中，历来是战争的主舞台。

一提。从春秋到秦汉，随着历史的演进，此处的战略重要性愈发凸显。襄阳正处于南阳盆地的中央位置，东、西、南、北四面贯通，如一个巨大的隘口，一旦控制住这里，就相当于坐拥这一整片盆地。从地图上看，襄阳处于古中国版图的中心，其位置有如围棋中的“天元”，在此落下一子，可对全局造成影响。襄阳以南，沿荆山、大洪山之间的宜城通道，可一路直通荆州（郢都），由此再向东，直抵长江，整个长江下游皆可纳入势力辐射范围；向西，控制住宜昌，便扼住了巴人、蜀人出川的咽喉；襄阳的东北方向，经伏牛山、桐柏山，便可剑指中原。三国时，关云长于襄阳樊城“水淹七军”，逼得曹操急着要从许昌迁都，原因也在此。毕竟占了襄阳，相当于半条腿已跨入中原的大门。依《孙子兵法·九地篇》中的定义，这样位于多国交汇、道路四通八达的地区，当称作“衢地”，即为军事地理学上的“枢纽区域”。率先夺取此地，可使己方在战争中占据有利地位，进退皆宜。图

军形第四

军执势
第五

07

兵从何处来？

The Source of Soldiers in the Zhou Dynasty

文 张巍译、董哲　编 朱鸣　text: Zhang Weiyi & Dong Zhe　edit: Zhu Ming

春秋战国时期是中国从封建制迈向中央集权的年代，其间不断的战乱促使兵家兴起。而兵家也拜众多战乱所赐，理论渐渐完备。这一时期的军事制度对后世产生了深远影响。

《汉书·艺文志》分兵家为四——兵技巧、兵权谋、兵形势、兵阴阳，而这只是一种分法，也可以依照兵书所涉及的内容，将它们分为两类——军法书和谋略书。前者讲军制，关心制度的完备、如何强军；后者讲战法，关心策略的精妙、如何战胜。《孙子兵法》是典型的谋略书，但若要回顾军事制度和组织，就要看《司马法》《尉缭子》《六韬》《墨子》这四本军法书。《司马法》代表着春秋时期、战国初期的军事组织，《尉缭子》代表着战国初期到中晚期的军事组织，《六韬》代表着战国晚期的军事组织，《墨子》则代表着整个战国时代守城方的军事组织。

越溝塹登丘陵冒險阻
絶大澤馳強敵亂大衆
名曰武騎之士

军事组织，归根结底是士卒的组织，军事制度的意图皆在于有效地管理和激励士卒作战。士卒是军事组织中最基础的单元，其征召办法在春秋时期已经按城市和农村加以区分，农村为：

“六尺为步，步百为亩，亩百为夫，夫三为屋，屋三为井，井十为通。通为匹马，三十家，士一人，徒二人。通十为成，成百井，三百家，革车一乘，士十人，徒二十人。十成为终，终千井，三千家，革车十乘，士百人，徒二百人。十终为同，同方百里，万井，三万家，革车百乘，士千人，徒二千人。”——《司马法·逸文》

所谓“六尺为步，步百为亩，亩百为夫，夫三为屋，屋三为井”，《司马法》所载之“井田制”有可疑处，其“百井三百家、十井三十家”，则岂不一井三家？我认为有两种解释，一为《司马法》所载应不为“井田制”，而是春秋战国时，可能在某国出现的三家一口水井的制度。如此“屋“可解为“宅”，“夫”可解为“人”，则一人当用百亩地养之。百亩之地若以战国一尺约为二十三厘米计算，则大约八百多平方米，以当时的技术，土地面积应大到足以养活自己。

但如将“夫”解为“人”，则三人成一家，三家编一井。就当时的一个家庭来说，人数似乎过少，可能三人只是一虚词。一则以“井田制”解释，那就会有两个问题：其一是家庭之数量与“井田制”的家庭的数量不合。“井田制”的家庭的数量当为九家，而依《司马法》所载，此制仅只三家，不合也；其二是《司马法》所载之土地数量与“井田制”不合。因此，我认为《司马法》所载之制非“井田制”也。此大略为一改良自“井田制”或以“水井为制”的制度，不过此一制度应当只推行于农村。以上是农村的兵卒编制，与以下的城市编制有所不同：

“六尺为步，步百为亩，亩百为夫，夫三为屋，屋三为井，四井为邑，四邑为丘，丘有戎马一匹，牛三头，是曰匹马丘牛，四丘为甸，甸六十四井出长毂一、乘马四匹、牛十二头、甲士三人、步卒七十二人。”——《司马法·逸文》

所谓丘、邑，也就是城市，可以看出城市与农村所征收的税赋、编制不同，从“六尺为步，步百为亩，亩百为夫，夫三为屋，屋三为井，四井为邑，四邑为丘”，可知“井”为编制中的基本单位，四井而为邑。与农村的“通”“成”“终”“同”相比，“邑”“丘”“甸”是人数较少的编制。从这点来看，当时对于城市的征收要比农村严格。

依照三家一井，一邑十二家的制度，一丘就要出马一匹、牛三头，一甸就要出长毂一乘、马四匹、牛十二头、甲士三人、步卒七十二人，一甸一百九十二家，与农村三百家不过革车一乘，士十人，徒二十人相比，城市的税赋是重上许多的。不过从所收的税赋来看，当时的城市应当已经比农村要富有得多。而且当时“国人”与“野人”的界线也在慢慢打破，因为一甸征召甲士三人、步卒七十二人，与农村相比，其差不远。

一車當步卒八十人
八十人當一車

“一车当步卒八十人，八十人当一车。”——《六韬·均兵第五十五》

由此可知一甸所征之部队应为一辆兵车，而农村的“成”所出之兵车或为辎重车，因其人

丈夫千人
丁女子二千人
老小千人
凡四千人

五十步丈夫十人
丁女二十人老小十人
計之五十步四百人

与兵车之数目不合，或为二者皆有。

战国时期以后，为了更有效地收集战争资源，开始推动所谓“编户齐民”的工作，于是战争的这项工作开始普及，不再只是“士”的权利与义务，也成了普罗大众的义务，每个人都要参战。春秋时期战争规模还不大，几万人的规模已是大战，而到了战国，战争动辄倾国，且战事频仍，导致青壮年兵源严重不足。一场大战过后，往往一国之成年男子几乎死光。为了戍卫边疆，各国不得不放宽对兵源的规定，少年与老年人也必须从军参战，紧急时甚至全民皆兵也是时有所闻。

凡战争有攻有守，墨子所言皆是守城之事，从墨子所言之守城，城中不论男女老少皆需动员参战：

“五十步丈夫十人、丁女二十人、老小十人……丈夫千人，丁女子二千人，老小千人，凡四千人。”——《墨子·备城门》

在守城之生死存亡关头时，不论男女老少，都必须接受征召上战场。

“五步有五长，十步有什长，百步有百长，旁有大率，中有大将，皆有司吏卒长。”——《墨子·迎敌祠》

五步即五人，墨子采用“什伍法”来建立军中阶级管理，五人五长，十人十长，百人百长，依此层层管理。墨子要求战争：“女子到大军，令行者男子行左，女子行右，无并行，皆就其守，不从令者斩”[1]，即男女必须要分开，男女私欲必须要抛开，在打仗时，每个人都是单独个体，不论性别，只要能打仗杀敌，就是有用的人。

“壮男为一军，壮女为一军，男女之老弱者为一军，此之谓三军也。壮男之军，使盛食厉兵，陈而待敌。壮女之军，使盛食负垒，陈而待令。客至而作土以为险阻及柞格阱陷，发梁彻屋，给徙，徙之；不给而熯之，使客无得以助攻备。老弱之军，使牧牛马羊彘；草水之可食者，收而食之，以获其壮男女之食。而慎使三军无相过。壮男过壮女之军，则男贵女，而奸民有从谋而国亡；喜与其恐，有蚤闻，勇民不战。壮男壮女过老弱之军，则老使壮悲，弱使强怜，悲怜在心，则使勇民更虑，而怯民不战。故曰慎使三军无相过，此盛力之道。”——《商君书·兵守十二》

春秋战国时期的全民皆兵的政策，因为农、战政策的关系，所有的臣民皆需要为国家、国君服务，男耕女织，必要时所有人都要根据户口编军参战。《商君书》将军队分为壮年男、壮年女、老弱三军，而依照体质分别遣派。壮年男身强体壮，因此打仗时前线由壮年男负责；壮年女则负责类似于工兵的工作，因其体力介于壮年男与老弱之间，所以做一些辅助前线的工作；而老弱兵则负责后勤的工作。同时三军不得往来，这是为了使军队保持高强的战斗力，使各军能无忧、专心地为国家贡献。

1 出自《墨子·号令》。

選車士之法取年四十巳下
長七尺五寸巳上
走能逐奔馬及馳而乘之
前後左右上下周旋能縛束旌旗
力能彀入石弩射前後左右皆便習者
名曰武車之士不可不厚也

“有胥靡免罪之人，欲逃其耻者，聚为一卒，名曰幸用之士。”——《六韬·练士五十三》

战国时期，由于战争规模的扩大，为了能实时补充兵源，即便是有罪之人，只要能作战，也就能将功抵罪。

“选车士之法，取年四十已下，长七尺五寸已上，走能逐奔马，及驰而乘之，前后左右，上下周旋，能缚束旌旗；力能彀入石弩，射前后左右，皆便习者，名曰武车之士，不可不厚也。”——《六韬·武车士第五十六》

“选骑士之法，取年四十已下，长七尺五寸已上，壮健捷疾，超绝伦等；能驰骑彀射，前后左右，周旋进退；越沟堑，登丘陵，冒险阻，绝大泽；驰强敌，乱大众者，名曰武骑之士，不可不厚也。”——《六韬·武骑士第五十七》

由此可知，战国时代军队的分工已经专业化，将精锐之兵派去当车兵、骑兵，而一般士卒则为步兵。

从春秋到战国，几百年的时间里，象征中原王权的文字与冶铜技术被诸侯掌握，文化下移，王权衰微。战争的规模也从几千人扩大到数十万人，达到了秦以后集权时期历代战争的规模。这一时期，军法与谋略因为国家存亡、贵族安危的迫切需求而被深入研究。兵役制度从“井田制”演变成“征兵制”，也开始出现拣选人才进入军事组织，以满足专门的需求。军事组织的兵种变多，出现更加完整的专业分工，军事组织所能适应的战争情形也就增多，所参与的战争也就更加扩大，更加贴近平民，不再只是贵族的活动。之后的两千余年，在这个文明孕育的富饶土地上，历史伴随着不曾停息的战争悲壮地前进。士卒作为军事组织中最基础的单元，在历史的长河中化为一串串数字被封存在诗稿中。留在历史画卷中的图景，只剩下满纸帝王将相、才子佳人。

“铠甲生虮虱，万姓以死亡。白骨露于野，千里无鸡鸣。生民百遗一，念之断人肠。”——曹操《蒿里行》图

選騎士之法取年四十巳下
長七尺五寸巳上
壯健捷疾超絶倫等
能馳騎彀射前後左右周旋進退
越溝塹登丘陵冒險阻絶大澤
馳強敵亂大衆者
名曰武騎之士不可不厚也

⑧

何以定罪罚？

The Rewards and Punishment System in the Military Codes of the Zhou Dynasty

XXXXXXXXXXXXXXXX

文 张巍译、董哲 编 朱鸣 text: Zhang Weiyi & Dong Zhe edit: Zhu Ming

军法者，军事组织规范也。但凡一团体组织，必有上下应对之道、赏罚之道，远自夏代，便用赏罚激励人心向战。虽军法只在战前才宣布，时效也仅限于战时，但毕竟战争是生死存亡的搏斗，不以法相逼，恐难以战胜。《司马法·定爵第三》曰：“凡战正不行则事专，不服则法，不相信则一。”可见军法的不可或缺。赏、罚是军法中的两个重要课题：赏，使人心向战、所向披靡；罚，使纪律整肃、令行禁止。战争首先是军事组织的行为，纪律是一切胜利的前提，故而如何以罚肃军就显得至关重要。

作战时，那些被禁止的行为，可以大致归纳为四大类：上战场不作战，对领导不服从，在组织不团结，于行为不检点。不作战，很早就被列入军法首要处置的行为。《甘誓》——“用命，赏于祖；弗用命，戮于社，予则孥戮汝”。《牧誓》——“尔所弗勖，其于尔躬有戮”，临战前不忘提醒下属：大家要尽力作战，仗打得好的有奖赏，不想努力作战的人也没关系，我就把你杀了。

執戮禁顧謙以先之
若畏太甚則勿戮殺
示以顏色告之以所生循省其職

執戮禁顧
譟以先之
若畏太甚
則勿戮殺
示以顏色
告之以所生
循省其職

时代在变，军法也与时俱进，军事组织的领导们渐渐地体会到，只禁止不作战这项行为是不够的。毕竟组织的目标是要打胜仗，光凭战前禁止不作战是不够的，平时就要做好行为规范、心理建设。为了从根本上将军事组织的整体素质提高，各项行为的组织规范开始出现：

不服不信不和
怠疑厭懾枝拄
詘頓肆崩緩
是謂戰患
驕驕懾懾吟曠虞懼事悔
是謂毀折

“不服，不信，不和，怠，疑，厌，慑，枝柱，诎，顿，肆，崩，缓，是谓战患。骄骄，慑慑，吟旷，虞惧，事悔，是谓毁折。”——《司马法・定爵第三》

对于这些作战时所要避免的问题：不服从命令、不坦诚、不和睦、玩忽职守、多疑、厌倦懒散、畏惧、军心散漫、顶撞长官、烦闷、太放肆、分崩离析、动作迟缓、骄傲、自危心态、乱抱怨、出尔反尔等，都要尽可能避免。平日的训练中，需要制定行为规范，以免打仗时士兵的纪律仍然乱七八糟。到了作战时，则会有鼓励军心的临时军法。

“执戮禁顾，噪以先之。若畏太甚，则勿戮杀，示以颜色，告之以所生，循省其职。”——《司马法・严位第四》

由此可见，对作战时左顾右盼者要大声喝令并立斩，然而如果将领发现有人畏敌太甚，则要去关心为何会有这种情形发生，并告诉其求生之道。从此可知司马法对于下属采取的态度与后世的军法相比，是非常宽大的，探其原因，或许与士兵为贵族出身且人数较少有关。

到了战国时，征兵的限制放宽，一般平民、“野人”也都可以参军，然而这些人当中的大部分，读书较少，习惯、风俗也都相异，会来参军也是被逼无奈。先天上，这些人的素质比以前的贵族兵更差，但仗仍然得打。所以战争之前必须将“提高军队素质”当作第一要务，对于士兵的行为要求更多，制定更多的军法：

鼓失次者有誅
讙譁者有誅
不聽金鼓鈴旗而動者有誅

“鼓失次者有诛，喧哗者有诛，不听金、鼓、铃、旗而动者有诛。”——《尉缭子・勒卒令第十八》

左右中軍皆有分職
若踰分而上請者死
軍無二令
二令者誅留令者誅失令者誅

“左、右、中军皆有分职，若逾分而上请者死，军无二令，二令者诛。留令者诛。失令者诛。”

“将军入营，即闭门清道，有敢行者诛，有敢高言者诛，有敢不从令者诛。”——《尉缭子·将令第十九》

高声喧哗者、实施管制时乱跑者、越级者、抗命者、对命令轻慢者、错失命令者，通通都要处罚。以前是规范个人有可能危及组织的行为，现在又进一步制定规范，对于可能危及将领威严的个人行为都要加以处罚，可见领导者的地位在军事组织中持续上升。面对日益增多的兵员，为了能有效管理军队，将领们实行了“什伍法”，将五个人分为一组，十人分为一队。但如果仅仅是分组而已，那就浪费了如此激励士气的法令。什伍法的配套法律：“束伍令”“伍制令”也就与“什伍法”相运而生。《尉缭子·伍制令第十四》：“伍有干令犯禁者，揭之免于罪，知而弗揭，全伍有诛。”为了

將軍入營
即閉門清道
有敢行者誅
有敢高言者誅
有敢不從令者誅

得伍而不亡有賞
亡伍不得伍身死家殘
亡長得長當之得長不亡有賞
亡長不得長身死家殘
復戰得首長除之
亡將得將當之得將不亡有賞
亡將不得將坐離地遁逃之法

使士兵们对于“伍”这种东西产生认同感，在同一伍当中，一个人犯错，其他人都要受罚连坐。这使同一伍的士兵们平时行为更加戒慎。“束伍令”并不是只有平时才有效力，在战时仍有效力。甚至在战争时，“束伍令”更成了维持战斗力最佳的利器：

“得伍而不亡有赏，亡伍不得伍，身死家残。亡长得长当之，得长不亡有赏，亡长不得长，身死家残，复战得首长，除之。亡将得将当之，得将不亡有赏，亡将不得将，坐离地遁逃之法。”——《尉缭子·束伍令第十六》

“战亡伍人，及伍人战死不得其尸，同伍尽夺其功。得其尸，罪皆赦。”——《尉缭子·兵令下第二十四》

“束伍令”果然是不同凡响，将平时的军队制度与处罚制度相结合，使得军营中人人必须监督同一个伍的

戰亡伍人
及伍人戰死不得其屍
同伍盡奪其功
得其屍罪皆赦

人，但又必须信任同一个伍的人。战时的“束伍令”鼓励各伍士兵必须奋勇杀敌，并且最好不要阵亡，不然就苦了与你并肩作战的战友，因为他们必须要多杀一人来相抵你这个名额，而且他们还要负责把你的尸体给带回来，如果没有带回来，一天的战斗几乎是徒劳。无论如何，“束伍令”的目的就是要你没命地冲杀敌军，否则就处刑。

士卒有连坐制度，那军官也有吗？答案是有的。一军之中，将最大，除了他以外，其他人皆为其下属。士卒有联保连坐制度来保证作战勇猛，军官作为前线负责指挥作战的一线领导，就更需要联保连坐制度来作为其作战勇猛的保证：

吏自什長已上
至左右將
上下皆相保也
有干令犯禁者
揭之免於罪
知而弗揭者
皆與同罪

“吏自什长以上，至左右将，上下皆相保也。有干令犯禁者，揭之免于罪，知而弗揭者，皆与同罪。”——《尉缭子·伍制令第十四》

除了横向的联保连坐外，也有纵向的联保连坐。纵向联保连坐制度最低阶层从什长到左、右主将都包含在内，只要有人犯法而不报，就与其同罪，展现出官吏犯法与庶民同罪的精神。

在相互讨伐的日子里，除了进攻的一方，也有防守的一方，而防守者的代表即为墨子集团。墨子集团能在如此艰难困苦的环境下守住城池，除了毅力、头脑之外，必定要有严厉的军法来维持。毕竟墨子集团为客，他们若没有严厉的军法，是难以在短时间内服众的。守城时，

吏從卒四人以上有分者
大將必與爲信符
大將使人行守操信符
信不合及號不相應者
伯長以上輒止之
以聞大將
當止不止及從吏卒縱之
皆斬

首先要先划分防区，明令何人守哪里，并要在城内发布类似戒严令的号令：

“吏从卒四人以上有分者，大将必与为信符，大将使人行，守操信符，信不合及号不相应者，伯长以上辄止之，以闻大将。当止不止及从吏卒纵之，皆斩。”——《墨子·号令第七十》

卒分成四个防区防卫、巡逻，有人没持信符而到处走动、口号又不对者，要赶紧制止他的行动，并报告大将，如果没有阻止，则巡逻士兵就要被处斩。

凡守城，最重要的一件事情就是抓间谍，因为城外的敌军最容易使用的计谋就是派间谍进入城内，将城内搞得人心惶惶、斗志全无，或是由内向外打开城门，引敌军入城。间谍对于守城者有着极大的威胁，所以要努力找间谍，并且要将之处以最重的刑罚，以儆效尤：

“奸民之所谋为外心，罪车裂。正与父老及吏主部者，不得，皆斩，得之，除，又赏之黄金，人二镒。”——《墨子·号令第七十》

与外敌通者，抓到了就要把他车裂，而他的上司没有抓到他，就与其同罪，斩之。

只要是人，就要吃饭；只要吃饭，就要生火；只要生火，就有可能发生火灾。在守城这种危急时刻，城中突然失火是一件很严重的事情。

姦民之所謀爲外心罪車裂
缶與父老及吏主部者
不得皆斬
得之除
又賞之黄金
人二鎰

“诸灶必为屏，火突高出屋四尺。慎无敢失火，失火者斩，其端失火以为事者，车裂。伍人不得，斩；得之，除。救火者无敢喧哗，及离守绝巷救火者斩。其正及父老有守此巷中部吏，皆得救之，部吏亟令人谒之大将，大将使信人将左右救之，部吏失不言者斩。诸女子有死罪及坐失火皆无有所失，逮其以火为乱事者如法。围城之重禁。”——《墨子·号令第七十》

凡煮菜、吃饭，皆要用火，如果有人不小心酿成火灾，则要将其斩首。此种做法看似不近人情，不过在守城这种危机时刻，如果失火则必然要损耗城中许多资源。因此对失火者，墨子采取不宽容的态度。对于故意纵火者，就直接车裂；故意纵火者的上司，也因为督察不力，必须斩首。但如果上司抓到纵火者，就免除刑罚。对于救火过程中乱叫嚣者、为了救火而擅离职守者，也要斩。由此可知，墨子守城时，要求各人管好各人的事情，即便发生如失火之事，也不能擅离职守。

守城时，每个人都有应尽的义务。《墨子·号令第七十》：“非其分职而擅取之，若非其所当治而擅治为之，断。”对自己的职务不满足而任意插手他人的事务，任意强夺他人所应得的人，理应处斩。因为这种人会导致军心涣散。

城中有所谓的巫、望气者，对于二者所言，只需城中长官知道即可；对于城中的老百姓，必用善言以安民心。《墨子·号令第七十》：“巫祝史与望气者必以善言告民。”如果巫与望气者擅对城中发言，而致使城中人心惶惶，则巫、望气者必须斩之。《墨子·号令第七十》：“巫与望气妄为不善言惊恐民，断弗赦。”

在守城时，如果有人行为不检点，引发民怨，处以

諸竈火爲井
火突高出屋四尺
慎無敢失火失火者斬
其端失火以爲事者車裂
伍人不得斬得之除
救火者無敢讙譁
其缶及父老有守此巷中部吏
皆得救之
吏部亟令人謁之大將
大將使信人將左右救之
部吏失不言者斬
諸女子有死罪及坐失火皆無有所失
逮其以火爲亂事者如法
圍城之重禁

极刑乃是罪有应得。也有一些较为轻微的罪行，罪不至死。《墨子・号令第七十》：“则从淫之法，其罪射”，“无敢有乐器、奕骐军中，有则其罪射”，对于只是欲望比较强烈的人而言，这些小的行为瑕疵并不足以判死刑，就判以箭贯耳之刑。

依照墨子的军法，军吏作为军法的执行者，有时候该杀之人是多到上百人的境界，而对于这种情形，墨子认为将其全部斩之。《墨子・号令第七十》：“令各执罚尽杀，有司见有罪而不诛，同罚。”如果有军吏因此而退却，则与该杀之人同罪。由此可知，墨子集团在守城时，制定了各种规范，而一切规范的准则以两点为准：

其一，墨子的各种规范是为了使城中每个人都能团结一致，对于通敌者或扰乱军心者，通常就将其斩首、车裂，绝不宽待。

其二，使城中的资源能做到极有效率的分配，对于任何浪费资源的人，将其斩首或是施以其他刑罚。

由上述讨论便知，战国时代的军法大都围绕在身处于组织却不团结、对将领不服从、行为不检点、上战场不作战这四点。

昔日太公答文王问时说：“赏赐不加于无功，刑罚不施于无罪。”赏罚有度、功过分明，是军法的要义。春秋到战国，随着战事增多，规模扩大，军法在战争中的作用也不断显现，同时无形中增加了战争的残酷性。为了夺取胜利而不计代价的赏罚，把战国晚期的战场变成了修罗场。仅秦赵长平之战，秦军阵亡十五万，而赵军阵亡二十万，被俘而坑杀的又有二十万之众。有人认为之所以秦国会有如白起这样嗜血的将军，正是因为商鞅提出的“计首授爵”的赏罚制度。可见小小军法，虽只是一纸文书，却可左右历史大势。图

战争兵器图鉴

Weapons Illustrations

文 迟广赟、朱鸣 编 朱鸣 text: Chi Guangyun Zhu Ming edit: Zhu Ming

古代战争中需要使用到的器械种类繁多，其中最主要的有刀、剑这类的近战冷兵器，以弓、弩为代表的远程兵器，春秋时期被广泛使用的战车，用以攻城、守城的大型机械，以及火药发明后，开始逐渐主宰战场的火器，等等。

近战武器可分为“短兵”与“长兵”两类，前者的尺寸相对较短，多用单手持握，灵活、机动性强；后者的尺寸一般超过使用者身长，多用双手持握，攻击范围较广。

剑被誉为“百兵之王”，是每个士兵都要配置的兵器。其身细长，两侧开锋，顶端有尖刃，主要的攻击方式为截、削和刺。刀，与剑类似的一种“短兵”，不同之处在于其只有单面开锋，使用方法为切、削、割、剁、刺。

矛，历史最悠久的兵器之一，其构造简单，只有矛头、矛柄两部分，通常为双手握持，以直刺为主要进攻方式，矛的长度可以说是所有兵器中最长的，春秋时期主要应用于车战。戈，同样带有长柄，以横刃为前锋，主要进攻方式是勾、啄；士兵立于战车上，高速驶入敌阵，以戈的横刃“收割”人头。戟，结合矛、戈二者的特点，既有直刃，又有横刃，具有勾、刴、划、刳、刺等功能，杀伤性强过矛与戈。殳，主要用于车战，在两军车马互相交错时，可用殳使两者分开，因此殳有棱而无刃，攻击方式为刺、砸。

01 春秋铜剑
02 春秋齐国铜剑
03 春秋吴太子姑发剑
04 越王勾践剑
05 战国越王丌北古剑
06 战国越王州句剑
07 战国素面薄格剑
08 战国两色剑
09 秦铜剑
10 清代漆鞘铁宝剑
11 清代七星琴鹤剑
12 清代黑皮鞘铜饰件腰刀
13 清代雕花玉柄钢刀
14 清代宝刀
15 春秋铜矛
16 战国郾王喜矛
17 战国铜矛
18 春秋铜戈
19 春秋高子戈
20 战国铜戈
21 战国“左行议率”戈
22 战国三戈戟
23 秦相邦七年铜戟
24 战国铜殳
25《武经总要》中描绘的刀、枪、剑、戟

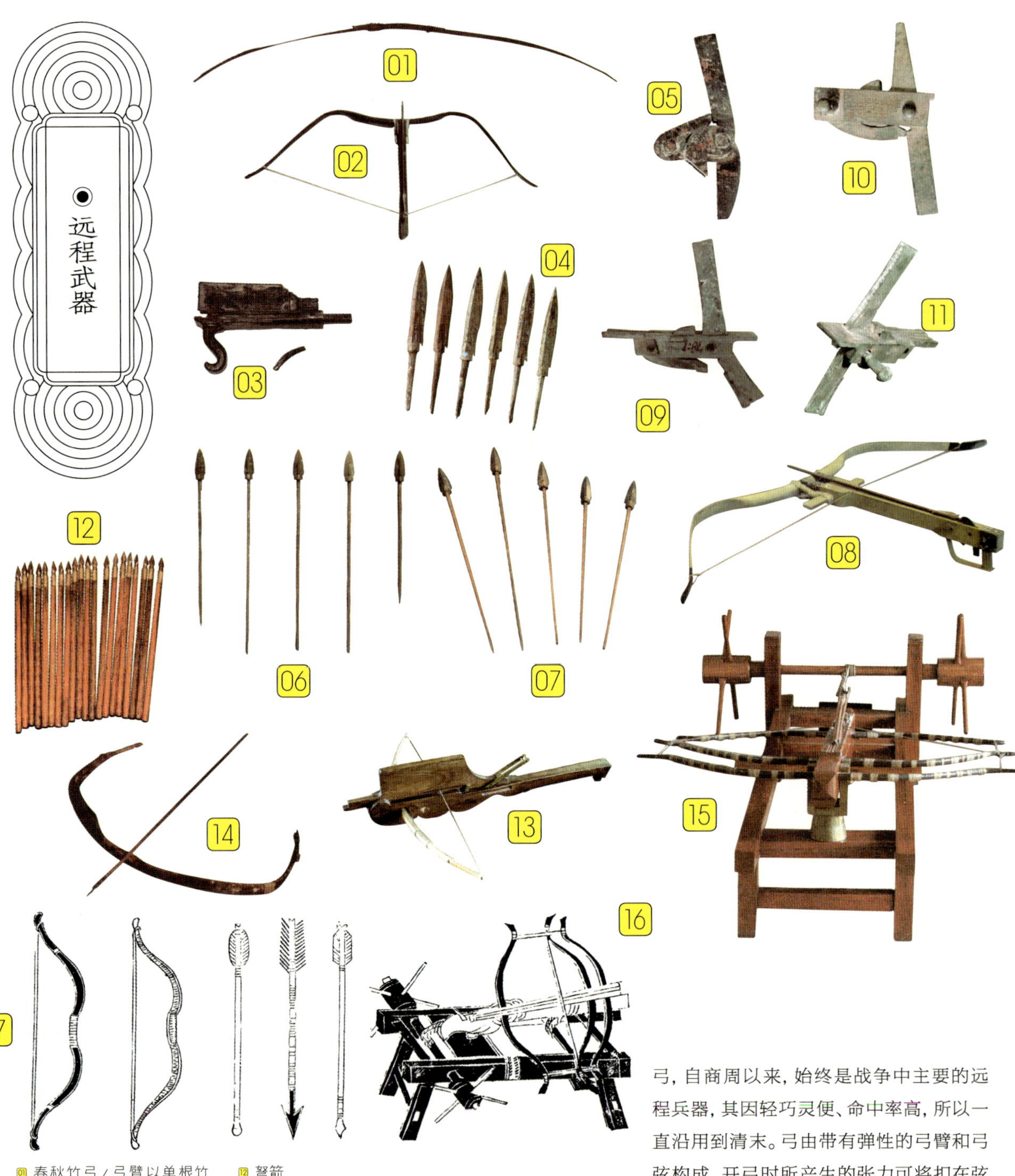

01 春秋竹弓 / 弓臂以单根竹材弯曲而成，称为单体弓
02 战国弩 / 弩臂为木制，弩机为青铜制，弩弓为竹制
03 战国双箭齐射连弩
04 战国铜箭镞
05 秦弩机
06 秦铜镞
07 秦青铜三棱箭镞
08 汉代弩
09 汉代铜弩机
10 汉代建武十二年铜弩机
11 汉代刻度铜弩机
12 弩箭
13 元戎连弩 / 三国时诸葛亮改进连弩的箭匣装置，减少了装箭时间，提高了射击速度
14 唐代高昌弓箭
15 宋代三弓床弩 / 大型弩，将一张弓或多张弓安于床架上，利用绞动轮轴射箭，威力较强，为攻守城重器
16 战国弩结构示意图
17 《武经总要》中描绘的弓、弩、箭

弓，自商周以来，始终是战争中主要的远程兵器，其因轻巧灵便、命中率高，所以一直沿用到清末。弓由带有弹性的弓臂和弓弦构成，开弓时所产生的张力可将扣在弦上的箭或弹丸射向远处目标。

弩，将弓装在弩臂上，增加了可供瞄准和控弦的弩机；相比于弓，对使用者的要求较低，虽装填时间比弓要长，但其射程更远、杀伤力更强、命中率更高。相传在三国时期，诸葛亮发明了可用拉杆快速上弦的“连弩”，成为战争中的一大杀器。

01 春秋战车
02 战车兵士配置图
03 春秋矛状车軎/安装在车轴两端，具有防护和杀伤功能
04 春秋车辖/插在轴端孔内，使轮不脱落
05 西周蟠虺纹车辖/包在车轮头上的金属套，亦称"轪"
06 商代晚期车复原图/刘永华绘
07 春秋中期车复原图/刘永华绘
08 除了马车外，《武经总要》中也展现了几种手推型进攻战车

车，用以作战的陆行交通工具。据《吕氏春秋》记载，早在商汤灭夏，战于鸣条时，战车便被大量运用。一辆战车，通常配备两匹或四匹战马、三个士兵。士兵按左、中、右排列，居中士兵负责驾驭马匹，控制方向；右方士兵持戈、殳、戟、矛之类的长兵器，负责近距离厮杀；左方士兵持弓，负责狙击，同时也是一车之长。在春秋时期，车战是最主要的作战方式；乘是最基本的作战单位，一乘战车，附属若干步兵、后勤车辆。战车的数量也是衡量诸侯国实力的重要参数。

攻守城器械，指古代军队围绕着城池进行攻防所使用的机械化器具。攻城战不仅仅是对双方兵士战斗能力的博弈，很大程度上也在比拼双方的器械设计及生产能力。历代战争中涌现了许多能工巧匠，其中春秋战国时期的墨子、鲁班最为世人所称道。常见的攻守城器械有撞车、云梯、抛石车、渡濠器具等。

01 云梯 / 带有轮子，可以推动行驶，用于攀越城墙

02 抛石机 / 利用杠杆原理，抛射石弹

03 撞车 / 靠冲撞的力量，用以破坏城墙或城门

04 三国撞车头

05 轒輼车 / 一种四轮、无底的木车，上面盖着牛皮，可以抵御城上射下的箭矢，士兵们躲避在车中，推动木车前行，慢慢接近城墙

06 塞门刀车 / 车前的刀壁上装有钢刀，使用时将车推至城门缺口处，用以挡住敌方的箭、石，也可用于杀敌

07 08 09 木檑、砖檑、泥檑 / 用木头或泥砖制成的钝器，用以砸击敌人

10 《武经总要》中描绘的攻守城器械

火器，利用火药为杀伤源制成的武器。最初的火器，如竹火鹞、火球等，只是简单借助火种的燃烧和爆炸，来实现杀伤效果；到了宋代，渐渐发展出了竹制突火枪，这是最早的管形射击武器；元代将突火枪改用铜制，即为火铳，其威力大幅提升；明朝时，由欧洲传入大炮。在此后的战争中，火器的重要性与日俱增。图

01 火龙出水 / 是一种二级火箭，增加了武器的飞行距离
02 神火飞鸦 / 多火药筒并联火箭
03 明代嘉靖二十四年子母铜火铳
04 明代崇祯六年铁火炮
05 清代鸟枪
06 清代威远将军炮
07 明代洪武十一年铜火铳
08 明代弘治十八年碗口铳
09 元代至正十一年铜火铳
10《武经总要》中描绘的早期火器

⑩

军戎服饰演变小史

Army Uniform Evolution

XXXXXXXXXXXXXXXX

文 刘小荻 编 朱鸣 text: Liu Xiaodi edit: Zhu Ming

古代军戎服饰通常可以分为常服和战服两大类，常服也就是戎服，是军人日常在军营内所穿着的便服；另一种是甲胄，主要是作为战场上的防护装备，有时在一些重要典礼上，也会使用甲胄。军戎服饰除了实用功能外，也是一种文化符号，它在千百年的历史中，因为各种原因不断演变。每一次变革，不仅仅是外观变化，我们可以从历代的文化、政治、经济、技术等多方面来看看军服的演变过程。

战国时期，有一位名叫邹衍的阴阳家，提出了用“五行”来解释历史变迁、王朝变迁的规律。这种观点被称为“五德终始说”。“五德”指的是五行木、火、土、金、水代表的五种德行，“终始”意为“五德”周而复始的循环运转。邹衍认为虞（舜）、夏、殷商的历史是一个胜负转换的发展过程，阴阳之间的矛盾斗争推动着“五德转移”，又决定着朝代更迭。

这种五行观影响了各朝代服色审美的标准。商代尚白[1]，由于商代军队的主力都是由贵族子弟组成，既然商王、贵族的服饰以白色为主，那么戎服很可能也采用白色为主色；到了周朝，戎装以红色为主[2]，戎服的上衣下裳都是红色；在秦朝，秦始皇很相信这种五行观，按照“五德终始说”，夏代尚青属木德，殷尚白属于金德，金克木，因此殷取代了夏，而周朝尚赤属于火德，因此，取代周朝的一定是水德[3]。秦朝将周朝取代，因此秦始皇相信秦朝属于水德[4]，所以“衣服旄旌节旗皆尚黑”。

战国皮甲胄

汉朝，按照五行说，应该是克水，为土德。汉武帝时期，土德被立为正统，后来刘向、刘歆父子又重新对历朝历代的“五德终始说”进行规划，王莽和刘秀承袭了刘向这套理论，东汉时期改用了火德，所以“德运”的定色在汉代是变化的。自汉代打破了五行定色法后，后来的朝代便无法严格按照相生相克的理论来制定服色。

汉代以后，军戎服饰的颜色更加鲜亮，大量使用红白等色，这与南北朝时期佛教、儒教的影响有很大关系。儒教认为红、白、黑、蓝、黄是正色，凡是正式场合使用的重要服饰都该用正色。

服色反映的是政治选择，也是统治者意志的体现，同时军戎服饰的用色和纹饰也不可以随意决定，它往往

1 据《通志略·历代所尚》说：“商人尚白，大事剑用日中。戎事乘翰（白马），牲用白，以白为徽号”。 2《周礼·春官·司服》说：“韦弁，以韎韦为弁，又以为衣裳”。杜预注：“韎，赤色”。 3 邹衍说：“五德从所不胜，虞土、夏木、殷金、周火”。（《文选》李善注引）又说：“代火者必将水”“数备将徙于土”。（《吕氏春秋·应同》） 4 《史记·秦始皇本纪》：“始皇推终始五德之传，以为周得火德，秦代周德，从所不胜”。

春秋诸侯的戎服——韦弁服，上衣，下裳，头戴韦弁冠/《新定三礼图》

是一种等级制度尊卑的彰显。魏晋时期军队中使用最普遍的冠饰——帢，就是用颜色来表明武官的品级，并且也能区别军队的各方面军[5]。再比如隋代时，武官穿着的缺胯衫是以颜色和织料来区分等级。隋代戎服的袍、衫以紫、绯、绿、青为主要颜色，配以浅红、浅绿、浅青、深绿、深青等颜色形成上下九品之制[6]。

唐代的戎服色彩、宋代的铠甲颜色，都是用色彩来区分等级。唐代武官的常服，三品以上服紫，五品以下服绯，六品、七品服绿，八品九品服以青，后来因深青色乱紫，改为八、九品着碧。黄色在唐高宗乾封年以前的历朝服饰中，并不是皇帝的专用色，从总章元年起，才禁止官民一律不许穿黄。宋代铠甲颜色据《宋史·仪卫志》记载，有黄、青、朱、白、黑、金、银等色。将帅的朝、公服，初期照搬唐代的制度，元丰以后公服改为四品以上紫色，六品以上绯色，九品以上绿色，时服则用各种不同的织锦来区分品级，且经常有变化。

统治阶级的意志对服色实行干预，严格的等级区分，加强了独裁者的统治权威；国家机器要在可控范围内运转，需要制度的规范，因此，历代武官制度的演变，也成为军戎服饰变化有迹可循的原因之一。

汉代是武官制度初步形成的时期，春秋时期以前，没有专职的武官，军队由天子和诸侯统领。春秋后，军队规模日益壮大，战略战术变得复杂，在这一时期，开始出现专门的军事家，形成了专职武官。到了汉武帝，一套比较完整的武官制度开始形成，武官与士兵的服饰也开始产生比较明显的区别[7]。

隋代武官出征作战的戎服铠甲，与平日的公服以及用于国家大典的朝服有明显区分。不同场合不同制式的军戎服装，也说明了武官制度的进一步完善。唐代是武官制度全面建成的时期，因此唐代武官的服饰比过去历代更为完备，官服有朝服和常服之分，武官的专门戎服为缺胯衫，以颜色和绣纹来区分品级。

明代，朱元璋登基后，加强了中央集权，包括官制和礼仪制度在内的制度都被更周密地重新制订，从洪武三

汉代铁甲胄

年至二十六年，朝廷曾七次下诏，规定了文武百官、将校军士乃至社会各层人士的服饰、制式，明代也形成了历史上最完备的武官制度。在中国历史上，改朝换代之初，制度有一个承袭的延续性，比如隋文帝建朝后，在调整、承袭北周、北齐武官制的基础上，曾采用曹魏以来的九

5《傅子》："汉末王公，多委王服，幅巾为雅……魏太祖（曹操）以天下凶荒，资财乏匮，拟古皮弁，裁缣帛以为帢，合于简易随时之义，了色别其贵贱，于今施行。"　6《隋志·礼仪志》："诏从驾步远者，文武官等皆戎衣。贵贱异等，杂用五色。五品以上，通著紫袍，六品以上，兼用绯绿，胥吏以青，庶人以白，屠商以皂，士卒以黄。"

7 刘永华《中国古代军戎服饰》

清代绵甲

清代铁盔锁子甲

元代窄沿式铁盔

汉代铁甲胄

品制，制定了一套比较具体、明确的武官名号、品级以及武散官制度。这套官制的确定，基本完成了封建政权文武分流的官僚体系。再比如，宋代的戎服在五代的基础上形成，宋朝的军队有禁军和厢军两大部分，禁军是皇家正规军，厢军是地方州县军，两种军队戎服就有差别。

除了意识形态上硬性制度化的规定，军戎服装的变化也受到技术进步以及作战方式的影响。军服是士兵日常及战时的专用服饰，由于军队数量的庞大，军服需要巨大的费用来制作，基于此，考虑到军服的耐用性和低成本等方面，其材料质地必然是当时社会所能提供的技术水平和生产效率的最佳结合体[8]。

在青铜冶铸技术发达的西周，铠甲已经逐渐向金属材料发展，但这一时期皮革仍然是制造铠甲的主要材料。春秋初期，随着人工冶铁技术被掌握，在随后的春秋晚期又发明了生铁冶炼技术，这些技术的革新让铁铸造兵器铠甲成为可能，于是在战国后期，出现了铁制铠甲[9]。西汉时期，铁已经被用作制造兵器的主要材料，近年来出土的西汉铠甲全都是铁甲，且都是锻铁制成。

另一种被称为“百炼钢”的材料，是明朝宋应星在《天工开物》中记录的“最精绝的刀剑才能用于包裹其外的材料”[10]。相传曹操有“百炼利器”五把[11]。孙权的三把宝刀，其中一把就命名为“百炼”。百炼钢实为用炒钢做原料，经过反复折叠锻打，或用数种不同陈粉原料反复叠锻得到的一种组织致密、成分均匀的钢材。百炼钢出现于东汉，兴盛于魏晋，百炼钢的出现也说明当时的钢铁冶炼技术的进步。从魏晋时期起，铠甲已经大量使用钢铁制造。

到了宋代，铠甲的革新趋于停滞，一是由于“重文轻武”的体制，二是因为火器的发明。宋初，炼丹家发明火药，火药渐渐用于战争。南宋时，火药的威力有很大提高，导致铠甲在战争中的防御作用越来越小，尽管之后铠甲还使用了数百年，但已不如从前那样受重视。

明代的铠甲基本是用北宋的形制，有些还采用了唐、五代时期的式样，据《明会典》记载，明代的甲胄大多是钢铁制造的，技术十分先进。火器制造在明中期得到进一步发展，欧洲的佛郎机和红夷大炮相继传入，使传统的铠甲慢慢丧失实用价值。因此，清代前期，铠甲还用于作战，可到了中期就只剩形式——只在阅兵等典礼上使用，作战时仅穿戎服或绵甲，而不再穿铠甲。清代中后期，铠甲被废弃不用之后，戎服成为军队的唯一服饰，清代戎服就是满族衣装。

值得注意的，还包括作战方式对军服样式变化的影响。春秋前，战斗形式主要是车战，军队主力及统帅

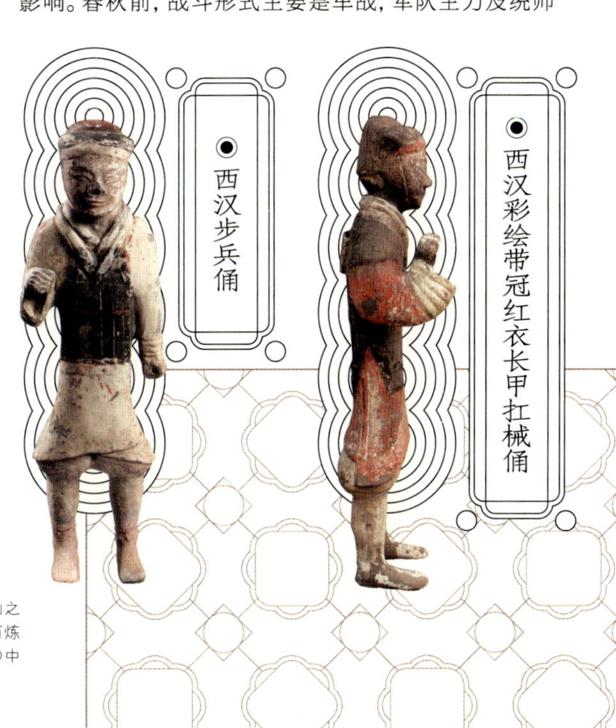

西汉步兵俑

西汉彩绘带冠红衣长甲扛械俑

8 张帆《浅析古代军服沿革及其社会涵义》 9《吕氏春秋·贵卒》：“赵氏攻中山，中山之人多力者曰吾丘鸠，衣铁甲操铁杖以战。” 10 宋应星《天工开物》：“刀剑绝美者以百炼钢包裹其外。” 11 曹植在《宝刀赋》中提到：建安中，曹操做宝刀五枚，曹操在《内诫令》中称此刀为“百炼利器”。

西汉彩绘骑马俑

西晋持盾武士俑

西晋骑俑

唐代三彩骑射俑

宋代武士俑

往往是在战车上作战，普通士兵则紧随其后，因此当时上衣下裳的军服比较适合这样的战斗形式。到了战国末年，当时战国七雄之一的赵国，地处北部边疆，常遭受边境少数民族骑兵的威胁，战车的作战方式不适合与骑兵对战[12]。要想战争取胜，只能将作战方式也改为骑兵出击。因此，与骑兵作战方式相适应的军服也需要变革。上衣下裳的形制历来被沿袭，打破传统习俗并不容易，据《史记·赵世家》记载，赵武灵王力排众议，亲自穿着胡服，才终于取得统治集团的支持，“于是遂服胡服矣”。学习胡服的样式制造戎装，最大的改变是“裤子”。虽然裤在华夏服饰中早已存在，但一直作为内衣，为开裆裤，无法外穿，因此穿裤时外面要系裳或穿深衣。在为了作战方便而把深衣改短后，为了让裤能够直接外穿，所以需要做成满裆。变服后的服饰，又被称为

12 “戎翟之杂居中夏者，大抵皆在山谷之间，兵车之所不至。齐桓、晋文仅攘而欲之，不能深入其地者，用车故也。”（《日知录》卷二十九《骑》）。

"裤褶服"。赵武灵王"胡服骑射"还有一项变革，就是开始"去履而服靴"。

按照吕思勉先生在《中国通史》里的说法："中国的衣服，大体上可谓自行进化的，其仿制外国的，只有靴。"因此靴的使用，也是一大创举。骑兵最终在汉末有了进一步发展，这要归功于马鞍、马镫的发明。比起无鞍无镫时代，骑马难度降低，骑兵战斗力增强，同时对铠甲的要求也随之提高。

军戎服装的考究与否，也会影响到军队的战斗力。比如明晚期和清军的战斗中，明朝军队的军服难以适应严寒的气候，而清军头盔两侧的帽帘，在严寒中，可以护住耳朵和脸颊，也有利于对下巴和嘴唇的保护。清人还发明了马蹄袖，也是考虑到对握缰绳、搭弓箭的手指的保护作用。长袍马褂样式的战衣，也是因为考虑到膝盖的保暖。诸如这样的细节处理，都是源自战斗经验，从战斗力的角度细致考虑的结果。图

⑪

排兵，布阵

Military Formations During Wars

XXXXXXXXXXXXXXXXXX

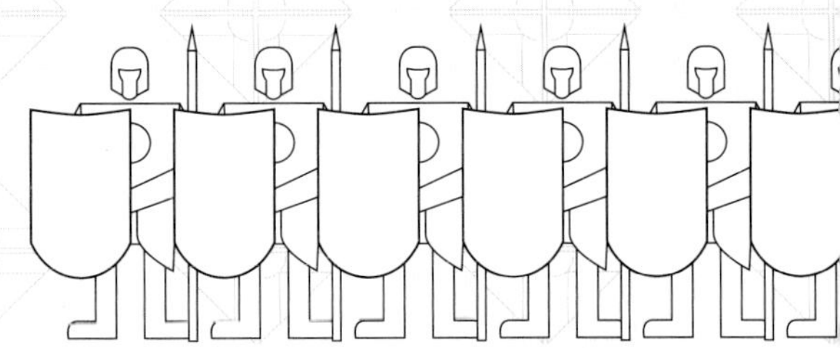

文 迟广赟 编 朱鸣 text: Chi Guangyun edit: Zhu Ming

远古，部落间的战争规模小，缺乏组织纪律，多以“混战”的形式进行。随着时间的推进，生产力工具不断进化，人们能够耕种更多的地，粮食增多，人口增多，此时的战争规模也逐步扩大。参战人数大量增加，但又缺乏远距离通信手段，导致首领们开始无法在战争中有效指挥。他们渐渐意识到，以往毫无章法的野地浪战不再合时宜，面对愈加复杂的战场情势，如果没有事先训练、部署好一套井然有序的军队阵列，在两军交锋时，便是一盘散沙。若想取胜，兵员的调配、阵法排布变得尤为重要。

战阵的核心作用，就是根据有效组合最大化地发挥士兵手中武器，提高杀敌效率，并且降低敌人的杀敌效率。战阵的优越性在于“纪律严明的计划性行动”。春秋时期的将领，尤其重视战阵训练。相比整体，单兵作战能力就显得次要了。因为再强的个人，若缺乏组织，和有战术素养的阵列抗衡时也是不堪一击的。因此，各种阵法在战争的实践中被渐渐摸索、发明出来。其中的“八阵”和“十阵”，作为基础阵型，被广泛运用。

早在战国时期，《孙膑兵法》中便已言及了“八阵”，其言：“用八阵战者，因地之利，用八阵之宜。”不过此处仅是提了“八阵”之名，并未详述其内容。根据唐朝的常州刺史独孤及所著的《风后八阵图记》中记载，此“八阵”应为天覆阵、地载阵、风扬阵、云垂阵、龙飞阵、虎翼阵、鸟翔阵和蛇蟠阵。

在《唐太宗李卫公问对》中，大将军李靖如此向唐太宗解释“八阵”：“古人秘藏此法，故诡设八名尔。八阵本一也，分为八焉。”说的是，古人为了保守阵法的秘密，才给它安上了八个神秘的称呼。其实“八阵”并非真的是八种阵型，而是指以“井”字形将军队分为九份，外围为士兵，主帅居中。所以此处的“八”是指北、南、东、西，加上西北、东北、西南、东南八个方向，“八阵”即是一个整体阵型中的八个部分。

而被多数人熟知的“八阵图”，相传为三国时诸葛亮根据《风后握奇经》和《风后八阵图记》中记载的“天、地、风、云、龙、虎、鸟、蛇”这“古八阵”推演而来，但这已无从考证。不过根据现存的一些资料推测，诸葛亮的“八阵图”分为九个小的方阵，中央的一阵为余兵，由大将亲自指挥，四方各阵都向中阵看齐。大阵之中包容许多小阵，大队之中包容许多小队。在应对敌军时，前阵后阵可以相互调换使用，左右逢源。

《孙膑兵法·十阵》中论述了临敌用兵时阵法的运用。这是孙膑集先人之大成，依据春秋以前的古阵，整理而成的十种阵法：“有方阵，有圆阵，有疏阵，有数阵，有锥行之阵，有雁行之阵，有钩行之阵，有玄襄之阵，有火阵，有水阵。”

在孙膑所处的战国时代，主要的作战工具还是战车，步兵在其中配合。当时的将领们必须懂得各种阵法的排列与使用方法，才能率领军队进行有效的进攻和防御。所以，孙膑详细地介绍了这十种阵法的特点、布阵方法、运用诀窍以及注意事项，使其成为将领的“用兵手册”。

随着时代的发展，作战手段也在不断复杂化，墨守成规是无法在千变万化的战场上取胜的。但“十阵”是最基础的阵法，流传至今，依旧具有意义。

方阵

方阵是军队战斗时的基本队形。《孙膑兵法》中说：『方阵者，所以剸也。』『剸』是『截断』的意思，说明方阵是用来截击敌军的，属于攻击性的兵阵。孙膑认为，方阵在布局上应『薄中厚方，居阵在后』，中间的兵力少，四周的兵力要多而强，指挥作战的将领位置要靠后。中间兵力少的原因是，便于发号施令；四周兵力多而强的原因是，更方便对敌军进行攻击。方阵是一种较为平衡的阵法，作为基础阵型的它，也时常融入其他阵型的编排中。

備　伏　伏　備

金鼓等隊

旗　卒　旗　卒　旗

卒　将　卒

卒　鼓

金　鼓　卒　金

奇　奇

後曲　後曲　後曲　後曲　後曲

右部　後部　中部　前部　左部

前曲　前曲　前曲　前曲　前曲

圆阵

圆阵是一种防御性的兵阵，兵力环形布置、平均分布，将领处于大军中央。此阵型没有明显的弱点，适合在平坦的地形上使用。《孙膑兵法》中写道：『圆阵者，所以槫也。』意思是，野战中，军队要转入防御时，就应该由方阵变为圆阵，列成环形以防御敌军。

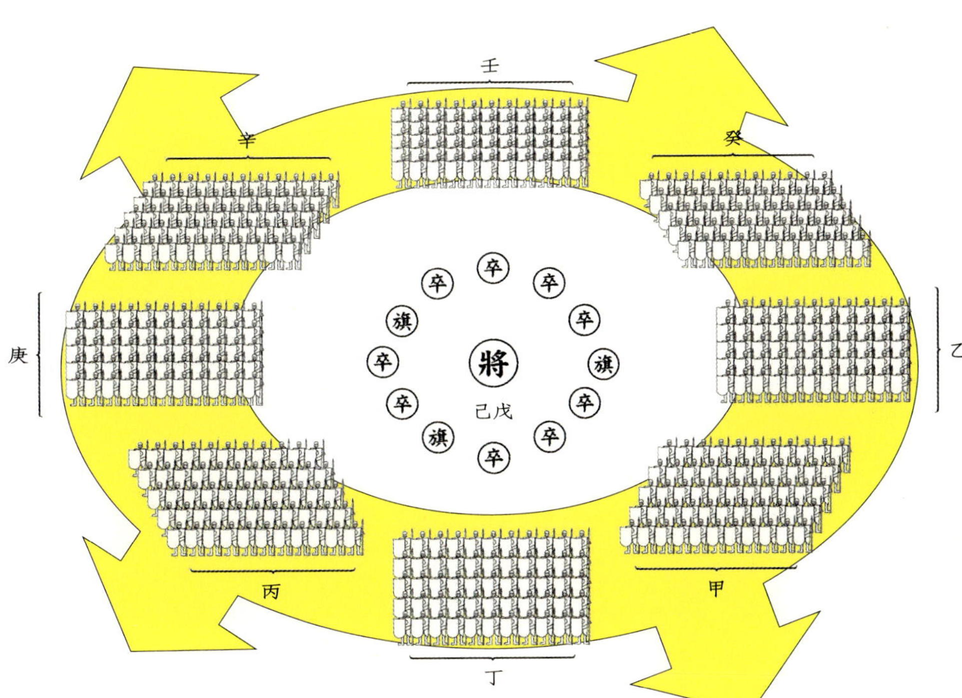

锥形阵

孙膑这样定义锥形阵：『锥行之阵者，所以决绝也。』『决绝』的意思是『突破而切断』，即此阵的作用是突破敌军阵地，并切断其各部分之间的联系。这是一种强调进攻与突破的阵型。在布局上应『卑之若剑』，前锋要形成如锥一样的站队，使它像利剑一般尖锐；两翼部署的兵力要坚而有力；中心部分的兵力则应足够雄厚。通过精锐的前锋部队正面对敌人进行迅速突击，刺入、割裂敌方的阵型，再通过两翼进行包围，最后中央主力大举进击，全军合并歼敌。

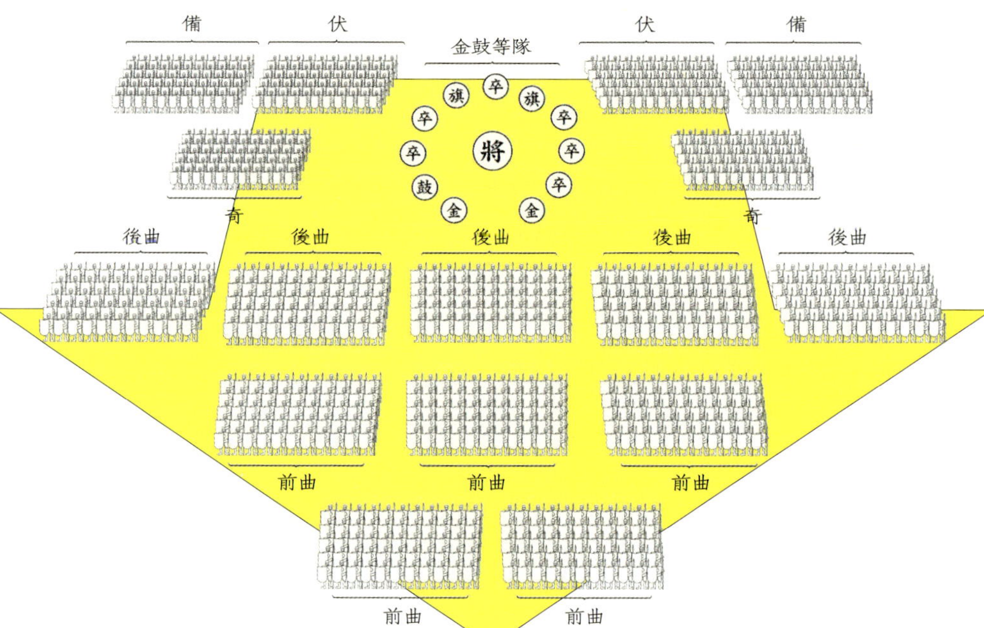

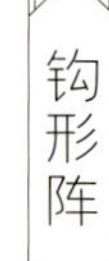

钩形阵

对于此阵，《孙膑兵法》是这样说的：『钩行之阵者，所以变质易虑也。』钩形阵是在战场局势发生变化、需要临时改变作战策略时使用的兵阵。因此在其排布上，特别强调了『三声既全，五彩必具，辨吾号声，知五旗』，意思是运用这个阵型，旌旗、战鼓、号角等指挥用具是必不可少的，要使士兵能清楚辨明己方指挥的声响号令和旗语，从而快速应变。在阵型的正前方，排布的是方阵，两翼部分向后弯曲，成钩子的形状，用以保护侧翼士兵的安全，防止敌人迂回攻击后方指挥部队的所在之处。

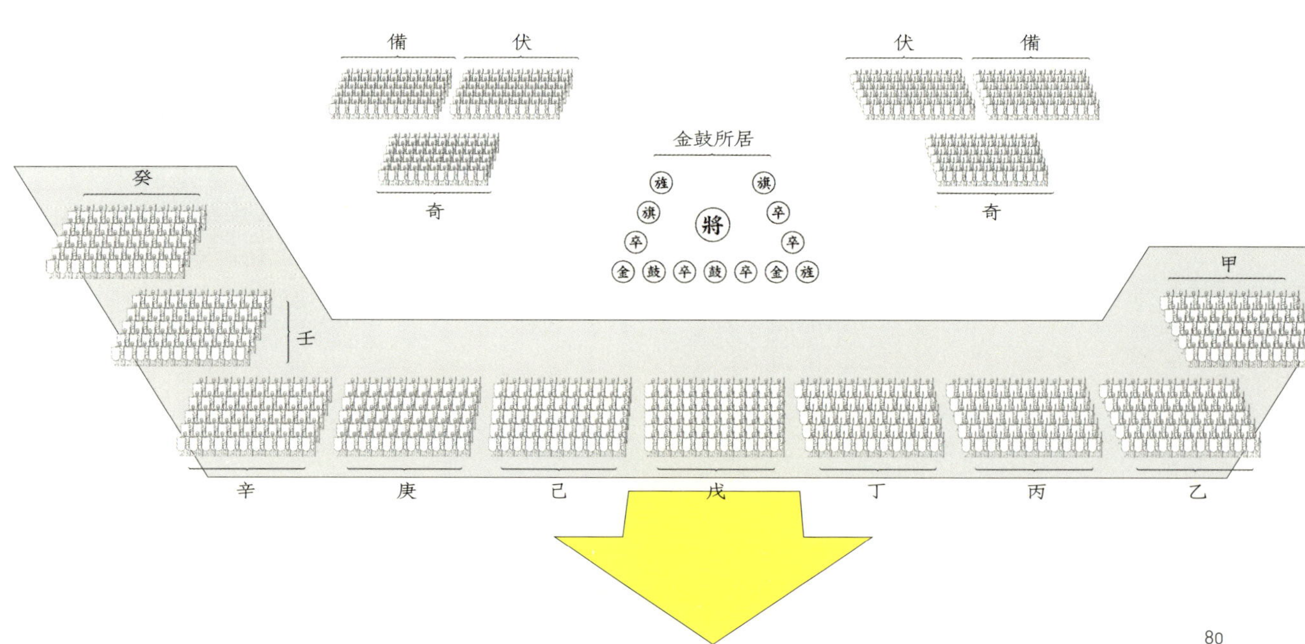

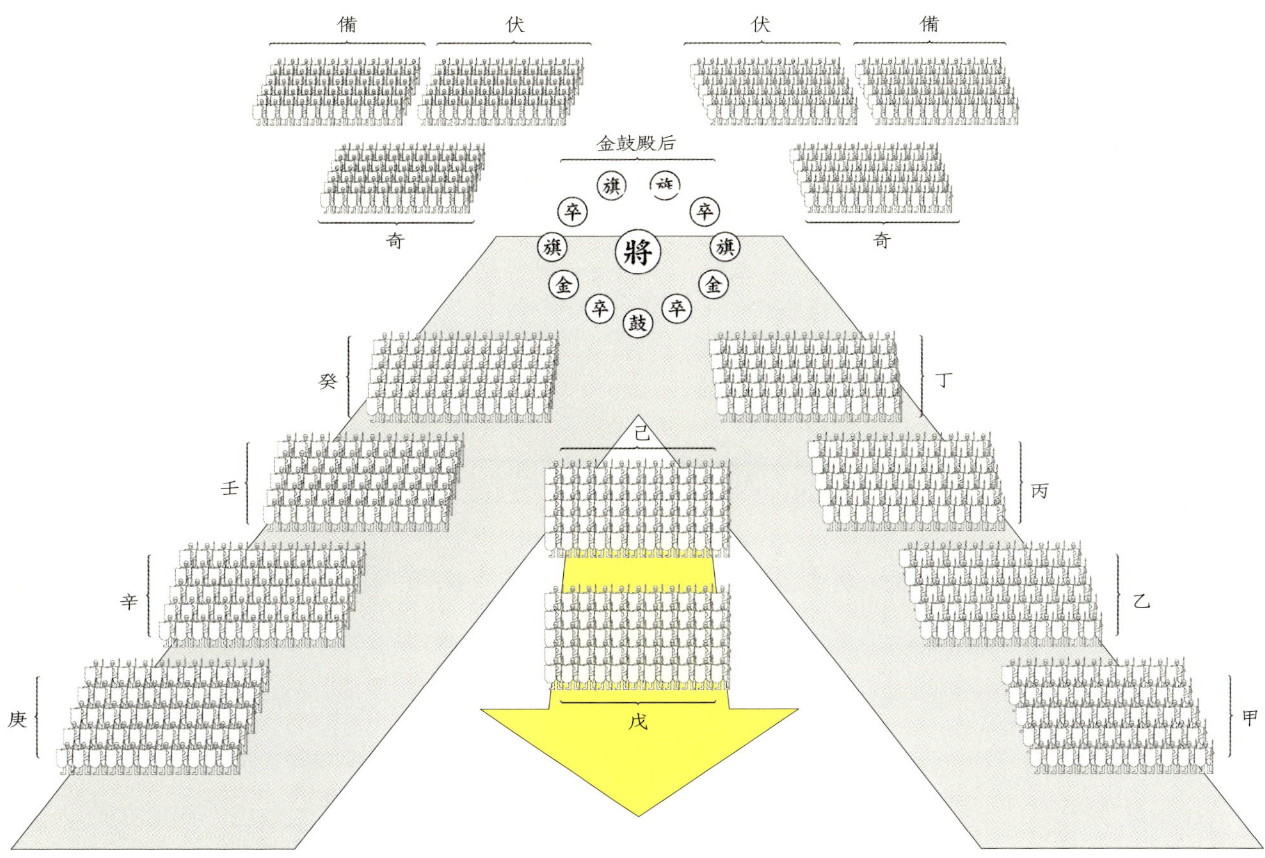

雁行阵

『雁行之阵者，所以接射也。』其中『接射』指的是弓矢，这个阵型也是一个攻击性的兵阵，且适合在进行弓弩战时使用。雁行阵的前部，排列得要像大雁群飞过的形状一样，横向展开。左右两翼应向前或向后依梯次排列。若两翼呈正v字形，则是用于包抄敌人，但此时后方的防御就会较为薄弱；若两翼呈倒v字形，则是用于保护后方的安全，防止敌军的迂回包抄，因此雁行阵也具有一定的防御功能。此阵型的冲锋能力不佳，易被锥形阵突破中军，而导致全军大乱。

“十阵”中，余下的“疏阵”和“数阵”，分别是指排兵的疏密程度。而玄囊阵、火阵、水阵，更多被认为是作战时使用的计谋。例如玄囊阵，《孙膑兵法》中说明其“所以疑众难故也”，是用来设下故布疑阵之计。士兵、战车在行进时，故意拉大间距，多设金鼓旌旗，造成一副表面散乱、嘈杂喧闹的模样，但实际上军队内部是有秩序的，以此来迷惑敌人，使敌方放松警惕后再一举击破。图

⑫

战场上的“火”与“水”

The Application of Fire and Water in Ancient Battlefield

文 罗兆良、朱鸣 编 朱鸣 text: Paul & Zhu Ming edit: Zhu Ming

水与火在自然界中非常普遍，在冷兵器时代，若能活用二者，便可瞬间改变战局。二者有如现今的“核武器”一般，是重要的制敌武器。

《孙子兵法》中，孙武用《火攻》一篇专门阐述发动火攻的种类、条件和实施方法，他认为火攻主要分五种：火烧营寨、粮草、辎重、武库以及粮道。要想成功使用火计，必须要满足各种实施条件，放火要看天时，起火要看日子。天时指必须要干燥的天气，日子指月亮行经箕、壁、翼、轸四个星宿的位置，月亮经过这四个星宿的日子，就是有风的日子[1]。在古代战争中，有许多经典战例，借助于火的巧妙运用，最终扭转战局，以弱胜强。

1 出自《孙子兵法》之《火攻》篇。原文是：“行火必有因，烟火必素具。发火有时，起火有日。时者，天之燥也；日者，月在箕、壁、翼、轸也。凡此四宿者，风起之日也。”

即墨之战——火牛强阵

战国时期，燕国名将乐毅，联合秦、赵、韩、魏四国攻打齐国。其率领燕军在齐国势如破竹，齐国很快被迫退守即墨与莒城。随后乐毅被燕昭王封为昌国君，持续攻打二城。当时的齐国将领田单，也是一位百战名将，四年过去了，乐毅始终未能攻下即墨城。于是，有人向燕昭王告密，说乐毅之所以四年没有攻下两座城，是因为他想在齐国称王。燕昭王听后，立即把告密之人杀了，并大摆酒席招待乐毅，还想要立乐毅为齐王。燕昭王是燕国的明君，而乐毅也是一心一意为燕国效力，乐毅见了燕昭王的封赏，十分紧张，并承诺誓死为燕国效力。

公元前279年，燕惠王即位。他本来与乐毅就有不合，后来又中了齐国田单的反间计。他以为乐毅真有称王之意，便撤销了乐毅在军中的将领之职，改派大将骑劫到齐国去代替乐毅。骑劫当了大将，接管乐毅的军队，燕军的将士都不服气，军心涣散。田单见时机成熟，认为反攻的时机已到，先向燕军诈降，使之麻痹后，开始准备夜间奇袭。齐军准备了上千头公牛，并在牛角上放置刀刃，牛尾上绑芦苇，以油浸润。列阵完毕，战鼓齐响，士兵用火将牛尾点着，牛群受到惊吓，纷纷向燕军阵营猛冲，齐军五千精兵紧随其后，大举杀入燕军本阵，火牛往来冲突，牛角上的刀刃杀伤无数燕军，犹如“坦克战车”一般，势不可挡。燕军主帅骑劫也死在阵中。此后，田单乘胜反击，连克七十余城，收复齐国失地。

◉ 燕军围城

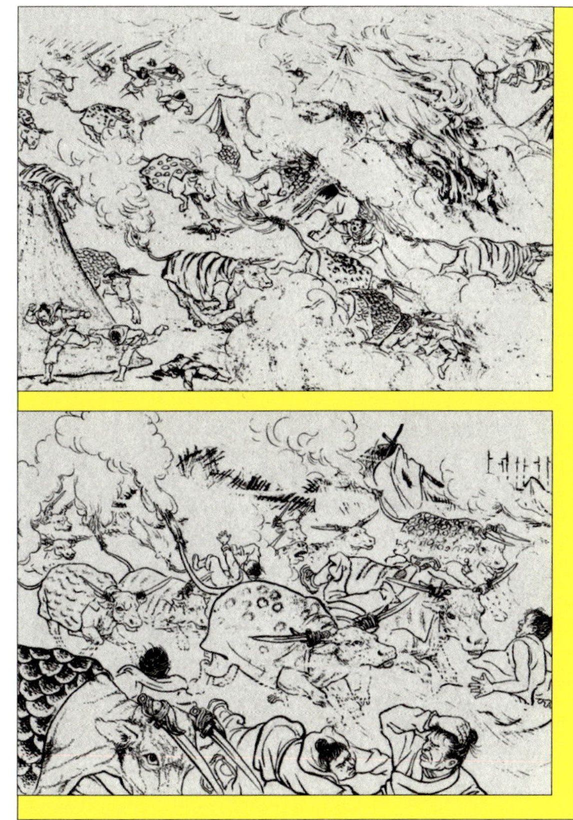

◉ 齐军火牛强阵

◉ 骑劫命丧阵中

官渡之战——火烧乌巢

官渡之战是三国时期的“三大战役”之一，也是以少胜多的经典战例。东汉献帝建安五年，曹操军与袁绍军相持于官渡，此役将决定天下大势。

战争初期，因袁军兵多势大，曹军与之正面交战不利，转而坚守拒战。相持三个月后，曹军粮草将尽，士卒疲乏，曹操心生退意，便写信给军师荀彧，商议要退守许都。荀彧回信，认为此战是决定时势的关键之战，情势已然明朗，绝无回旋余地，定要坚持到底。[2]于是，曹操咬牙坚守，以待转机，同时令徐晃等人不断骚扰袁军补给线。

十月，袁绍派遣大将淳于琼，率兵万余护送，看守军粮，屯宿于距袁绍本阵四十里的乌巢。早前，军师许攸曾向袁绍献计，应率轻军夜袭许都，但不被采纳；后因其家属犯法下狱，许攸遂与袁绍决裂，转投曹操。许攸将袁绍底牌悉数告诉曹操——袁军辎重、军粮全在乌巢，且守备不严。许攸劝曹操率军偷袭，烧毁粮草，任袁军兵多将广，也将自败。曹操当机立断，自领步骑五千，伪装成袁军，携带起火之物，从小路夜行，迅速赶到乌巢，纵火围攻，淳于琼始料未及，匆忙中领兵应战。另一方面，袁绍大军开始进攻曹操本阵，救援乌巢的部队也将赶到，曹军已无退路，孤注一掷，奋起死战，先斩淳于琼，再破其援军，并纵火将袁绍粮草全部焚毁。此消息传至官渡前线，袁军主力军将领张郃、高览知大势已去，便率部降曹。由此军心动摇，以致最后袁军完全崩溃，袁绍与长子袁谭仅率兵八百渡河逃回北方。此役的大胜，为曹操统一北方打下了坚实的基础。

◉ 曹、袁相持官渡

◉ 曹操赤足喜迎许攸

三国演义连环画

战官渡

李铁生／绘

◉ 张郃、高览投曹

◉ 奇袭成功，火烧乌巢

◉ 袁军大败，仓皇渡黄河

2 出自《三国志·荀彧传》。原文是：“承尊命使决进退之疑，愚以袁绍悉众聚于官渡，欲与明公决胜负，公以至弱当至强，若不能制，必为所乘；是天下之大机也。绍军虽众，而不能用；以公之神武明哲，何向而不济？今军实虽少，未若楚、汉在荥阳、成皋也。公今画地而守，扼其喉而使不能进，情见势竭，必将有变。此用奇之时，断不可失。惟明公裁察焉。”

◉ 曹军连环战船

◉ 黄盖诈降

◉ 火烧赤壁

赤壁之战——火烧赤壁

这是三国“三大战役”中最为著名的一场，孙权、刘备联军以火攻大破曹军，曹操扩张之势被遏制，孙、刘瓜分荆州，诸葛亮隆中制定的“天下三分之计”初步达成。

汉献帝建安十三年，基本控制北方的曹操，率大军南下夺取重镇荆州，随后便顺着长江而下，将矛头直指江东孙权。但是，由于曹操的兵员大多是北方人，习惯了陆战，对于船上的颠簸极不适应，又因水土不服，大规模的疫情开始在军中爆发，导致战斗力大打折扣。曹操还下令将战船用铁索相连，以减轻颠簸。这一破绽，被东吴获悉，大都督周瑜与部将黄盖皆认为，双方兵力悬殊，难以长期相持，必须把握住这个良机，以“火计”决一胜负。

黄盖使出诈降之计，率领十艘携带着起火之物的战船，径直驶向曹军，等船渐渐靠近时，同时点火，猛冲向曹操舰队，顺着早已预料到的东南风，火势迅速蔓延，曹军烧死、淹死的不计其数。曹操见大势已去，为了不给敌人留下物资，也纵火焚己方船只，随后仓皇北遁。

◉ 曹军溃逃

夷陵之战——火烧连营

三国“三大战役”中的最后一场，以刘备惨败、东吴积极防御而闻名天下。章武元年七月，此时已称帝的刘备，以替大将关羽报仇为由，率蜀国大军沿长江而下，征讨东吴。孙权求和不成，只得派出陆逊以大都督之职组织应战。

起初刘备大军势如破竹，吴军一路退守，直至夷陵地区，陆逊选择坚守不战，以逸待劳，两军开始相持。蜀军求战不得，从章武二年正月至六月，将士们开始逐渐丧失最初的斗志。此时炎夏已至，蜀军被迫移至陆上阴凉处安营。此情报被陆逊探得——蜀军营寨均由木栅建成，其周围又全是树林，此乃实施“火计”的天赐良机。章武二年八月，陆逊命令吴军士卒各持茅草一把，乘夜突袭蜀军营寨，顺着风势放火。火势猛烈，蜀军大乱，吴军开始进行全面反击，蜀军兵败如山倒，损失惨重——“舟船、器械，水、步军资，一时略尽，尸骸塞江而下”[3]，刘备仓皇逃至白帝城，一病不起，不久便命丧于此。

◉ 蜀军进攻东吴

◉ 孙权任命陆逊为大都督

◉ 蜀军林荫中设营

◉“火计”已成，火烧连营

◉ 东吴全军大反攻

◉ 蜀军溃败，刘备奔命白帝城

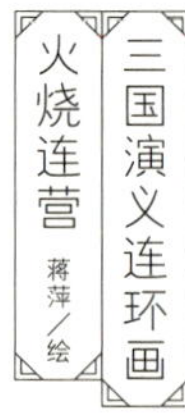

3 出自《三国志·吴书·陆逊传》。

◉ 智瑶率军攻打赵襄子

《孙子兵法》中有关“水”的内容，是包含在《行军》和《火攻》两篇中论述的，虽未列单篇，但孙武对于水攻做了精辟的阐释。孙武认为，在战争中“以水佐攻”可以断绝敌军道路，冲散敌军的势力，有很强的阻隔作用。不过，与火攻相比，水攻不能马上毁灭敌军粮秣、兵器，不能直接消灭敌军[4]，水比火更难控制，若利用不当，便会被其反噬。

《孙子兵法》也具体地讨论了行军打仗时应当如何利用“水”。孙武认为，横渡江河一定要远水驻扎；敌若涉水而来，切勿在水中迎击，而要等他们渡过一半左右时再攻击，才会较为有利；如果想同敌人交战，则不要傍水而阵，以免陷于被动；要居高地面阳处，勿居下游而面迎水流[5]。

◉ 水灌晋阳城

东周列国故事选

水灌晋阳 李铁生/绘

三家攻赵——水灌晋阳

春秋末期，晋国的权臣智瑶为清除异己，胁迫韩、魏两家共同出兵攻打赵氏，赵襄子退居晋阳城固守。智瑶久攻不下，便想到引附近的晋水去淹晋阳城。用水攻城的一大致命之处在于长期积水，会使死尸被浸泡腐烂，进而大面积地传播病菌、瘟疫。智氏“水攻”得逞，围城三年，晋阳城中一片如此景象——“巢居而处，悬釜而炊，财食将尽，士卒病羸”[6]，到后来，百姓已经开始“易子而食”。

生死存亡之际，赵氏派家臣张孟谈趁夜出城，密会韩、魏二家家主，道出“唇亡齿寒”之理，正合魏、韩心意。于是，韩、魏决意反叛，与赵里应外合，共诛智氏，约定事成后三家尽分智地。他们掘开堤坝，将水倒灌入智氏军营，随后赵、韩、魏三军共同杀出，智氏一败涂地，最终惨死。

◉ 韩、魏中变

◉ 掘堤引水，倒灌智氏大营

4 出自《孙子兵法》之《火攻》篇。原文是：“故以火佐攻者明，以水佐攻者强，水可以绝，不可以夺。” 5 出自《孙子兵法》之《行军》篇。原文是：“绝水必远水，客绝水而来，勿迎之于水内，令半渡而击之利，欲战者，无附于水而迎客，视生处高，无迎水流，此处水上之军也。”6《战国策·赵策一》

樊城之战——水淹七军

建安二十四年七月，刘备在益州、汉中根基已稳，把守荆州的关羽认为北伐时机已到，便率领驻扎在江陵的蜀军，大举向襄阳、樊城进发，很快便将二城包围起来。

关羽主攻樊城，樊城守将曹仁抵挡不住，告急于曹操。曹操派遣左将军于禁、立义将军庞德前去援救。曹仁将于禁、庞德的援军部署在距离樊城北边十里的罾口川，这一带是大片的低洼地，又是汉水故道，关羽长期在荆襄地区征战，十分了解当地的地理环境和气候，他很快发现了曹军的这个错误，认为可利用“水”取胜。于是，他开始调集水军，以待天时。

八月，连下十多天的大雨，汉水水位暴涨，大水沿着汉水故道，涌向罾口川，驻扎在此处的曹军全部被大水淹没，于禁与庞德只好率领部队上堤避水。这时，关羽派出等候多时的水军，开始猛烈攻击曹军。曹军猝不及防，死伤落水、被俘者甚多。危在旦夕之时，大将于禁领三万士兵向关羽请降，庞德死战被生擒。此役关公威震华夏，曹操为避其锋芒，几乎要迁都。

◉ 关羽率军攻樊城

◉ 大败曹仁

◉ 于禁、庞德领命驰援

◉ 水淹七军

◉ 于禁投降

◉ 生擒庞德

三国演义连环画 水淹七军
汪玉山，冯墨农／绘

⑬

武庙十哲，国士无双

A List of Chinese Finest Strategists

****

文+编 **朱鸣**

text & edit: Zhu Ming

从商周到明清，三千六百余年间，历朝历代名臣良将辈出，不可胜数。有这么一些人，从群星中脱颖而出——他们生前随主君驱驰，立下不世之功；身后被奉入庙堂，享永世之香火。他们可谓是“将星中的将星”，他们大多拥有相同的特质——“出可将，入可相”“一怒而诸侯惧，安居而天下息”，这样的人“虽一人却若百万雄师”，国士无双。

唐朝开元十九年（公元731年），玄宗皇帝始设“太公尚父庙”，在此供奉周朝开国名臣吕尚（姜子牙）；随后又从历代名将中选出十位佼佼者配享，称之为“十哲”[1]。二十九年后，也就是公元760年，此时唐帝国正处于“安史之乱”中，玄宗之子肃宗，为激发军民的尚武精神，将吕尚尊封为“武成王”，与“文宣王”孔子享同等级别的祭礼。自此，“武庙”开始兴盛，将士出征沙场前，多来此祈愿武运昌隆[2]。

“武成王”与“十哲”，唐肃宗所选出的这十一颗“将星”，大名皆如雷贯耳，但是，细看这十一人的身份，其中较为纯粹武将出身的却不多。尤其是汉朝的张良，他一生中作为将领带兵打仗的经历寥寥无几，且战功乏善可陈，单论他身为武将的“业务水平”，或许还不如秦军的一个“龙套”将领[3]，但他在武庙中的地位，却仅次于主神吕尚，被奉为亚圣。

究其原因，还得从入选武庙的标准来分析。通过张良、诸葛亮、田穰苴等人的经历与身份，便不难看出，想要获得武庙的主席位，个人武勇并不是很重要；主要的评判标准，是看此人的战略思想高度、统帅能力，以及对于主君、国家的重要程度。在军事身份上，此人应该是“战略军事家”属性，大于“战术军事家”属性，如孙武、吴起这般，能够二者结合的则更上一等。

“战略军事家”的特点，便是他们的“业绩考核”标准与国家整体兴衰挂钩，所以，他们在用兵时，必须从全局出发思考策略——战前、战中、战后三个维度皆需涵盖；与外国的政治交往、军队的编制设计，也是他们的分内之事；这与贪图一城一池之功的普通将领有着本质上的区别。简单来说，“武庙十哲”是“王佐武臣榜”，而非“武勇名将榜”。所以，兴周八百年的姜子牙，开汉四百年的张子房，位居武庙主、次二席是毫无争议的。以

1 十人分别是：秦武安君白起、汉淮阴侯韩信、蜀丞相诸葛亮、唐卫国公李靖、唐英国公李勣、汉太子少傅张良、齐大司马田穰苴、吴将军孙武、魏西河守吴起、燕昌国君乐毅。 2《新唐书·礼乐五》：“开元十九年，始置太公尚父庙，以留侯张良配。中春、中秋上戊祭之，牲、乐之制如文宣。出师命将，发日引辞于庙。仍以古名将十人为十哲配享。” 3《史记·留侯世家》：“（良）与韩王将千馀人西略韩地，得数城，秦辄复取之，往来为游兵颍川。”

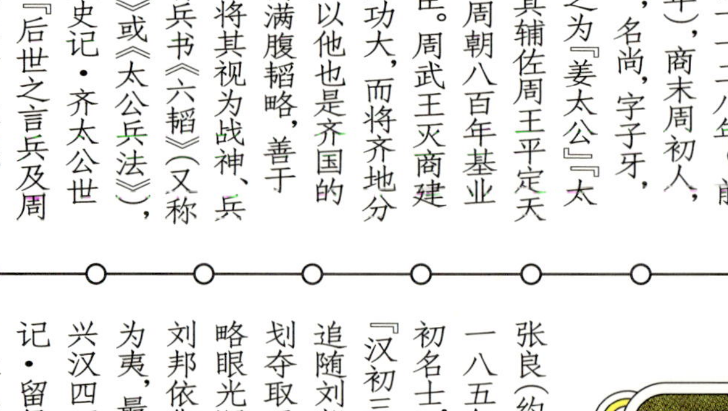

吕尚

吕尚（约前一一二八年～前一〇一六年），商末周初人，姜姓，吕氏，名尚，字子牙，世人多称之为『姜太公』『太公望』等。其辅佐周王平定天下，是开创周朝八百年基业的第一功臣。周武王灭商建周后，因其功大，而将齐地分封给他，所以他也是齐国的始祖。吕尚满腹韬略，善于用兵，后人将其视为战神、兵主。其著有兵书《六韬》（又称《太公六韬》或《太公兵法》），司马迁在《史记·齐太公世家》中说：『后世之言兵及周之阴权皆宗太公为本谋。』

张良

张良（约前二五〇年～前一八五年），字子房，秦末汉初名士，与韩信、萧何并称为『汉初三杰』。秦朝末年，张良追随刘邦纵横四海，为其筹划夺取天下的计策。张良战略眼光深远独到，妙计频出，刘邦依靠他，才能一路化险为夷，最终称帝。张良被奉为兴汉四百年江山的元勋。《史记·留侯世家》中专门记载了张良的生平，刘邦曾说：『夫运筹策帷帐之中，决胜于千里之外，吾不如子房。』

韩信

韩信（约前二三〇年～前一九六年），西汉开国功臣，『汉初三杰』之一。韩信熟谙兵法，用兵如神，纵马在天下间驱驰，为后世留下大量的经典战例，如『十面埋伏』『背水为营』『明修栈道，暗度陈仓』等。韩信一生功绩斐然，王、侯、将、相，一人全任，萧何曾说：『至如信者，国士无双。』刘邦也曾赞誉韩信：『连百万之军，战必胜，攻必取，吾不如韩信。』但是，『飞鸟尽，良弓藏；狡兔死，走狗烹』，刘邦夺得天下后，因恨韩信功高震主，恐其造反，便屡次贬其职，最后，韩信还是惨死在了萧何与吕后手中。

白起

白起（？～前二五七年），又名公孙起，战国时期秦国人，与廉颇、李牧、王翦并称为『战国四大名将』。白起在秦昭王时作为大将，征战六国，三十余年间，攻城七十余座，歼敌百万，被封为武安君。白起尤其擅长野战和攻城战，其参与的重要战役有伊阙之战、长平之战等。长平之战时，秦军大胜，赵军不敌而降，白起担心赵国死灰复燃，便下令将四十万赵国已降士兵全部坑杀，天下震惊。长平之战前后，秦军共斩杀赵军四十五万人，白起杀戮过重，成为他永世的污点。

诸葛亮（一八一年～二三四年），字孔明，人称『卧龙』，三国时期蜀汉丞相。早年隐居于南阳，但声名远扬，刘备『三顾茅庐』请其出山，二人于隆中定下了『天下三分之计』，《隆中对》的内容成为此后数十年蜀汉的基本国策，他的战略眼光由此可见一斑。在军事与内政上，诸葛亮皆有斐然的功绩，不仅如此，其人品也被广为称道。刘备死后，诸葛亮感念知遇之恩，为蜀国『鞠躬尽瘁，死而后已』，凡事亲力亲为，赏罚分明，不营私谋利，堪称古今一大『完人』。历朝历代，上至君臣、下至草民，皆对其赞誉有加。

田穰苴（生卒年不祥），春秋末期齐国人，曾率领齐军击退晋国、燕国的入侵，因此官封『大司马』，全权执掌齐国军务，也因官职，世人称其为『司马穰苴』。田穰苴以一部《司马法》而留名千古，齐大夫晏婴评价他：『其人文能附众，武能威敌。』他的军事思想，以『严格执法』为主要核心，前承姜子牙，后启孙武。最初，名不见经传的他，在军中依法果断斩杀违反军纪的权臣，军心大震，威望自此树立。这与后来孙武『吴宫斩姬』的行为相似。

李靖（五七一年～六四九年），字药师，隋末唐初将领，后被封卫国公，故又称李卫公。李靖文武兼备，早年科举及第，出任隋朝官职，隋亡后，李靖又以武将身份效力于唐，北扫突厥，西定吐谷浑，立下赫赫战功。后又身兼宰相之职，是『出将入相』的典型例子。王珪评价：『兼资文武，出将入相，臣不如李靖。』《旧唐书》如此记载：『近代称为名将者，英、卫二公，诚烟阁之最。』相传，李靖著有数种兵书，但皆亡佚，后人将其军事思想辑录为《李卫公问对》传世。韩擒虎赞其用兵：『可与论孙、吴之术者，惟斯人矣。』

武勇盖世闻名的关羽、张辽等武将，论战略水平，与上述诸人相比就要逊色不少，故未能进入“配享”名单，只以“从祀”的身份位列于武庙殿外庑间。

唐代所列的“武庙十哲”名单，到了宋代开始发生变动。宋建国之初（公元963年），宋太祖赵匡胤来到武庙巡视，遍观庙中供奉的名臣武将后，突然对其中一些人很不爽，尤其是被列于正殿、身为“十哲”之一的秦武安君——白起。赵匡胤举起手杖，直戳白起的画像喝道：“这家伙坑杀已投降的士兵，如此劣迹，也配被供奉在这里？！”言毕，他便让人撤去白起神位，自此降格为殿外庑间从祀。这还没完，不久，赵匡胤下令，对现有的武庙祭祀武将进行筛查，只有“功业始终无瑕者”才可留下[4]。于是，“武庙大清洗”开始了——“十哲”中，除白起外，吴起因“杀妻求将，名声不佳”，韩信因“功高震主，屡屡造次”，也被撤出主殿。从祀武将中，周亚夫、邓艾、关羽、张飞等二十余人被清退，主要原因是这些人“未得善终”。

4《续资治通鉴·宋纪三》：“初，帝幸武成王庙，历观两廊所画名将，以杖指白起曰：‘起杀已降，不武之甚，何为受享于此？’命去之。左拾遗知制诰高锡因上疏论王僧辩不克善终，不宜在配享之列。乃诏吏部尚书张昭、工部尚书窦仪与锡别加裁定，取功业始终无瑕者。”

唐朝武庙祭祀名单

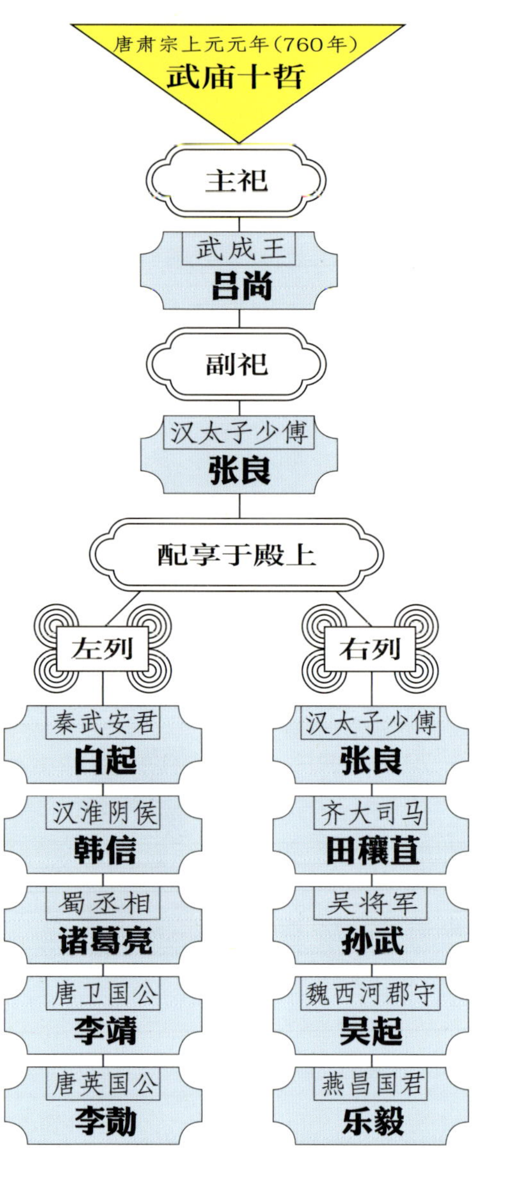

唐德宗建中三年(782年)

六十四良将

西庑		东庑	
齐相国	**管仲**	越相国	**范蠡**
安平君	**田单**	齐将军	**孙膑**
赵马服君	**赵奢**	赵信平君	**廉颇**
赵武安君	**李牧**	秦将	**王翦**
汉梁王	**彭越**	汉相国平阳侯	**曹参**
汉太尉条侯	**周亚夫**	汉左丞相绛侯	**周勃**
汉大将军长平侯	**卫青**	汉前将军北平太守	**李广**
汉后将军营平侯	**赵充国**	汉大司马冠军侯	**霍去病**
后汉大司马广平侯	**吴汉**	后汉太傅高密侯	**邓禹**
后汉征西大将军夏阳侯	**冯异**	后汉左将军胶东侯	**贾复**
后汉建威大将军好畤侯	**耿弇**	后汉执金吾雍奴侯	**寇恂**
后汉太尉新丰侯	**段颎**	后汉伏波将军新息侯	**马援**
魏太尉	**邓艾**	后汉太尉槐里侯	**皇甫嵩**
蜀车骑将军西乡侯	**张飞**	魏征东将军晋阳侯	**张辽**
吴武威将军南郡太守孱陵侯	**吕蒙**	蜀前将军汉寿亭侯	**关羽**
吴大司马荆州牧	**陆抗**	吴偏将军南郡太守	**周瑜**
晋镇南大将军当阳侯	**杜预**	吴丞相娄侯	**陆逊**
晋长沙公	**陶侃**	晋征南大将军南城侯	**羊祜**
前秦丞相	**王猛**	晋抚军大将军襄阳侯	**王濬**
后魏太尉北平王	**长孙嵩**	东晋车骑将军康乐公	**谢玄**
宋征虏将军	**王镇恶**	前燕太宰录尚书太原王	**慕容恪**
陈南平公	**吴明彻**	宋司空武陵公	**檀道济**
北齐右丞相咸阳王	**斛律光**	梁太尉永宁郡公	**王僧辩**
北周燕国公	**于谨**	北齐燕郡公	**慕容绍宗**
北周郧国公	**韦孝宽**	北周齐王	**宇文宪**
隋越国公	**杨素**	隋上柱国新义公	**韩擒虎**
隋宋国公	**贺若弼**	隋柱国太平公	**史万岁**
唐河间郡王	**李孝恭**	唐鄂国公	**尉迟敬德**
唐闻喜公	**裴行俭**	唐邢国公	**苏定方**
唐代国公	**郭元振**	唐韩国公	**张仁亶**
唐朔方节度使	**张齐丘**	唐中山公	**王晙**
唐汾阳郡王	**郭子仪**	唐夏官尚书	**王孝杰**

对于赵匡胤的矫枉过正，一些官员也上书表达了不满，如秘书郎梁周翰便进言：“这些名将无疑都是人中之雄，但如果要吹毛求疵，哪有人会毫无缺点呢？况且他们的功业，连樵夫牧童都耳熟能详，朝中的将领官员也一直视他们为榜样，现在突然将他们从庙堂中撤除，那么大家一定会很困惑，也会悄悄非议这个决定。”[5]然

5《宋史·梁周翰传》：“凡此名将，悉皆人雄，苟欲指瑕，谁当无累？或从澄汰，尽可弃捐。况其功业穹隆，名称烜赫。樵夫牧稚，咸所闻知；列将通侯，窃年思慕。若一旦除去神位，摈出祠庭，吹毛求异代之疵，投袂忿古人之恶，必使时情顿惑，窃议交兴。景行高山，更奚瞻于往躅；英魂烈魄，将有恨于明时。”

宋朝武庙祭祀名单

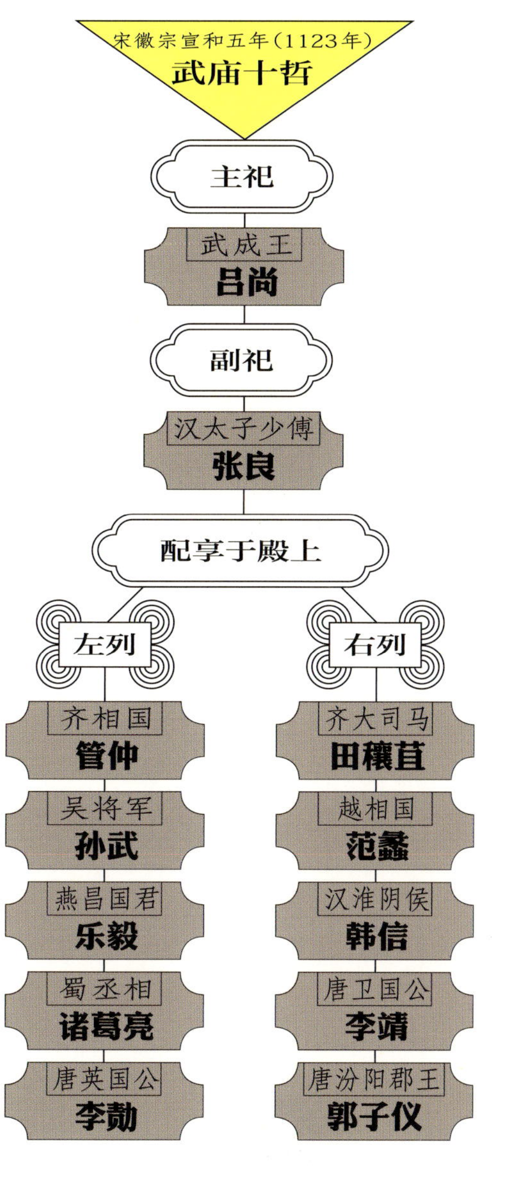

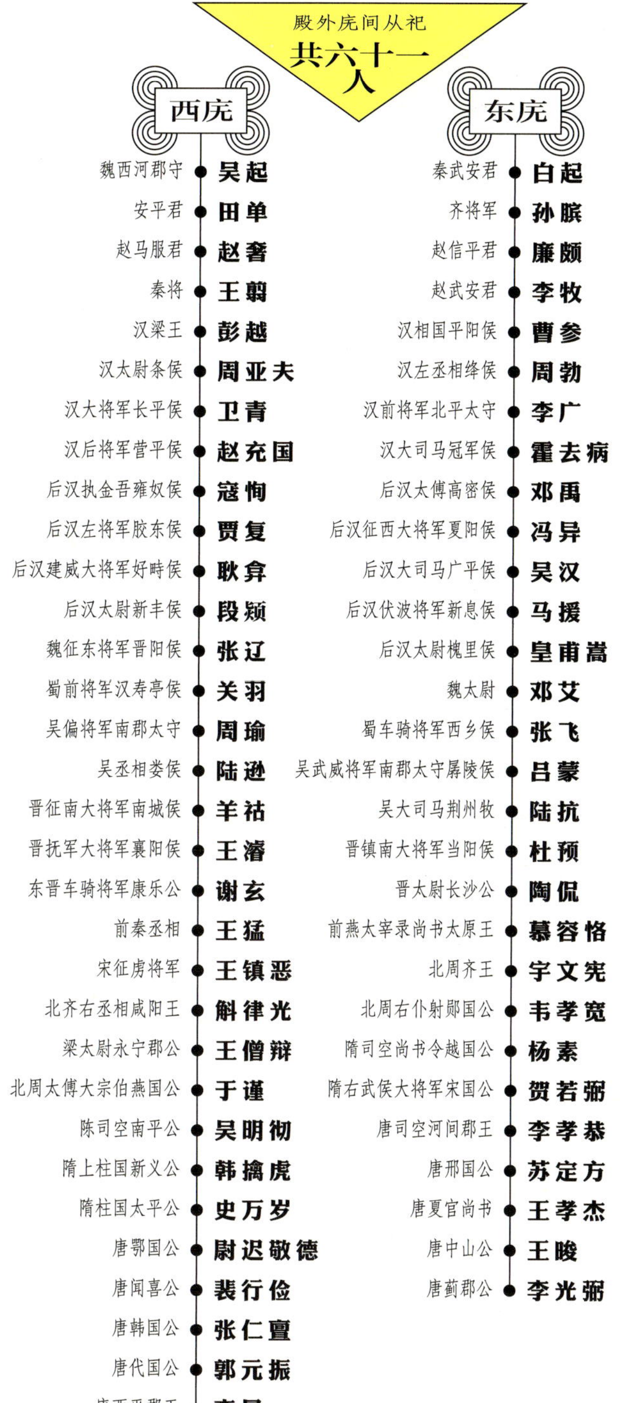

而，梁周翰上书后，毫无回音。

君王设武庙，除了祭祀先贤外，很重要的一层用意，就是要为自己手下的臣子们树立模仿的榜样。理想状态下，他们希望自己的臣子有能力，人品好，又忠心，那么自然要将历史上符合这些特质的名将高高供起，让臣子们与之靠齐；而与之相背的人，则要速速清退。所以赵匡胤会讨厌"玩得太过火"的白起，也不喜欢个性过于强烈的韩信、吴起。

吴起（前四四〇年～前三八一年），春秋战国兵家代表人物之一，与孙武齐名，著有《吴子兵法》，后世将二人并称为『孙吴』。吴起曾先后仕于鲁、魏、楚，他精通治军与治国之法，为鲁击退强大的齐国，为魏屡破秦军成就霸业，为楚变法强国，他的功绩无人不称道，但吴起的为人却饱受诟病，白居易说：『昔有吴起者，母殁丧不临。嗟哉斯徒辈，其心不如禽。』曹操的评价相对较为客观：『吴起贪将，杀妻自信，散金求官，母死不归，然在魏，秦人不敢东向，在楚则三晋不敢南谋。』

孙武

孙武（约前五四五年～前四七〇年），字长卿，春秋时期齐国人，后出仕于吴国，助吴王灭楚平越，成为春秋一霸。其军事思想凝结成一部《孙子兵法》，流传千年。孙武被后世尊称为『兵圣』，是中国军事思想史上举足轻重的人物。《史记》记载：『世俗所称师旅，皆道孙子十三篇。』唐太宗叹曰：『朕观诸兵书，无出孙武。』苏洵也对其大加溢美之词：『孙武十三篇，兵家举以为师。然以吾评之，其言兵之雄乎！今其书，论奇权密机，出入神鬼，自古以兵著书者罕所及。』

乐毅（生卒年不祥），子姓，乐氏，名毅，字永霸，战国后期人。其兼具军事、政治才能，在燕国为将期间，面对强敌齐国，他代表燕国，游说赵、秦、韩、魏，形成五国同盟，共同抗齐。他的军事才能更是在此间展露无遗，他率领的军队战无不胜，连下齐国七十城，几乎令齐亡国。司马贞称赞乐毅：『昌国忠说，人臣所无。连兵五国，济西为墟。』徐钧诗文写道：『七十城收一笑间，当时气势擅强燕。区区莒墨何难下，自是君王不永年。』

李勣

李勣（五九四年～六六九年），原名徐世勣，字懋功，是与李靖齐名的唐初名将，其率军破东突厥，灭高句丽，是为大唐开疆拓土的第一功臣，后被封为英国公，死后极尽哀荣。唐朝历代帝王对他都有很高的评价——李渊：『徐世勣感德推功，实纯臣也。』李世民：『李靖、李勣二人，古之韩、白、卫、霍岂能及也！』李治：『勣奉上忠，事亲孝，历三朝未尝有过，性廉慎，不立产业。』

管仲（前七二五年～前六四五年），姬姓，管氏，名夷吾，字仲，春秋时期法家代表人物，被后人尊称为『管子』。管仲在成为齐国相国后，积极推行变法改革，大兴商业，由此齐国国力渐强；他辅佐齐桓公，定下『尊王攘夷』的战略方针，最终帮助齐国称霸，他在历史上被视为宰相的楷模。孔子也曾在《论语》中评价管仲道：『桓公九合诸侯，不以兵车，管仲之力也。如其仁。如其仁。』『微管仲，吾其被发左衽矣。』

郭子仪

郭子仪（六九八年～七八一年），唐代名将，历事玄、肃、代、德四位帝王，平安史之乱，退回纥，败吐蕃，威服叛将，平定河东，这是他一生中的主要功绩。安史之乱时，郭子仪指挥唐军连克河北诸郡，又收复了长安、洛阳两京，史书称他『再造王室，勋高一代』。范仲淹赞曰：『令公名望冠萧何，莒亳储勋汝更多。心服蛮夷都将相，身扶国祚宰山河。』文彦博同赞：『公作唐朝社稷臣，之韬之略妙通神。素虑忠悃唯思主，常振军容自感人。』

范蠡（前五三六年～前四四八年），字少伯，春秋时期楚国人，后出仕越国相位，为越王勾践灭吴复国立下首功。范蠡博学多才，满腹韬略，但又知进退，不恋栈，他深知『兔死狗烹』之道理，在帮助勾践称霸后，急流勇退。苏轼评曰：『春秋以来用舍进退未有如范蠡之全者。』但是，对此历史上也有反面的观点，宋人林亦之评价：『范蠡之去似可全身，然卒使后世君臣猜忌百出，无一日相安者，其患自范蠡始也。』

另外，还有个不得不提的人，那就是孙武的“同事”伍子胥。他的能力、功绩绝不会低于位列“十哲”的孙、吴之下，但他连从祀的名单都没进去，原因就在他的“反骨”—— 先事楚，楚王无道杀我父兄，那我便带外国之兵灭楚，掘你的墓，鞭尸三百泄愤；后事吴，助成功业，吴王却开始不听忠言，反要我死，好，那我死后要将眼珠置于吴国城门上，看着你灭亡——这样的人，即使能力再强，也没有哪个君王敢鼓励臣子去效仿。

赵匡胤“武庙大清洗”后，又过了一百六十年（公元1123年），宋徽宗赵佶也调整了一次武庙祭祀名单，最终确定历代名将72人，分成殿上11人，两庑61人，后人统将其称为“武庙七十二子”。这时的“十哲”中，张良被单独列出，伴于姜子牙身旁；韩信重新归队；另外三个空缺，由齐相国管仲、越相国范蠡、唐汾阳郡王郭子仪补入。到了元代，武庙的从祀规模被大幅缩减，主要祭祀的名将人数又渐渐恢复到了最初的“武庙十哲”[6]。图

6《元史·祭祀志五·武成王条》：“武成王立庙于枢密院公堂之西，以孙武子、张良、管仲、乐毅、诸葛亮以下十人从祀。”

虚实
第六

军争第七

⑭

另一位“孙子”——“齐孙子”膑

The Other Master Sun

文 李宛霖 编 朱鸣 text: Li Wanlin edit: Zhu Ming

中国历史上，有两位“孙子”——“吴孙子”武，与“齐孙子”膑。两人各著兵法一部，皆名留千古。《史记·孙子吴起列传》记载“孙武既死，后百余岁有孙膑”。相传，孙膑为孙武的后世子孙。

孙膑其人

孙膑，原名不详，战国时期齐国人，少时曾拜于隐士鬼谷子门下学习兵法。同窗庞涓，因嫉妒且担心孙膑的才能超过自己，于是在出仕魏国大将军后，设计对其处以“膑刑”[1]。后来，孙膑被齐国的使者解救到齐国，在此结识了齐大将田忌，并很快受到他的赏识，成为一名门客，著名的“田忌赛马”便发生在此期间。孙膑借此名声大振，田忌顺势将他推荐给齐威王，从此开始担任齐国军师。

◉ 齐军师孙膑像

孙膑在齐国主导了两场著名战役——“围魏救赵”的桂陵之战、“减灶诱敌”的马陵之战。公元前354年，赵国受到魏国攻击，都城邯郸告急，求救于齐国。齐威王派田忌、孙膑，率领八万军队前去援救。田忌本想与赵军形成内外夹击，包抄魏军后路，与其主力部队正面决战；但孙膑认为如此不利于齐国，他根据形势，提出“批亢捣虚”与“疾走大梁”之计，建议田忌向魏国腹地进军[2]，“避实击虚，攻其必救”。此计被田忌采用，齐军进逼魏都大梁，迫使已攻破邯郸城的庞涓回军救援；孙膑再把主力部队埋伏于魏军的必经之处“桂陵”附近，等待伏击机会。战局的发展，正如孙膑所料想，庞涓大军日夜兼程，赶回营救大梁，疲惫不堪；田忌与孙膑早已埋伏于

1 断足或剔去犯人膝盖骨的酷刑。 2《史记·孙子吴起列传》：“今梁赵相攻，轻兵锐卒必竭于外，老弱罢于内。君不若引兵疾走大梁，据其街路，冲其方虚，彼必释赵而自救。是我一举解赵之围而收獘于魏也。”

从孙武到孙膑

春秋战国，诸侯争霸，战争连绵不断，致使言兵之风兴盛，军事理论佳作频出。孙武的《孙子兵法》是其中的佼佼者，被尊为“兵学圣典”。后世学习和传承《孙子兵法》的人很多，孙膑便是其中之一，他的《孙膑兵法》也成为不朽之作。

《孙膑兵法》又称为《齐孙子》，根据司马迁所记述：“孙子膑脚，而论兵法”，故可推测应当成书于孙膑受刑之后。《汉书·艺文志》中录有《孙膑兵法》89篇、图4卷。但是在东汉末期，《孙膑兵法》便已经散佚。1972年4月，在山东临沂银雀山汉墓中，出土了《孙膑兵法》残简364枚，经过专家整理，其被分为上下两编，凡写有“孙子曰”的竹简被列入上编，其余为下编。但是，此书究竟是由孙膑自撰，还是由其弟子所编，仍然无法考证。目前流传的《孙膑兵法》全书分为30篇，其中部分内容缺失。因此，在读本中，时常能看到语句中出现“空白方框”，即是出土竹简中缺失的部分。但是，透过这些残简，我们仍能领略到孙膑千年前的思想。《孙膑兵法》的体系、风格与《孙子兵法》一脉相承，对比二者即可清晰得见。

◉ 鬼谷子像

路上，魏军败退，赵国之围得解。“围魏救赵”之计千古留名。

公元前342年，风云再起，韩国遭受魏国袭击，告急于齐国。齐威王仍派田忌、孙膑前往救援，率兵攻打大梁。魏惠王得到消息后，不愿重蹈覆辙，便立即停止进攻韩国，派太子申与庞涓前往与齐军决战。根据《史记》记载，孙膑对田忌说：“彼三晋之兵素悍勇而轻齐，齐号为怯，善战者因其势而利导之。兵法，百里而趋利者蹶上将，五十里而趋利者军半至。使齐军入魏地为十万灶，明日为五万灶，又明日为三万灶。”孙膑通过“逐日减灶”的手段，制造齐军大量逃亡的假象，令魏军误以为齐国士气低落，逃兵越来越多，因而大为轻敌，便放心只带着少数部队深入追击齐军。此计与《孙子兵法·计篇》中的“能而示之不能，用而示之不用”相合。与此同时，孙膑在马陵设下伏兵，当魏军进入埋伏区后，便遭万弩齐射，惨败。见已无力回天，庞涓大叹道：“遂成竖子之名！”随后愤愧自杀。齐军乘胜追击，俘太子申，全歼魏军10万人。“孙膑以此名显天下，世传其兵法。”

❶ 从“国之大事”到“战胜而强立”

《孙子兵法》开宗明义，认为：“兵者，国之大事，死生之地，存亡之道，不可不察也。”由此而提出后续关于战略、战术的具体问题讨论。孙武所处的春秋时期，战争性质主要为抢夺话语权的“争霸战”，而不是以彻底消灭敌人为目的的“灭国战”；而孙膑生于战国时期，此时战争规模、频率加大，国家更为动荡。《孙膑兵法》在内容上也体现了鲜明的时代特色。例如，孙膑认为，战争不仅仅是关系国家生死存亡的大事，还是实现和巩固国家统一的重要手段。战国时期，七雄割据，孙膑提出“战胜而强立，故天下服”的观点，即高度重视战争的作用，认为战争是统一天下的重要手段。但是同时，孙膑也提出“乐兵者亡，而利胜者辱”，好战的人将会导致亡国，贪图胜利的人将会受辱。以此强调对待战争要谨慎，不能一味贪图物质利益而轻率动武。

◉ 庞涓设计害孙膑

◉ 孙膑誓要报仇

◉“围魏救赵”桂陵之战孙膑破魏军

❷ 从“避实击虚”到“必攻不守”

《孙子兵法·虚实篇》提到：“兵之形，避实而击虚”，“攻而必取者，攻其所不守”，认为进攻之所以能够获胜，是因为找到了对手防御薄弱的地方。春秋时期，战争规模普遍较小，且持续时间短，军队的机动能力较差，交战时，往往是双方摆阵后，互相发起冲击一决胜负。因此，“避实击虚”实为先寻找并攻击敌阵中的薄弱部分，而后再与其正面对决。战国时期，无论是武器装备，还是战争规模都更加进步，军队机动能力大为提高。孙膑提出“必攻不守”的积极进攻战略。所谓“必攻”是指我方坚决地进攻，“不守”则为敌方缺乏防御的地方，即在战争中，要洞悉对方防御薄弱之处，毫不犹豫地进攻，从而把握战争的主动权。在实际运用上，孙膑的“围魏救赵”就遵循了此战略——攻击魏国的薄弱部分，驱使敌人改变战局，一举击溃。

❸ 从“求之于势”到“贵势”

《孙子》在“势篇”中认为：“战势不过奇正，奇正之变，不可胜穷也。”孙武认为，战争态势是以“奇正”之术为主，而将领需要“择人而任势”，在战场上根据形势的变化，随机应变，出奇制胜。而孙膑对于“势”的观点，则是对孙武的继承和发展。吕不韦在《吕氏春秋》中，曾就先秦诸子的特点进行过总结，在提到兵家时指出——“孙膑贵势”——即根据具体的作战条件，创造

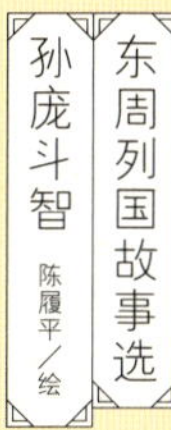

◉ 孙膑星夜奔齐国

◉ 马陵之战庞涓兵败身死

出有利于己、不利于敌的作战态势。

孙膑把“势”看作是改变力量对比，转化敌我态势，战胜强敌的手段。战争双方的力量对比，虽然是客观条件，但又是可以改变的，甚至在一定条件下是可以相互转化的，因而提出“积疏相变”“众寡相变”的战略方法，从而减少敌军的优势，改变己方的劣势，达到克敌制胜的目的。例如，在“敌众我寡，敌强我弱”的时候，要善于“避而骄之”“告之不敢，示之不能”，给对手产生错觉，认为只需利用少量部队就可以获胜，从而转化“敌众我寡”的态势；而在“我强敌弱，我众敌寡”的情况下，则要善于隐蔽实力，诱敌出战，一举歼灭对手。除此之外，还要善用地形和利用不同兵种的特点，扬长避短才能战胜敌人。

在书中，孙膑还将“势”与“阵”“变”“权”结合起来，作为指挥作战的四要素。孙膑分别以剑、弓弩、车船、长兵器来比喻和说明四要素的特点及相互间的关系。“阵”是指战阵，“势”为作战态势，“变”则为机动性，“权”即主动权。孙膑用剑比喻战阵，因为古时候剑是随时佩戴在身上的，但是不一定经常使用；用弓弩比喻作战态势，因为发射弓弩能够迅速杀伤敌人；用车船比喻机动性，因为车船在陆地、水面行进时，能够灵活改变方向；用长兵器比喻主动权，因为长兵器能够在远距离刺杀敌人。“得四者生，失四者死”，孙膑认为，只要能够将四要素运用得当，就能够掌控战争，反之，则会极为不利。图

⑮

《孙子兵法》版本探究

A Glimpse of the Bibliology of the Art of War

文 李健 编 朱鸣 text: Li Jian edit: Zhu Ming

《孙子兵法》又称《孙武兵法》《吴孙子兵法》，简称《孙子》，是中国古代最著名的兵书，也是现存最早的一部兵书，是宋代朝廷颁定的“武经七书”之一。《孙子》流传至今已历经两千多年，其间不断出现新版本。据粗略统计，中国历代注解批校《孙子》者有210家，版本近400种。其中最经典、最重要的只有四种版本，这四种版本大致可分为两大类型，即汉简本、传世本。汉简本主要指银雀山汉墓出土竹简，传世本包括影宋本《魏武帝注孙子》《十一家注孙子》《武经七书》三种版本，此外，还有若干少数民族语言版本和国外《孙子》版本。青海大通县上孙家寨115号汉墓也出土过《孙子》残简，但本文不将其作为主要版本讨论。

汉简本

银雀山汉墓竹简博物馆内悬挂一副楹联，内容为：“竹书系祖本武经七书樱田迪均位居其后，孙武乃兵圣孙膑吴起诸葛亮皆等而下之”。这副楹联的意思表达得很明确，即竹书本是《孙子》的最早版本，这也是学术界的普遍观点。如黄朴民、赵海军在《孙子兵法集注》中认为汉简本“是迄今为止所发现的《孙子》最早手抄本”“更接近于孙武的手定原本”。银雀山汉墓竹简《孙子》的主要意义在于，证明孙武和孙膑其人其书分别存在和流传，“十三篇”在汉代时与传世本内容无较大差异，对传世版本的校勘有十分重要的作用；其局限性在于，仅能证明《孙子》的成书在汉代以前，至于汉代以前的《孙子》内容是否与现在相似便不可知，且残简未能反映汉代《孙子》全貌，也失去了部分校勘价值。

◉ 银雀山汉墓竹简博物馆楹联，内容为：“竹书系祖本武经七书樱田迪均位居其后，孙武乃兵圣孙膑吴起诸葛亮皆等而下之”。

《孙子》在战国末期和汉初已很流行。《韩非子·五蠹》中云：“境内皆言兵，藏孙、吴（起）之书者家有之。”可见“孙、吴之书”于战国末期流传之广。《史记·孙吴列传》记载：“世俗所称师旅，皆道《孙子》十三篇。”汉成帝时，刘向、任宏对收集到的《孙子》古抄本进行了校勘，定著《吴孙子兵法八十二篇·图九卷》。《汉书·艺文志》记载有《吴孙子兵法》和《齐孙子》两种。至于《孙子》是十三篇还是八十二篇，根据银雀山汉简和青海大通县上孙家寨115号西汉晚期墓出土木简的内容来看，应当是十三篇证据更充分。

传世本

据《汉书·艺文志·兵书略》注录，兵书共五十三家。东汉末年，战争频繁，曹操选出含义精深的《孙子》，加上简明解说，编成书册，称《孙子略解》，分发部队，以便将领学习掌握，临阵施用。从此，曹注《孙子》流行天下。

由于年代久远，曹操注本的原貌已经不能见到。流传至今的只有影宋本《魏武帝注孙子》，收入清人孙星衍所编《平津馆丛书》卷一《孙吴司马法》中。《魏武帝注孙子》单注本自宋以来仅剩此本。根据中华书局1999年版《十一家注孙子校理》，仅在前四篇中，曹操就做出了91条训释，可见曹操对《孙子》的熟识、理解之深。曹注《孙子》开创整理注释《孙子》的先河，丰富和发展了中国古代军事理论。后世诸家《孙子》版本多是在曹注《孙子》基础上出现的，因此，可以说曹注《孙子》是传世《孙子》版本的鼻祖。

唐宋时期，《孙子》完成了向传世本的演变，在曹注本的基础上出现了诸多的注释本和合刻本，其中对后世影响最大的是《武经七书》和《十一家注孙子》。宋神宗于熙宁五年（1072）六月，继宋仁宗之后，重新开设“武学”。为了适应教学和军事训练的需要，元丰三年（1080）四月，宋神宗诏命国子监司业朱服等人“校定《孙子》《吴子》《六韬》《司马法》《三略》《尉缭子》《李靖问对》等书，镂版行之”。校定后的七部兵书共25卷，于元丰年间（1078～1085）刊行，统称《武经七书》。

《十一家注孙子》又名《孙子注解》《孙子集注》《校定注释孙子十三篇》《孙子十家注》，一般认为成书于南宋宁宗年间，是《孙子》的另一个重要传本之一。余嘉锡《四库全书辩证》谓：“自曹操至何氏，实十一家，郑友贤谓之十家者，盖注中引及杜佑，乃《通典》之说，佑本不注《孙子》，去佑不数，则十家耳。”

一般认为，《十一家注孙子》来源于《宋史·艺文志》著录的《十家孙子会注》，由吉天保辑。注家为：曹操、梁孟氏、李筌、贾林、杜佑、杜牧、陈皞、梅尧臣、王皙、何氏与张预。《十一家注孙子》可能刊于南宋孝宗年间，此书集中了众家注说，集成了各代对《孙子》的理解和发展，对于学习理解《孙子》的思想很有裨益。但由于掺入了多家的异文，使此书性质不够单纯，与竹简本差异最大，译文也优劣并存。此外，《太平御览》本、《杜氏通典》本等也是较著名的版本。

自明代以后，《孙子》刻本逐渐得以流行，明代以刘寅的《武经七书直解》与赵本学《孙子校解引类》最有代表性，清代中叶至近世，多以孙星衍的《孙子十家注》为流行注本，流传最广，影响最大，后收入《岱南阁丛书》。

近几十年来，国内对《孙子》的译注层出不穷，其中影响最大者首推郭化若将军，其代表作是《孙子译注》（上海古籍出版社1984年版）。校勘用功最勤的是杨炳安的《孙子会笺》（中州古籍出版社1986年版），以注解“信达”见长的有军事科学院战理部《孙子兵法新注》（中华书局1977年版），解说通俗而又深刻者有吴如嵩的《孙子兵法浅说》（战士出版社1983年版）。

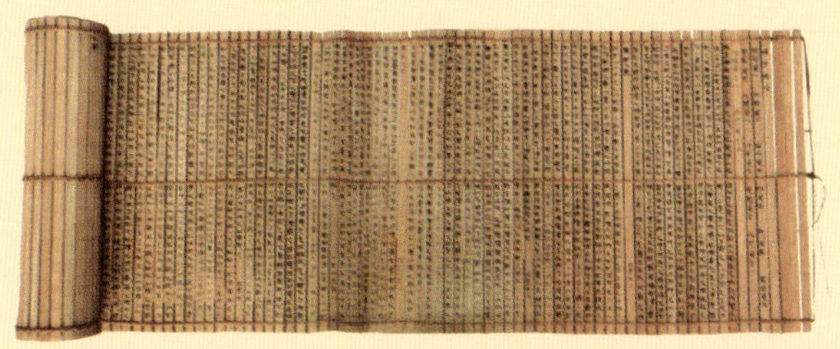

◉ 竹简《孙子兵法》（复制品）

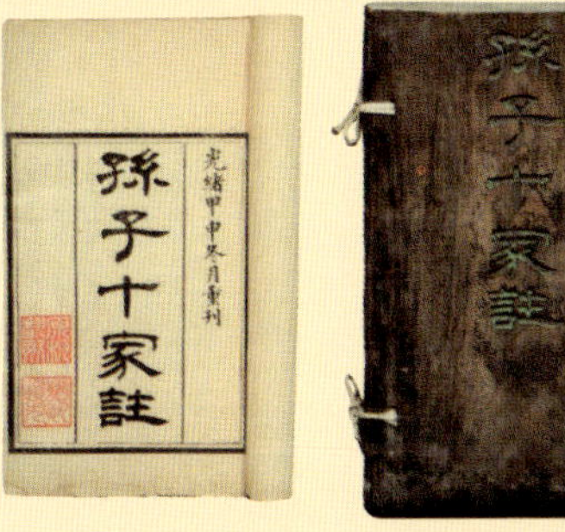

◉ 清·孙星衍《孙子十家注》

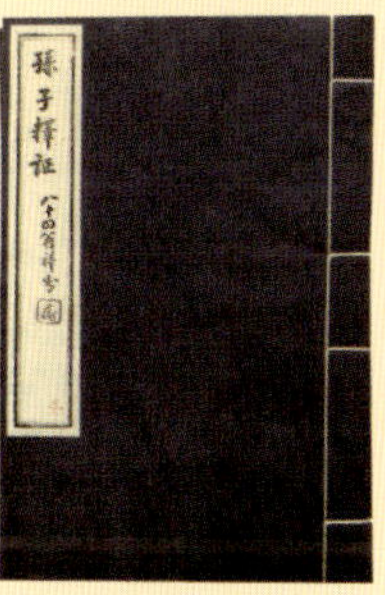

◉《孙子释证》书影

敍兵

孫子曰兵者國之大事死生之地存亡之道不可不察故經之以五校之計而索其情一曰道二曰天三曰地四曰將五曰法道者令人與上下同意也故可與之死與之生而人不佹天者陰陽寒暑時制也地者遠近險易廣狹死生也夫未戰而廟筭勝者得筭多也未戰而廟筭不勝者得筭少也多筭勝少筭而況無筭乎吾以此觀之勝負易見也凡用兵之法曰費千金然後十萬之衆舉矣久暴師則國用不足夫頓兵挫銳力屈貨殫則諸侯乘其弊而起雖有智者不能善其後也兵聞拙速未覩巧之久者也故善用兵者役不再藉糧不三載取用於國因糧於敵故軍食可足兵久而國利者未之有也不盡知

◉ 宋本《通典》中的《孙子兵法》

遠而撓之卑而驕之引而勞之親而離之佚而勞之攻其無備出其不意此兵之勝不可先傳也

又曰凡用兵之法全國為上破國次之全軍為上破軍次之全卒為上破卒次之全伍為上破伍次之是故百戰百勝非善之善者也不戰而屈人之兵者善之善者也

又曰故用兵之法十則圍之倍則分之敵則能戰少則能逃不若則能避之故小敵之堅大敵之擒也

◉ 宋本《太平御览》中的《孙子兵法》

戰相爲輕重 [illegible]
又曰民有勇心唯敵之視 [illegible]
民有畏心唯北之視 [illegible]
兩心交支兩利若一 [illegible]
兩爲之職惟權之視 [illegible]
又曰軍旅以舒爲主 [illegible] 遂奔不踰列
是以不亂軍旅之固不失行列之政不絕人馬之力遲速
無過誡命 [illegible]
又曰軍容不入國國容不入軍軍容入國則民德廢國容
入軍則民德弱 [illegible] 故在國言文而語溫
在朝恭以遜脩己以待人不召不至不問不言難進易退
[illegible] 在軍抗而立在行遂而果介者不拜兵車不式
城上不趨危事不齒 [illegible]

武者滅用文者亡夫差偃王是也聖賢之於兵也戢而時
動不得已而用之觀兵書戰策孫武深矣孫子者齊人也
名武爲吳王闔閭作兵法一十三篇試之婦人卒以爲將
西破強楚入郢北威齊晉後百餘歲有孫臏是武之後也
孫子曰兵者國之大事校之以計而索其情 [illegible]
曰道二曰天三曰地四曰將五曰法道者令人與上同意
[illegible] 故可與之死可與之生而人不畏危 [illegible]
[illegible] 天者陰陽寒暑時利地者遠近險易廣狹死生
[illegible] 將者智信仁勇嚴 [illegible] 法者曲制官
道主用 [illegible] 凡此五者將莫不聞之
者勝不知者不勝
又曰兵者詭道故能而示之不能用而示之不用
[illegible] 近而示之遠遠而示之近 [illegible]

十一家註孫子卷上

計篇 曹操曰計者選將量敵度地料卒遠近險易計於廟堂也○李筌曰計者兵之上也太一遁甲先以
計神加德宮以斷主客成敗故孫子論兵亦以計爲篇首
○杜牧曰計算也曰計算何事曰下之五事所謂道天地
將法也於廟堂之上先以彼我之五事計算優劣然後定
勝負勝負既定然後興師動衆用兵之道莫先此五事故
著爲篇首耳○王晳曰計者謂計主將天地法令兵衆士
卒賞罰也○張預曰管子曰計先定於內而後兵出境故
用兵之道以計爲首也或曰兵貴臨敵制宜曹公謂計於
廟堂者何也曰將之賢愚敵之強弱地之遠近兵之衆寡
安得不先計之及乎兩軍相臨變動相
應則在於將之所裁非可以隃度也
孫子曰兵者國之大事 杜牧曰傳曰國之大事在祀與戎○張預曰國之安危在兵故

◉ 宋本《十一家注孙子》

少数民族版本

少数民族版本《孙子》主要有西夏文本和满文本。西夏文本《孙子》是现存最早的少数民族文字本，今存仅有102页，藏于宁夏档案馆。台湾《书目季刊》第15卷第2期载有此本影印件。此外，还有满文本。最早将《孙子》引向欧洲的法国天主教耶稣会传教士，约瑟夫·J.阿米欧所据的底本就是满文本的《武经七书》。

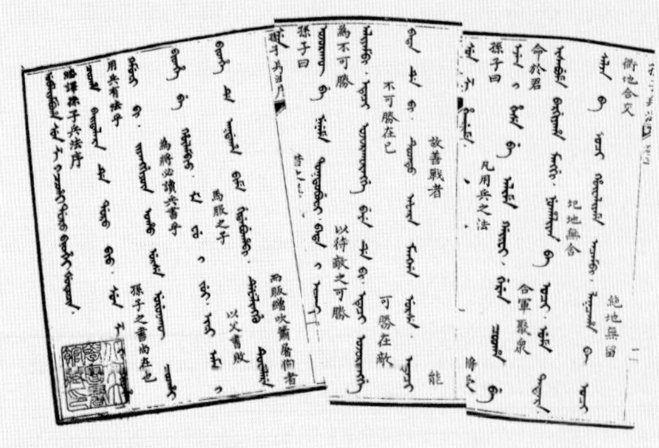

◉ 满文版《孙子兵法》

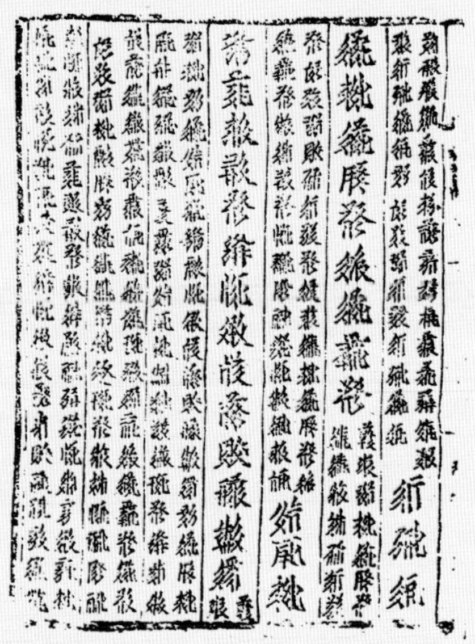

◉ 西夏文刻本《孙子兵法》

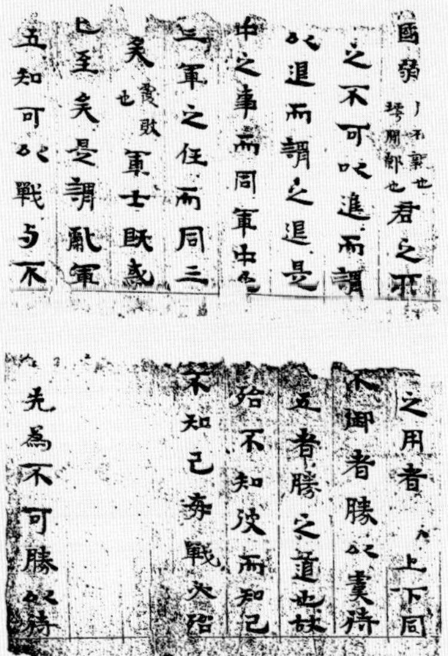

◉ 西夏文手抄本《孙子兵法》

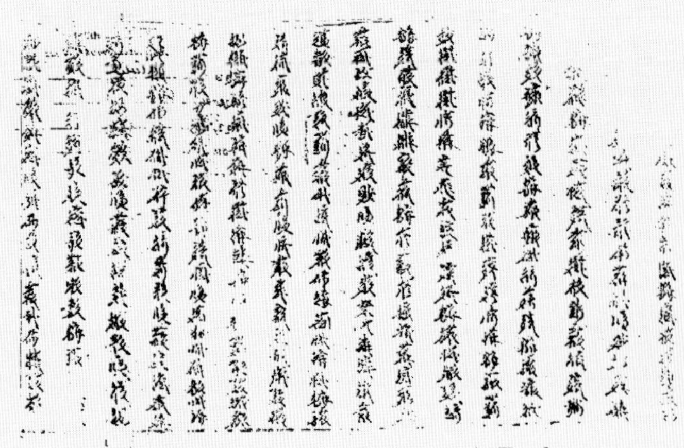

◉ 敦煌晋写本《孙子兵法》

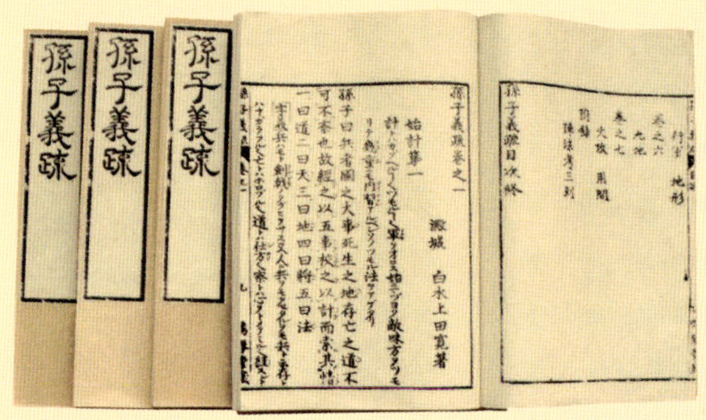

◉ 1771年日文版《孙子义疏》

◉ 各种海外译本《孙子兵法》

国 外 版 本

据考证，《孙子》最迟不晚于六世纪就传入日本。《续日本纪》记载，公元760年，日本遣唐学生吉备真备将《孙子》引入日本，在日本开创了注释、研究《孙子兵法》的传统。藤原佐世于宽平三年（891年）所编撰的《日本国见在书目录》中，《孙子》就有七种版本。江户时代（1604-1868年），日本刊印《孙子》达140余种。近代以来，日本对孙子兵法的研究更是从军事领域逐步拓展到商业、企业管理、为人处世等领域，有关著述数不胜数。

关于日本国内的《孙子》，不得不提及楹联中的樱田迪。樱田迪是日本仙台藩士、长沼派武学学者，他在1852年将家藏抄本《古文孙子》加以标点而刊行于世，日本称之为《古文孙子》，在我国又称樱田本。这部著作大约于20世纪20年代初，由日本著名《孙子》研究学者佐藤坚司发现。樱田本《孙子》亦是近年发现的传本《孙子》的重要版本之一，可能是唐初抄本，在校勘今之《孙子》方面有重要的参考价值。

另有说法，早在吉备真备之前，可能朝鲜半岛百济国的几位兵法家，已率先把中国兵书传入日本。如果此推断成立的话，那么《孙子》传入朝鲜半岛可能早日本70多年。高丽时代，朝鲜半岛读研《孙子》已很普遍了。据《朝鲜通史》记载，15世纪李朝的义宗至世祖时期，曾出版过《武经七书》的注释本。1777年，朝鲜又发行过《新刊增注孙武子直解》。到1863年，又有赵义纯的《孙子髓》出版。16世纪后，朝鲜文版本的《孙子》译著、评著大量涌现。

韩国自1953年以来，陆续出版了百余种韩文版相关书籍，进入21世纪后每年都有新作问世。韩国普及《孙子》思想的通俗读物十分畅销，其中郑飞石的四卷本《小说孙子兵法》，仅从1985年至1997年就再版5次，总印数达200万册，还被译成多国文字在海外发行。

把《孙子兵法》引向欧洲的第一人是法国天主教耶稣会传教士约瑟夫·阿米欧，他在1772年把《孙子》带到法国。《孙子》翻译成法文后，又有欧洲各国的学者把它翻译成英文、荷兰文、意大利文、拉丁文、希腊文、西班牙文等30余种语言文字。目前，《孙子》的刊印本在世界各地已有上千种之多。

⑯

兵书宝库——银雀山汉墓竹简

The Treasury of Military Works

****

文 **王亚萍** text: Wang Yaping 图 **王亚萍** photo: Wang Yaping

先秦兵家的思想哲学，为中国历朝文臣、武将推崇。然而，因为历代战乱不断，且时有为了维护统治权威而开展的“文化清剿”，很多重要的文献史料没能传世。比如《孙膑兵法》，长久以来，就是只闻其名，不见其文。其仅有的传世之作，也因历代修订，难以得见原貌。

◉ 银雀山汉墓竹简博物馆全景

1964年，山东临沂银雀山发现一座西汉墓，在自1972年开始的十余年考古发掘中，出土了大量西汉竹简古籍，其中不乏一些失传多年的先秦兵家著作，这为研究兵学思想和中国文化史提供了极其珍贵的史料依据，堪称是“兵学的宝库”。

1972年，银雀山汉墓竹简出土后，被紧急送往北京，国家文物局组织北京大学、故宫博物院专家成立了“银雀山汉墓竹简整理组”，专家们对竹简内容做进一步研究的过程中，有一个惊人的发现，让所有人为之振奋。

汉简中，一个是“齐威王问孙子”，一个是“吴王问孙子”，这两个内容的出现，解决了历史上关于孙武与孙膑其人其书有无及真伪的千古论争，并证实了史书记述的正确性——孙武仕于吴，是为“吴孙子”；孙膑仕于齐，为“齐孙子”，分别是春秋时期、战国时期人，孙膑乃孙武后世子孙，各有兵法传世。

二人的著作中，《吴孙子》就是一直流传于世的《孙子兵法》，而《齐孙子》在魏晋已无记载，此书的散佚，也正是后人对于孙膑是否真有其人，是否真有兵书传世逐渐起疑的原因之一。银雀山汉墓出土了失传1700多年

◉银雀山汉墓1号、2号墓

的《孙膑兵法》，既为孙膑正名，也让后人有幸得以目睹这本兵书的真容。

不仅是《孙膑兵法》，此次出土的竹简，大部分是佚书或首次发现的古籍。其抄写年代大约在秦到汉景帝时期，它们直接承续先秦古籍，所以更接近于原本，因而，对于考证古兵书的真伪、源流和作者的存在与否，都极有价值。同时，它们也是各部兵书传世本最早、最可靠的参校本，对于传世本的成书情况、篇章组合、字词的错讹都有重要的校勘作用。

TIPS

银雀山出土的竹简，主要有：《孙子兵法》十三篇和孙子佚文5篇、《孙膑兵法》16篇、《晏子》16章、《六韬》14篇、《尉缭子》5篇、《守法守令等十三篇》10篇等。论政论兵的篇章有《将败》《将失》《兵之恒失》《为国之过》《务过》等50篇。另外还有阴阳、时令、占候、相狗、作酱等杂占方面的著作《曹氏阴阳》《天地八风客主五音之居》等20余篇。其中，《孙子兵法》《尉缭子》《晏子》《六韬》等，现有传本。《孙膑兵法》虽无传本但在《汉书·艺文志》里曾经著录过。其他诸如论政、论兵、阴阳、时令、占候、相狗、作酱等杂书，既无传本也不见历代书目著录，属首次发现。

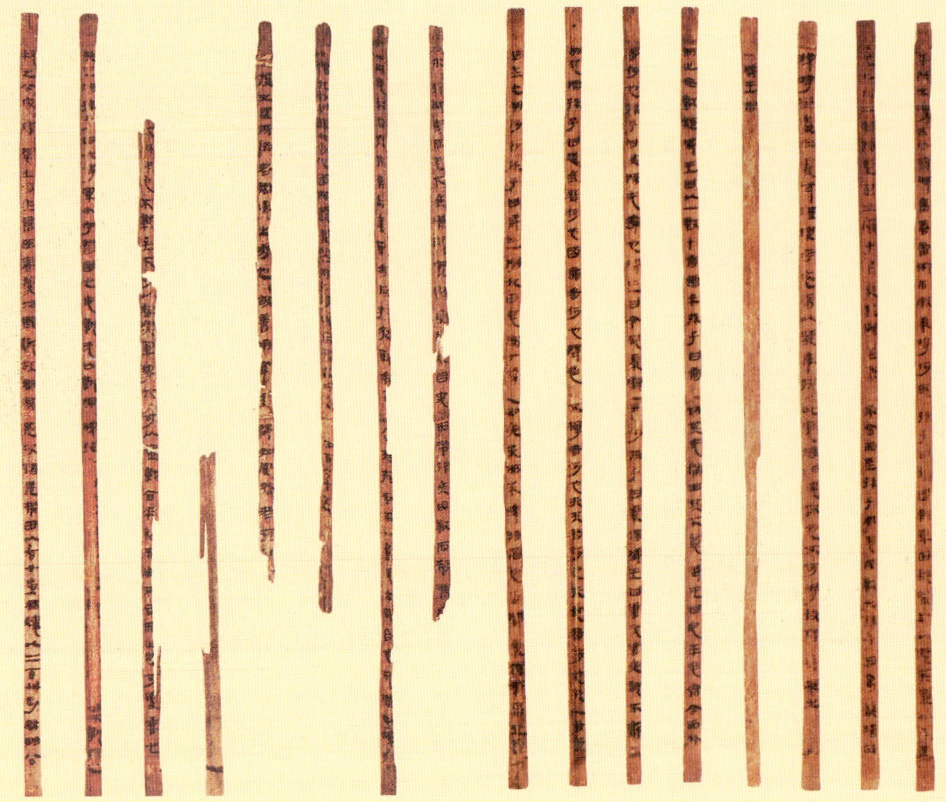

◉ 出土《孙子兵法》残简

◉ 1972年4月，银雀山汉墓1号、2号墓器物、竹简

TIPS

银雀山汉墓《孙子兵法》竹简，现藏于山东省博物馆。经整理，银雀山出土竹简共计7 500余枚，尺寸可分为长、短和最长三种，长简一般在27.5厘米左右，宽度为0.5~0.7厘米，厚度为0.1~0.2厘米，为当时的一尺二寸简，长简和最长简用三道编绳编连，短简用两道编绳编连，竹简是先用编绳编连成册后，又用毛笔蘸墨写成，每简写一行，每行字数不等，一般在35字左右。《孙子兵法》《孙膑兵法》等大部分竹简书都是用长简书写的。短简长度为18厘米，宽度为0.5厘米，“天地、八风、五行、五音”之类的书都是用短简书写的。最长简的长度为69厘米，宽度为1厘米，厚度为0.2厘米。

另外，银雀山汉简还对研究汉代简牍的形制、中国古代书籍的形成与发展颇具意义。竹简的篇题，有的写在篇首第一简简背，有的单独写在第一简上，有的写在篇尾。有些短篇的篇题，写在第一简简背和篇尾，另外一些，又只有篇题和篇尾。例如《孙膑兵法》的“八阵”和“地葆”两篇，“八阵”篇，第一简简背和篇尾都有篇题，应该是某卷的第一篇。“地葆”篇，只有篇尾篇题，大概是编在“八阵”篇之后的一篇。

《孙子兵法》和《孙膑兵法》每篇首简的背面标有篇题，说明简册是以最后一枚为轴心，将有字的一面向里，首简卷在最外层，便于查阅，或许，现在书籍的籍背上的书名、作者信息形式即来源于此。在1号墓出土的木牍残片中，有抄列《孙子兵法》《守法守令十三篇》的篇题，大概是捆在简册上的题签，或许，这就是后来书籍目录的来源。图

⑰

十一个角度，解读兵法要义

Eleven Critics on The Art of War

****

文 刘小荻 编 朱鸣 text: Liu Xiaodi edit: Zhu Ming

宋本《十一家注孙子》是流传至今最重要的《孙子兵法》传本之一。其最早刊于南宋，集众家之长，收录了三国、唐、宋朝十一位注家所注的《孙子兵法》。曹操是其中最早为《孙子兵法》做注的注家。曹注简明，因而后世大多引用他的版本，或是在他的基础上做些正误补遗。到了隋唐五代，孙武被看作是兵学“亚圣”，《孙子兵法》则被推到了“诸兵之首”的位置；安史之乱之后，唐王朝战事不断，由此，兵学盛行，唐人开始大量注释兵法，其中包括以诗文而为后人所熟知的杜牧、杜牧官至宰相的爷爷杜佑、对道教研究颇有心得的政治军事理论家李筌，以及武将贾林等。

宋代是注疏《孙子兵法》的另一个高峰。北宋常置武举后，一改唐朝只重武艺，不问文章的做法，开始注重武举子的军事理论修养，希望选拔出文武兼备的人才。经过多年施行，民间或下臣多有私撰上奏兵书的做法，其中文人上献兵书的数量最多。在《十一家注孙子》中，梅尧臣、王哲、张预、何氏四位注家都是宋人，他们中有文人，有武将，身份、专攻方向各不相同。因此，宋本《十一家注孙子》角度全面，颇为可观。

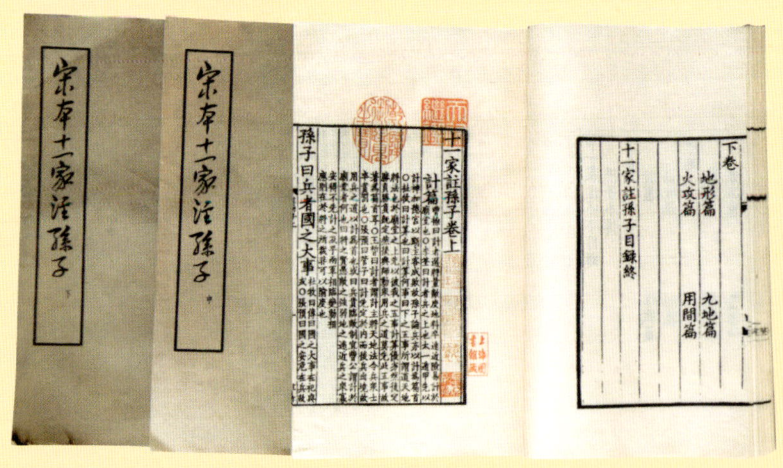

◉《宋本十一家注孙子》影印本 / 北大图书馆藏

曹操是现今可考的第一个注《孙子兵法》的人，他十分欣赏《孙子兵法》的战争智慧，在为其所做的序里，他写明了自己注释的原因——曹操自言平生读了很多兵书和战争策略，孙武的《孙子兵法》是其中最为精深的一部。这部兵书兼具精妙的思考分析与无双的计谋策略，策划明哲，谋略深远，让这样的好书埋没了实在太可惜，可叹世人未能理解《孙子兵法》里的精深奥义，注解的版本大多繁杂而不得要义，所以才想为其做注。[1]曹操自视为孙武的知己，看世传注解的《孙子兵法》中讹误诸多，因此亲自注解。据《魏书》记载，曹操行军打仗三十多年，经常手不释卷，从作战统军的策略，到解释经文的古代典籍，都有所涉猎，尤其喜欢读兵法[2]。他实战经验丰富，并且对兵法钻研得很深入，因此，曹注深得《孙子兵法》要义，后世对曹注推崇备至，他所注的文字，大多简洁，却能直击要点。曹操在“孙子十三篇”的每一篇开篇处，均有画龙点睛的训释：

《计》第一，【曹注】：

计者，选将量敌，度地料卒，远近险易，计于庙堂也。

《作战》第二，【曹注】：

欲战必先算其费，务因粮于敌。

《谋攻》第三，【曹注】：

欲攻战，必先谋。

《形》第四，【曹注】：

军之形也。我动彼应，两敌相察情也。

《势》第五，【曹注】：

用兵任势也。

《虚实》第六，【曹注】：

能虚实彼己也。

《军争》第七，【曹注】：

两军相争。

《九变》第八，【曹注】：

变其正，得其所用九也。

《行军》第九，【曹注】：

择便利而行也。

《地形》第十，【曹注】：

欲战，审地形以立胜也。

《九地》第十一，【曹注】：

欲战之地有九。

《火攻》第十二，【曹注】：

以火攻人，当择时日也。

《用间》第十三，【曹注】：

战者必用间谍，以知敌之情实也。

孟氏
生卒年
或为南朝梁人
表字别号
不详
出生地
不详
身份
不详

孟氏姓名、身世不详，《隋志》和《孙子十家注序》都说他是南朝梁人[3]。他注的兵书二卷，在《隋志》和新、旧《唐志》里有相应录述[4]，宋以后，除了通志略外，官私书目都不见有他的著录。“孟注”虽然较早，但比较简略，因此影响力不大。他的单注本很早就散佚，“孟注”后来以辑注本的形式存在于《五家注孙子》及《十一家注孙子》各版本中。

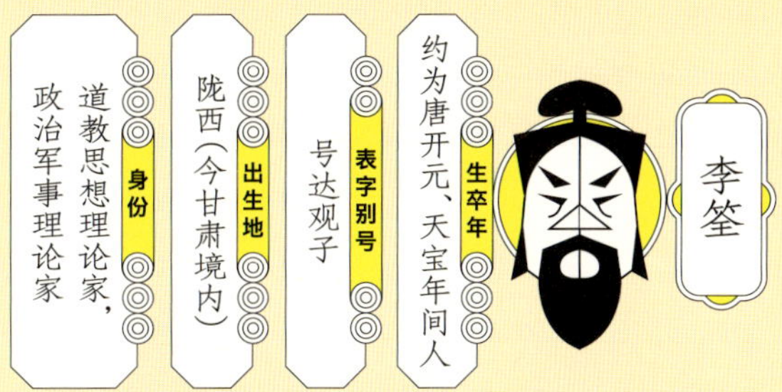

李筌曾在嵩山的少室山隐居多年，潜心研究道教。后来从一介布衣升任为荆南节度判官，最后官至刺史。他注的《孙子兵法》在唐、宋时仍有记载，至清朝亡佚。李筌是在“曹注”的基础上做注，他认为“曹注”有不少错误，于是引用历代史例重注《孙子兵法》，并且把《孙子兵法》和古代方士术数之书《太一遁甲》相联系[5]。李筌“以史注兵”的方式，在唐代属于首创。

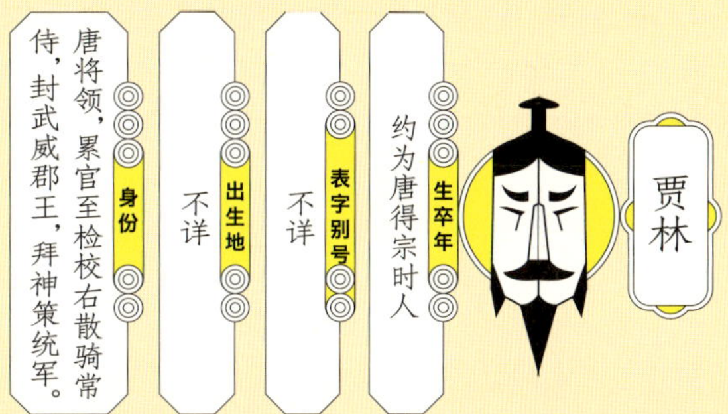

《宋志》所录的《五家注》里，包含贾林所注的《孙子兵法》。“贾注”在《新唐志》《宋志》与《通志略》中都有收录，并且这几本书都记载“贾注”仅有一卷，所以他的注释版本内容比较简略。

1《曹操集 < 孙子 > 序》：“吾观兵书战策多矣，孙武所著深矣。孙子者，齐人也，名武，为吴王阖闾作《兵法》一十三篇，试之妇人，卒以为将，西破强楚入郢，北威齐、晋。后百岁馀有孙膑，是武之后也。审计重举，明画深图，不可相诬。而但世人未之深亮训说，况文烦富，行于世者，失其旨要。故撰为略解焉。” 2《魏书》：“御军三十余年，手不舍书。书则讲武策，夜则思经传。” 3《十一家注孙子校理》中华书局 4《隋志》：“梁有孙子兵法二卷，孟氏解诂”。新、旧《唐志》中，“孟氏解孙子”和“孙子兵法孟氏注”，均作二卷。 5 晁公武《郡斋读书志》：“以魏武所见多误，约历代史，以遁甲注三卷。”

杜佑并非直接为《孙子兵法》做注，他在66岁那年写成了一部《通典》，共200卷，超过200万字，其中包括兵典16卷，共136个子目，主要讲述兵法要义。各目多以《孙子兵法》为题阐述军事，正文则用历代史例以及他人言论进行解释。书中注解了孙武的话，所以后人将他在《通典》中注释的《孙子兵法》收入《孙子十家注》中。杜佑的释文和“曹注”比较相似，间或有个人观点的论述。书中保留了《吴子问》等部分佚文，因此有一定的史料价值。

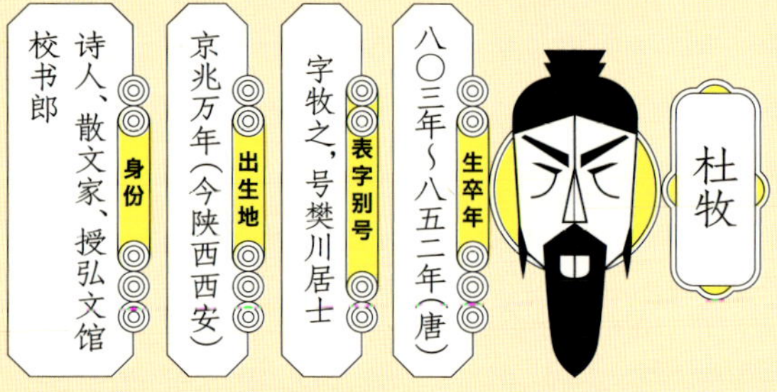

杜牧最为人知的身份是诗人，其实他的才学不止于文学。他出身世家，爷爷杜佑为当朝宰相。杜牧成长的时代为晚唐，藩镇跋扈，外族侵凌。他怀有忧国忧民的情怀，关心政治，喜欢谈论历史，尤其喜欢兵法。《唐才子传》中说杜牧有奇节，敢于谈论国家大事，针砭时弊，对于战略兵法尤其有研究[6]。晁公武的《郡斋读书志》中也提到他博古通今，喜欢论兵[7]。

杜牧注《孙子兵法》[8]，以“曹注”本为基础，同时深化了“曹注”思想。如《势篇》中的“乱生于治，怯生于勇，弱生于强”，“曹注”仅注“皆毁形匿情也”；而杜牧做了补注：“言欲伪为乱形以诱敌人，先须至治，然后能为伪乱也；欲伪为怯形以伺敌人，先须至勇，然后能为伪弱也。”

另外，大量征引史例及其他典籍，也是杜牧注本的一个特点，他进一步阐发《孙子兵法》本旨，弥补了曹注的不足之处。如《作战篇》中“杀敌者，怒也”这一句，“曹注”仅注释“威怒以致敌”五字，而杜牧注：“万人非能同心皆怒，在我激之以势使然也。田单守即墨，使燕人劓降者，掘城中人坟墓之类是也。”

杜牧是继曹操之后的第二大注家。对于《孙子兵法》的本旨有许多独到见解。但是杜牧作为文人出身，才情足够，却缺少实战经验，因此他的注也存在偏颇之处，与他同时代或稍晚的陈皞的注，弥补了牧注的这一缺憾。

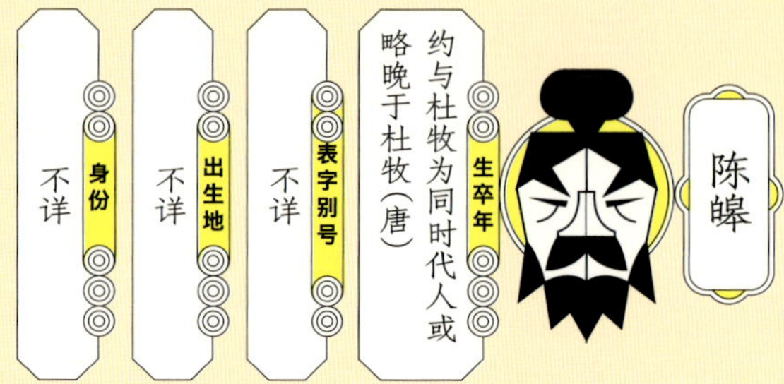

陈皞其人虽不可考，但他所注的《孙子兵法》却在历史上备受好评。曹操、杜牧、陈皞，三位注家注的《孙子兵法》，被合称为《三家注》[9]。晁公武在《郡斋读书志》中也把曹操、杜牧、陈皞三家注做了比较，他说曹操注的《孙子兵法》比较简略，并且由于太专业，有深奥难懂之处；至于没有用兵打仗经验的杜牧，其在很多地方误解了“曹注”原意，做出了“曹注”有误的判定；而陈皞在“曹注”与“牧注”的基础上，重新做注，更正了一些杜牧误断“曹注”的地方[10]，比如在他的注解里，就大量出现“杜说非也，曹说是”，算是“拨乱反正”了[11]。

陈皞注《孙子兵法》[12]，在曹操、杜牧的基础上，重新注疏《孙子兵法》，对于杜牧注本加以补正。“陈注”虽在数量和质量上均不如曹、杜，但也有不少新见[13]。如《军争篇》中“饵兵勿食”这句，李筌、杜牧都将“食”解为敌人造设的毒水、毒食、毒酒等，陈皞则有新见解，“饵兵非止谓置毒也”，即“敌若悬利，不可贪也”，对原文做出了更合理的解释。

6《唐才子传》卷六：“牧刚直有奇节，不为龊龊小谨，敢论列大事，指陈利病。尤切兵法戎机，平昔尽意。” 7《郡斋读书志》卷三《杜牧注孙子》：“世谓牧慨然最喜论兵，欲试而不得，其学能道春秋、战国时事，甚博而详，知兵者将有取焉。” 8 牧注除被收入《曹杜注》《五家注》与《十一家注》外，亦有单本流传。 9 欧阳修《孙子后序》云：“世所传孙子十三篇，多用曹公、杜牧、陈　注，号三家。” 10 晁公武《郡斋读书志》云：“陈皞以曹公注　微，杜牧注疏阔，更为之注。” 11《华杉讲透孙子兵法》华杉 12 陈皞注《孙子兵法》，在《新唐志》《宋志》和《通志略》皆有收录，均作一卷。晁公武《郡斋读书志》则收录三卷。清朝时期未见录入，基本失传。 13《< 孙子兵法 > 研究史的分期》余汝波

孫子

據中華學藝社影宋刻
武經七書本影印原書
高二〇·一寬一三·七厘米

孫子卷上

始計第一

孫子曰兵者國之大事死生之地存亡之道不可不察也故經之以五事校之以計而索其情一曰道二曰天三曰地四曰將五曰法道者令民與上同意可與之死可與之生而不畏危也天者陰陽寒暑時制也地者遠近險易廣狹死生也將者智信仁勇嚴也法者曲制官道主用也凡此五者將莫不聞知之者勝不知者不勝故校之以計而索其情曰主孰有道將孰有能天地孰得法令孰行兵衆孰彊士卒孰

練賞罰孰明吾以此知勝負矣將聽吾計用之必勝留之將不聽吾計用之必敗去之計利以聽乃爲之勢以佐其外勢者因利而制權也兵者詭道也故能而示之不能用而示之不用近而示之遠遠而示之近利而誘之亂而取之實而備之彊而避之怒而撓之卑而驕之佚而勞之親而離之攻其無備出其不意此兵家之勝不可先傳也夫未戰而廟筭勝者得筭多也未戰而廟筭不勝者得筭少也多筭勝少筭不勝而況於無筭乎吾以此觀之勝負見矣

作戰第二

孫子曰凡用兵之法馳車千駟革車千乘帶甲十萬千里饋糧內外之費賓客之用膠漆之材車甲之奉日費千金然後十萬之師舉矣其用戰也勝久則鈍兵挫銳攻城則力屈久暴師則國用不足夫鈍兵挫銳屈力殫貨則諸侯乘其弊而起雖有智者不能善其後矣故兵聞拙速未覩巧之久也夫兵久而國利者未之有也故不盡知用兵之害者則不能盡知用兵之利也善用兵者役不再籍糧不三載取用於國因糧於敵故軍食可足也國之貧於師者遠輸遠輸則百姓貧近師者貴賣貴賣則百姓財竭財竭則急

於丘役力屈中原內虛於家百姓之費十去其七公家之費破車罷馬甲冑矢弓戟楯矛櫓丘牛大車十去其六故智將務食於敵食敵一鍾當吾二十鍾萁秆一石當吾二十石故殺敵者怒也取敵之利者貨也車戰得車十乘以上賞其先得者而更其旌旗車雜而乘之卒善而養之是謂勝敵而益強故兵貴勝不貴久故知兵之將民之司命國家安危之主也

謀攻第三

孫子曰夫用兵之法全國爲上破國次之全軍爲上破軍次之全旅爲上破旅次之全卒爲上破卒次之

全伍爲上破伍次之是故百戰百勝非善之善者也不戰而屈人之兵善之善者也故上兵伐謀其次伐交其次伐兵其下攻城攻城之法爲不得已修櫓轒轀具器械三月而後成距堙又三月而後已將不勝其忿而蟻附之殺士卒三分之一而城不拔者此攻之災也故善用兵者屈人之兵而非戰也拔人之城而非攻也毀人之國而非久也必以全爭於天下故兵不頓而利可全此謀攻之法也用兵之法十則圍之五則攻之倍則分之敵則能戰之少則能逃之不若則能避之故小敵之堅大敵之擒也夫將者國之輔

也輔周則國必強輔隙則國必弱故君之所以患於軍者三不知軍之不可以進而謂之進不知軍之不可以退而謂之退是謂縻軍不知三軍之事而同三軍之政則軍士惑矣不知三軍之權而同三軍之任則軍士疑矣三軍既惑且疑則諸侯之難至矣是謂亂軍引勝故知勝有五知可以與戰不可以與戰者勝識衆寡之用者勝上下同欲者勝以虞待不虞者勝將能而君不御者勝此五者知勝之道也故曰知彼知己百戰不殆不知彼而知己一勝一負不知彼不知己每戰必敗

軍形第四

孫子曰昔之善戰者先爲不可勝以待敵之可勝不可勝在己可勝在敵故善戰者能爲不可勝不能使敵之必可勝故曰勝可知而不可爲不可勝者守也可勝者攻也守則不足攻則有餘善守者藏於九地之下善攻者動於九天之上故能自保而全勝也見勝不過衆人之所知非善之善者也戰勝而天下曰善非善之善者也故舉秋毫不爲多力見日月不爲明目聞雷霆不爲聰耳古之所謂善戰者勝於易勝者也故善戰者之勝也無智名無勇功故其戰勝不

忒不忒者其所措勝勝已敗者也故善戰者立於不敗之地而不失敵之敗也是故勝兵先勝而後求戰敗兵先戰而後求勝善用兵者修道而保法故能爲勝敗之政兵法一曰度二曰量三曰數四曰稱五曰勝地生度度生量量生數數生稱稱生勝故勝兵若以鎰稱銖敗兵若以銖稱鎰勝者之戰若决積水於千仞之谿者形也

兵勢第五

孫子曰凡治衆如治寡分數是也鬭衆如鬭寡形名是也三軍之衆可使必受敵而無敗者奇正是也兵

之所加如以碫投卵者虛實是也凡戰者以正合以奇勝故善出奇者無窮如天地不竭如江海終而復始日月是也死而更生四時是也聲不過五五聲之變不可勝聽也色不過五五色之變不可勝觀也味不過五五味之變不可勝嘗也戰勢不過奇正奇正之變不可勝窮也奇正相生如循環之無端孰能窮之哉激水之疾至於漂石者勢也鷙鳥之疾至於毀折者節也故善戰者其勢險其節短勢如彍弩節如發機紛紛紜紜鬬亂而不可亂渾渾沌沌形圓而不可敗亂生於治怯生於勇

弱生於彊治亂數也勇怯勢也彊弱形也故善動敵者形之敵必從之予之敵必取之以利動之以本待之故善戰者求之於勢不責於人故能擇人而任勢任勢者其戰人也如轉木石木石之性安則靜危則動方則止圓則行故善戰人之勢如轉石於千仞之山者勢也

孫子卷上

孫子卷中

虛實第六

孫子曰凡先處戰地而待敵者佚後處戰地而趨戰者勞故善戰者致人而不致於人能使敵人自至者利之也能使敵人不得至者害之也故敵佚能勞之飽能飢之安能動之出其所不趨趨其所不意行千里而不勞者行於無人之地也攻而必取者攻其所不守也守而必固者守其所不攻也故善攻者敵不知其所守善守者敵不知其所攻微乎微乎至於無形神乎神乎至於無聲故能爲敵之司命進而不可禦

者衝其虛也退而不可追者速而不可及也故我欲戰敵雖高壘深溝不得不與我戰者攻其所必救也我不欲戰雖畫地而守之敵不得與我戰者乖其所之也故形人而我無形則我專而敵分我專爲一敵分爲十是以十攻其一也則我衆敵寡能以衆擊寡者則吾之所與戰者約矣吾所與戰之地不可知不可知則敵所備者多敵所備者多則吾所與戰者寡矣故備前則後寡備後則前寡備左則右寡備右則左寡無所不備則無所不寡寡者備人者也衆者使人備已者也故知戰之地知戰之日則可千里而會

戰不知戰地不知戰日則左不能救右右不能救左前不能救後後不能救前而況遠者數十里近者數里乎以吾度之越人之兵雖多亦奚益於勝哉故曰勝可爲也敵雖衆可使無鬬故策之而知得失之計作之而知動靜之理形之而知死生之地角之而知有餘不足之處故形兵之極至於無形無形則深間不能窺智者不能謀因形而措勝於衆衆不能知人皆知我所以勝之形而莫知吾所以制勝之形故其戰勝不復而應形於無窮夫兵形象水水之形避高而趨下兵之形避實而擊虛水因地而制流兵因敵而

制勝故兵無常勢水無常形能因敵變化而取勝者謂之神故五行無常勝四時無恒位日有短長月有死生

軍爭第七

孫子曰凡用兵之法將受命於君合軍聚衆交和而舍莫難於軍爭軍爭之難者以迂爲直以患爲利故迂其途而誘之以利後人發先人至此知迂直之計者也軍爭爲利衆爭爲危舉軍而爭利則不及委軍而爭利則輜重捐是故卷甲而趨日夜不處倍道兼行百里而爭利則擒三將軍勁者先疲者後其法十

一而至五十里而爭利則蹶上將軍其法半至三十
里而爭利則三分之二至是故軍無輜重則亡無糧
食則亡無委積則亡故不知諸侯之謀者不能豫交
不知山林險阻沮澤之形者不能行軍不用鄉導者
不能得地利故兵以詐立以利動以分合爲變者也
故其疾如風其徐如林侵掠如火不動如山難知如
陰動如雷震掠鄉分衆廓地分利懸權而動先知迂
直之計者勝此軍爭之法也軍政曰言不相聞故爲
之金鼓視不相見故爲之旌旗夫金鼓旌旗者所以
一人之耳目也人既專一則勇者不得獨進怯者不

得獨退此用衆之法也故夜戰多金鼓晝戰多旌旗所以變人之耳目也三軍可奪氣將軍可奪心是故朝氣鋭晝氣惰暮氣歸善用兵者避其鋭氣擊其惰歸此治氣者也以治待亂以靜待譁此治心者也以近待遠以佚待勞以飽待飢此治力者也無邀正正之旗勿擊堂堂之陳此治變者也故用兵之法高陵勿向背丘勿逆佯北勿從鋭卒勿攻餌兵勿食歸師勿遏圍師必闕窮寇勿迫此用兵之法也

九變第八

孫子曰凡用兵之法將受命於君合軍聚衆圮地無

舍衢地合交絕地無留圍地則謀死地則戰途有所不由軍有所不擊城有所不攻地有所不爭君命有所不受故將通於九變之利者知用兵矣將不通九變之利雖知地形不能得地之利矣治兵不知九變之術雖知五利不能得人之用矣是故智者之慮必雜於利害雜於利而務可信也雜於害而患可解也是故屈諸侯者以害役諸侯者以業趨諸侯者以利故用兵之法無恃其不來恃吾有以待之無恃其不攻恃吾有所不可攻也故將有五危必死可殺必生可虜忿速可侮廉潔可辱愛民可煩凡此五者將

之過也用兵之災也覆軍殺將必以五危不可不察也

行軍第九

孫子曰凡處軍相敵絕山依谷視生處高戰隆無登此處山之軍也絕水必遠水客絕水而來勿迎之於水內令半濟而擊之利欲戰者無附於水而迎客視生處高無迎水流此處水上之軍也絕斥澤唯亟去無留若交軍於斥澤之中必依水草而背眾樹此處斥澤之軍也平陸處易右背高前死後生此處平陸之軍也凡此四軍之利黃帝之所以勝四帝也凡軍好高而惡下貴陽而賤陰養生處實軍無百疾是謂

必勝丘陵隄防必處其陽而右背之此兵之利地之
助也上雨水沫至欲涉者待其定也凡地有絕澗天
井天牢天羅天陷天隙必亟去之勿近也吾遠之敵
近之吾迎之敵背之軍旁有險阻潢井蒹葭林木蘙
薈者必謹覆索之此伏姦之所也近而靜者恃其險
也遠而挑戰者欲人之進也其所居易者利也衆樹
動者來也衆草多障者疑也鳥起者伏也獸駭者覆
也塵高而銳者車來也卑而廣者徒來也散而條達
者樵採也少而往來者營軍也辭卑而益備者進也
辭強而進驅者退也輕車先出居其側者陳也無約

而請和者謀也奔走而陳兵者期也半進半退者誘也杖而立者飢也汲而先飲者渴也見利而不進者勞也鳥集者虛也夜呼者恐也軍擾者將不重也旌旗動者亂也吏怒者倦也殺馬肉食者軍無糧也懸缶不返其舍者窮寇也諄諄諭諭徐與人言者失衆也數賞者窘也數罰者困也先暴而後畏其衆者不精之至也來委謝者欲休息也兵怒而相迎久而不合又不相去必謹察之兵非貴益多唯無武進足以併力料敵取人而已夫唯無慮而易敵者必擒於人卒未親附而罰之則不服不服則難用卒已親附而

罰不行則不可用故令之以文齊之以武是謂必取令素行以教其民則民服令不素行以教其民則民不服令素行者與衆相得也

孫子卷中

孫子卷下

地形第十

孫子曰地形有通者有掛者有支者有隘者有險者有遠者我可以往彼可以來曰通通形者先居高陽利糧道以戰則利可以往難以返曰掛掛形者敵無備出而勝之敵若有備出而不勝難以返不利我出而不利彼出而不利曰支支形者敵雖利我我無出也引而去之令敵半出而擊之利隘形者我先居之必盈之以待敵若敵先居之盈而勿從不盈而從之險形者我先居之必居高陽以待敵若敵先居之引

而去之勿從也遠形者勢均難以挑戰戰而不利凡此六者地之道也將之至任不可不察也故兵有走者有弛者有陷者有崩者有亂者有北者凡此六者非天地之災將之過也夫勢均以一擊十曰走卒強吏弱曰弛吏強卒弱曰陷大吏怒而不服遇敵懟而自戰將不知其能曰崩將弱不嚴教道不明吏卒無常陳兵縱橫曰亂將不能料敵以少合衆以弱擊強兵無選鋒曰北凡此六者敗之道也將之至任不可不察也夫地形者兵之助也料敵制勝計險阨遠近上將之道也知此而用戰者必勝不知此而用戰者必敗

故戰道必勝主曰無戰必戰可也戰道不勝主曰必戰無戰可也故進不求名退不避罪唯民是保而利於主國之寶也視卒如嬰兒故可與之赴深谿視卒如愛子故可與之俱死愛而不能令厚而不能使亂而不能治譬如驕子不可用也知吾卒之可以擊而不知敵之不可擊勝之半也知敵之可擊而不知吾卒之不可以擊勝之半也知敵之可擊知吾卒之可以擊而不知地形之不可以戰勝之半也故知兵者動而不迷舉而不窮故曰知彼知已勝乃不殆知天知地勝乃可全

九地第十一

孫子曰用兵之法有散地有輕地有爭地有交地有衢地有重地有圮地有圍地有死地諸侯自戰其地者爲散地入人之地而不深者爲輕地我得亦利彼得亦利者爲爭地我可以往彼可以來者爲交地諸侯之地三屬先至而得天下之衆者爲衢地入人之地深背城邑多者爲重地山林險阻沮澤凡難行之道者爲圮地所由入者隘所從歸者迂彼寡可以擊吾之衆者爲圍地疾戰則存不疾戰則亡者爲死地是故散地則無戰輕地則無止爭地則無攻交地則

無絶衢地則合交重地則掠圮地則行圍地則謀死地則戰古之善用兵者能使敵人前後不相及衆寡不相恃貴賤不相救上下不相收卒離而不集兵合而不齊合於利而動不合於利而止敢問敵衆整而將來待之若何曰先奪其所愛則聽矣兵之情主速乘人之不及由不虞之道攻其所不戒也凡爲客之道深入則專主人不克掠於饒野三軍足食謹養而勿勞并氣積力運兵計謀爲不可測投之無所往死且不北死焉不得士人盡力兵士甚陷則不懼無所往則固入深則拘不得已則鬬是故其兵不修而戒

不求而得不約而親不令而信禁祥去疑至死無所之吾士無餘財非惡貨也無餘命非惡壽也令發之日士卒坐者涕霑襟偃臥者涕交頤投之無所往諸歲之勇也故善用兵者譬如率然率然者常山之蛇也擊其首則尾至擊其尾則首至擊其中則首尾俱至敢問可使如率然乎曰可夫吳人與越人相惡也當其同舟濟而遇風其相救也如左右手是故方馬埋輪未足恃也齊勇若一政之道也剛柔皆得地之理也故善用兵者攜手若使一人不得已也將軍之事靜以幽正以治能愚士卒之耳目使之無知易其

事革其謀使人無識易其居迂其途使人不得慮帥與之期如登高而去其梯帥與之深入諸侯之地而發其機若驅羣羊驅而往驅而來莫知所之聚三軍之衆投之於險此將軍之事也九地之變屈伸之利人情之理不可不察也凡爲客之道深則專淺則散去國越境而師者絶地也四通者衢地也入深者重地也入淺者輕地也背固前隘者圍地也無所往者死地也是故散地吾將一其志輕地吾將使之屬爭地吾將趨其後交地吾將謹其守衢地吾將固其結重地吾將繼其食圮地吾將進其途圍地吾將塞其闕

死地吾將示之以不活故兵之情圍則禦不得已則鬬過則從是故不知諸侯之謀者不能豫交不知山林險阻沮澤之形者不能行軍不用鄉導者不能得地利四五者一不知非霸王之兵也夫霸王之兵伐大國則其衆不得聚威加於敵則其交不得合是故不爭天下之交不養天下之權信己之私威加於敵故其城可拔其國可隳施無法之賞懸無政之令犯三軍之衆若使一人犯之以事勿告以言犯之以利勿告以害投之亡地然後存陷之死地然後生夫衆陷於害然後能爲勝敗故爲兵之事在順詳敵之意并

敵一向千里殺將是謂巧能成事是故政舉之日夷關折符無通其使厲於廊廟之上以誅其事敵人開闔必亟入之先其所愛微與之期踐墨隨敵以決戰事是故始如處女敵人開戶後如脫兔敵不及拒

火攻第十二

孫子曰凡火攻有五一曰火人二曰火積三曰火輜四曰火庫五曰火隊行火必有因煙火必素具發火有時起火有日時者天之燥也日者月在箕壁翼軫也凡此四宿者風起之日也凡火攻必因五火之變而應之火發於內則早應之於外火發而其兵靜者

待而勿攻極其火力可從則從之不可從則止火可發於外無待於內以時發之火發上風無攻下風晝風久夜風止凡軍必知五火之變以數守之故以火佐攻者明以水佐攻者強水可以絕不可以奪夫戰勝攻取而不修其功者凶命曰費留故曰明主慮之良將修之非利不動非得不用非危不戰主不可以怒而興師將不可以慍而致戰合於利而動不合於利而止怒可以復喜慍可以復說亡國不可以復存死者不可以復生故明主慎之良將警之此安國全軍之道也

用間第十三

孫子曰凡興師十萬出征千里百姓之費公家之奉日費千金內外騷動怠於道路不得操事者七十萬家相守數年以爭一日之勝而愛爵祿百金不知敵之情者不仁之至也非人之將也非主之佐也非勝之主也故明君賢將所以動而勝人成功出於衆者先知也先知者不可取於鬼神不可象於事不可驗於度必取於人知敵之情者也故用間有五有因間有內間有反間有死間有生間五間俱起莫知其道是謂神紀人君之寶也因間者因其鄉人而用之內

間者因其官人而用之反間者因其敵間而用之死間者爲誑事於外令吾間知之而傳於敵間也生間者反報也故三軍之事莫親於間賞莫厚於間事莫密於間非聖智不能用間非仁義不能使間非微妙不能得間之實微哉微哉無所不用間也間事未發而先聞者間與所告者皆死凡軍之所欲擊城之所欲攻人之所欲殺必先知其守將左右謁者門者舍人之姓名令吾間必索知之必索敵間之來間我者因而利之導而舍之故反間可得而用也因是而知之故鄉間內間可得而使也因是而知之故死間

爲誑事主必曰敵因是而知之故生間可使如期五間之事主必知之知之必在於反間故反間不可不厚也昔殷之興也伊摯在夏周之興也呂牙在殷故明君賢將能以上智爲間者必成大功此兵之要三軍所恃而動也

孫子卷下

孫子兵法

据一九三五年中華學藝社『影宋刻《武經七書》』本影印，高二〇・一厘米，寬一三・七厘米

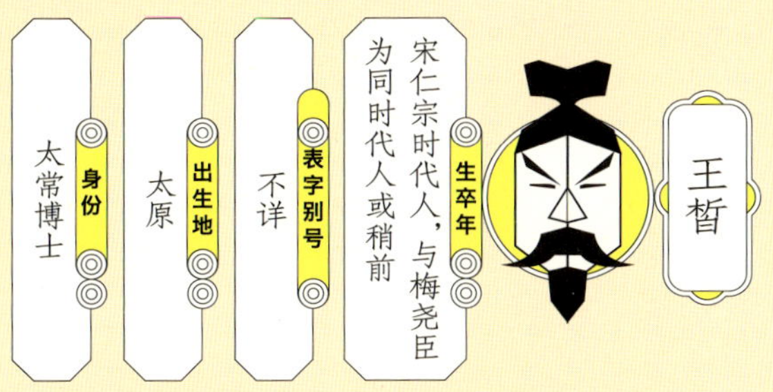

王皙注的《孙子兵法》，古有录之，但到了清代便不再能见到单行本，应该是散佚了，他的注现存于《十家注》系统各本中。

“王注”多抄录或引用前人的注文，他的注与曹操相同的有十处，引用了“曹注”二十处；其注有些精辟、富有哲理的地方，比如注《虚实篇》“能因敌变化而取胜者谓之神”这句时说：“兵有常理，而无常势；水有常性，而无常形；兵有常理者，击虚是也；无常势者，因敌以应之也。”

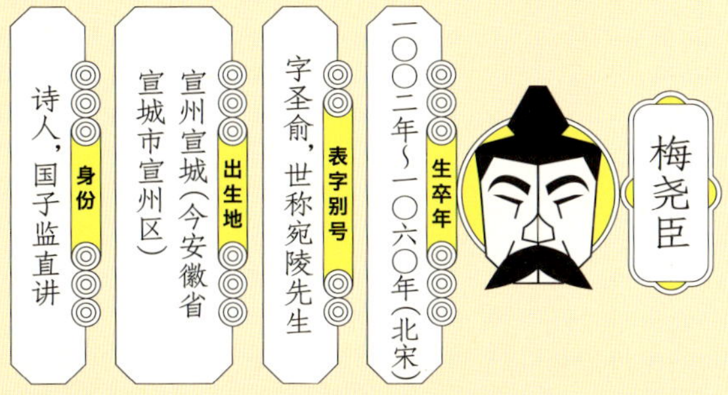

梅尧臣的注，较为注重探究《孙子兵法》的本义，常常细心地做些勘正补遗的工作，他的注文多引用前人的注[14]。梅尧臣所处的时代，宋室积贫积弱，内忧外患，但他心系社稷，担忧国运[15]，再加上多年在地方任职的经历，让他亲身体察到民间疾苦，因此尤惜民力。这一观点在他所注的《孙子兵法》中也有明显表现，如在《孙子兵法·计篇》中，梅尧臣注：“兵必参天道，顺气候，以时制之，所谓制也。司马法曰冬夏不兴师，所以兼爱民也。”

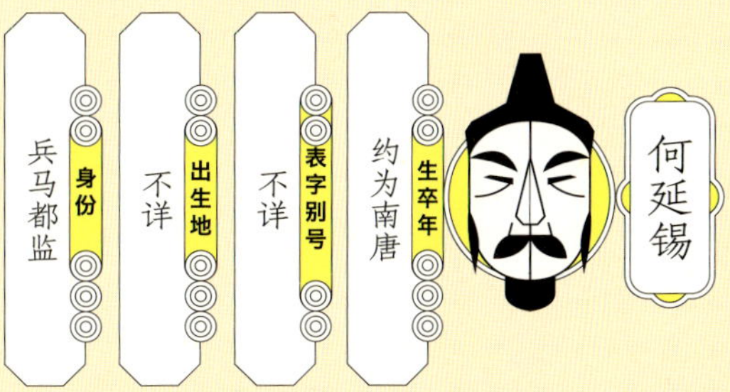

何延锡其人，历史上有几种说法，《宋志》里没有相关记录，《资治通鉴》里有赵匡胤征伐淮南，大败唐兵，将南唐都监何延锡斩杀的记载[16]。他注的《孙子兵法》在明清以后均未见，所以也是散佚了单行本。何氏的注文引用同孟氏、杜佑、杜牧、贾林、梅尧臣注文的地方有十六处之多。《通典·兵典》及《孙子兵法·九地篇》之《何氏注》中，保存了部分《孙子兵法》佚文，“吴王问孙子曰”便为其一。

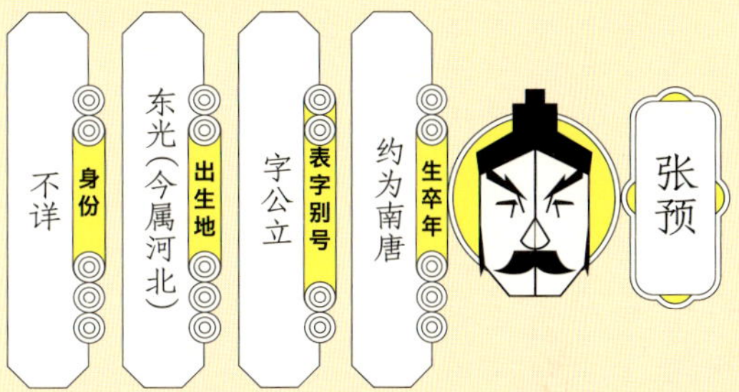

张预是十一位注家中的最后一家，他的注多引用历史上的战例，语言简明扼要，注疏通达。张预注释的《孙子兵法》，《宋志》失载，晁公武的《郡斋读书志》中也不见有录，唯有《通志略》录之，单行本亡佚，现作为辑注存于《十家注》系统各本中。张预对孙武推崇备至，在熟读《孙子兵法》后，张预察觉到历代兵者的成败，都与《孙子兵法》所言的战争智慧运用是否得当相契合，于是从五代以前的史书中，选择一百名将帅的传记编了一本《百将传》，每篇末尾都用孙武说的话作为提纲挈领的判句。有论者认为，《张预注孙子》引用的史例大多贴切精准，博而切要，文笔也好，才华气势仅在杜牧之下。图

14 梅尧臣所注《孙子》同曹操、孟氏、杜牧、陈的累注文凡三十处，仅一处非曹。 15 尧臣有诗云：“惟余兵家说，自昔罕所论，因暇聊发箧，故读尚可温，将为文武备，岂必握武贲，终资仁义师，焉愧道德藩。” 16《资治通鉴·后梁纪·周世宗征伐淮南》：“唐兵万余人维舟于淮，营于涂山之下。庚申，帝命太祖皇帝击之，太祖皇帝遣百余骑薄其营而伪遁，伏兵邀之，大败唐兵于涡口，斩其都监何延锡等，夺战舰五十余艘。”

⑱

历朝兵法之精粹——《武经七书》

The Essence of Chinese Art of War: The Seven Military Classics of Ancient China

****

文 李宛霖 编 朱鸣 text: Li Wanlin edit: Zhu Ming

春秋战国时期，中国古代兵学思想发展到第一个高峰期，此时，百家争鸣，兵家与其他各家不分高低。但是，到了秦汉以后，兵学的发展就从开放的状态转入封闭。秦始皇为了巩固政权，不仅焚书坑儒，还开始收缴民间兵器，此举阻碍了兵家的发展。到了汉朝，汉武帝“独尊儒术”，儒家思想成为主流，兵家则只能为朝廷专断。实际上，封建王朝的统治者“既重视兵书，又害怕兵书”，因此，兵书的流传需要严格控制。到了宋代，社会思想逐渐开放，宋仁宗命人修订《武经总要》[1]，宋神宗开设“武学”、编《武经七书》，成为兵学思想发展的第二次高峰。

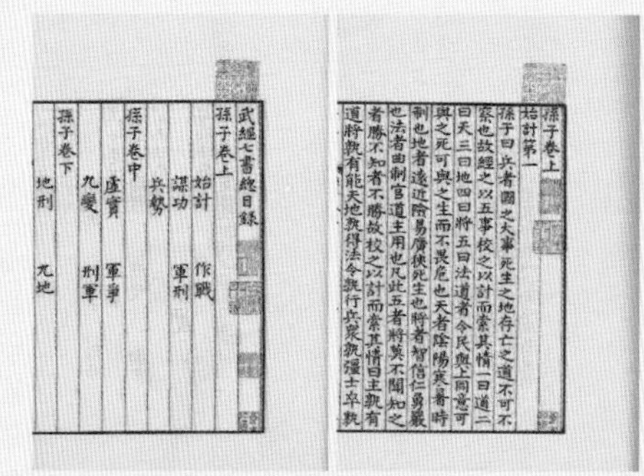

◉《武经七书》目录及《孙子》卷书影

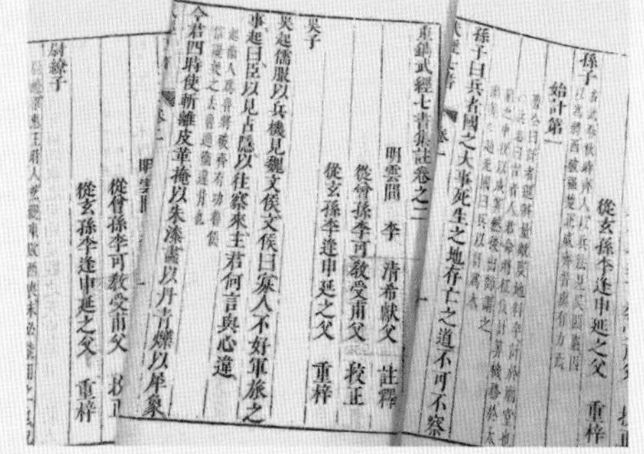

◉《重镌武经七书集注》/ 明天启四年刻本 / 北大图书馆藏

《武经七书》编纂于北宋神宗时期。有了宋仁宗时期《武经总要》的基础，武学逐渐在“重文抑武”的宋朝兴起。宋神宗熙宁二年（1069年），王安石变法以“富国强兵”为旨，提出教育要“求专门，兼文武”。熙宁五年（1072年），宋神宗开设武学，此后勘定《武经七书》，作为“武学”中的“军事教科书”。（《武经七书》以下简称《七书》）

从先秦到北宋，流传下来的兵书共有475部，因此在《七书》的编纂过程中，如何选择具有代表性的兵书十分关键。“七书”指《孙子兵法》《吴子兵法》《司马法》《尉缭子》《六韬》《三略》《李卫公问对》。其中，《三略》和《李卫公问对》成书于汉唐时期，其余五篇均出自先秦时期。（以下《孙子兵法》简称《孙子》，《吴子兵法》简称《吴子》，《李卫公问对》简称《问对》。）

《孙子》，作为中国古代军事理论的经典代表，是《七书》中的经典与核心。苏轼在《孙武论》中对《孙子兵法》大加赞赏，认为“古之善言兵者无出于孙子矣”。明代茅元仪在《武备志·孙子兵诀评》中曾评论：“先秦之言兵者六家，前孙子者，孙子不遗；后孙子者，不能遗孙子，谓五家为《孙子》注释可也。”茅元仪认为，《孙子》完整地总结了在他之前的兵家之言，而后世则无法超越《孙子》，可见其地位之高。

《吴子》，全书约5000字，是吴起军事思想的主要载体，由其后人编纂而成。吴起，战国初期军事家、政治家、改革家，兵家代表人物之一。他是一名文武全才，在军事上有卓越的统帅能力，爱兵如子；在政治上通过“吴

1 北宋前期，为了边防需要，宋仁宗大力提倡文武官员研究历代军事，并任命曾公亮、丁度编纂《武经总要》。历经五年时间，《武经总要》是中国第一部官修综合性兵书，分为前、后集，每集20卷，讨论宋代以前的军事理论及军事技术。宋仁宗亲自核定后，为此书写了序言。

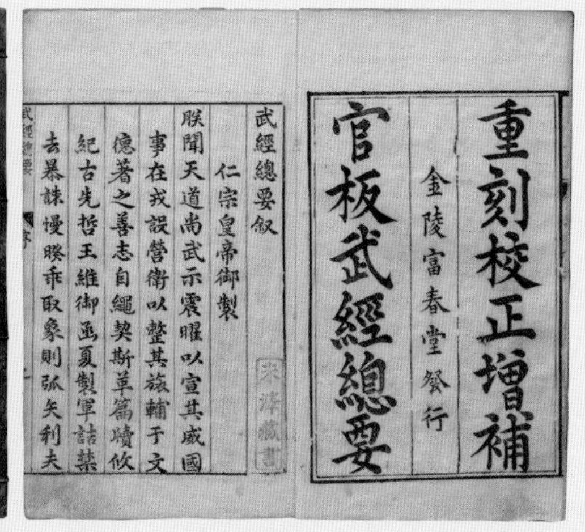

◉ 明万历27年刊影印本《武经总要》封面及序。此为宋仁宗时期修订的兵书，故留有仁宗所述序。

起变法”使楚国富国强兵。明代李贽曾评：“吴起用之魏则魏强，用之楚而楚伯。”郭沫若曾言：“吴起在中国历史上是永不会磨灭的人物，秦以前作为兵学家是与孙武并称，作为政治家与商鞅并称的。”

早在先秦时期，《孙子》与《吴子》齐名，并称“孙吴兵法”，是当时重要的军事著作之一。《吴子》主张“内修文德，外治武备”，两者必须并重，不可偏废，即以“道、义、仁、礼”治理军队和百姓，注重教化的重要性，而对外战争则要十分慎重，并将战争按起因分为“义兵、强兵、暴兵、逆兵”等不同性质，他反对穷兵黩武。在唐朝，《吴子》被魏徵收入《群书治要》，成为治国安邦的重要参考书目。

《司马法》，为春秋时期司马穰苴所著，据《汉书·艺文志》记载，全书有一百五十五篇，由于年代久远，现仅存五篇。司马穰苴，本姓田，春秋后期齐国人。受到齐国晏婴的赏识，成为齐景公的将军，掌管军事。司马迁在《史记·司马穰苴列传》中记述了司马穰苴的功业，称：“自古王者而有《司马法》，穰苴能申明之。”《司马法》主张“以仁为本”的战争观，“以义治之”的军队治理观念，说明君主治理天下，需以仁爱为宗旨，运用正义的手段来处理事务。在战略战术上，《司马法》强调“五虑”，即为赢得战争需做好完全的准备，包括天时地利人和及钱财等。另外，还有“轻重结合”的作战原则，“赏罚分明”的执法原则等。《司马法》是一部反映了春秋中叶以前的兵学思想、综合古今的兵书，司马迁在《史记》中云：“闳廓深远，虽三代征伐，未能竟其义，如其文也。”宋代郑友贤在《孙子遗说》中指出：“《司马法》以仁为本，孙武以诈立；《司马法》以义治之，孙武以利动。”

《尉缭子》，作者、成书年代及篇目，历来颇有争议。关于尉缭子其人，有两种不同的记载，一说尉缭为魏惠王（梁惠王）时代的人[2]，二说根据《史记》记载，尉缭应为秦王嬴政时期人[3]。两种说法各有自身的依据，因此在获得新的证据之前，都不能轻易否定。关于《尉缭子》其书，在《汉书·艺文志》中收录了《尉缭》二十九篇、唐代《群书治要》节录了《尉缭子》四篇、银雀山出土竹简书六篇，可基本断定《尉缭子》不是伪书，应成书于战国时期。现存《七书》中的《尉缭子》有二十四篇，继承和发展了《孙子》《吴子》的军事思想，着重论述战争和政治、经济的关系，并在很大程度上受到法家思想的渗透和影响，具有鲜明的战国时期特征。

《六韬》，又称《太公六韬》《太公兵法》，相传为姜太公所著。对于《六韬》的成书时间，也有多位学者进行过争论。但是，根据山东临沂和河北定县两处汉墓分别出土的《六韬》和《太公》残简来看，其中部分内容与现今传世本相同，因此，基本可断定《六韬》成书于战国后期。《六韬》全书六卷，共六十篇，每卷都有名称，分别为“文韬”“武韬”“龙韬”“虎韬”“豹韬”“犬韬”。《六韬》将战国后期的思想融会贯通，其所论述的范围包括政治、经济与军事的关系，以及战略、治军、后勤等各方面，是一部完备的兵学理论体系。另外，《六韬》兼采百家之长，既有道家的清静无为，儒家的民本思想，也有法家、墨家学说的特性。司马迁在《史记·齐太公世家》中曾评价：“后世之言兵及周之阴权，皆宗太公为本谋。”

《三略》，又称《黄石公三略》或《黄石公记》，相传作者为汉代道家隐士黄石公，全书分为“上、中、下”三略。在《后汉书》中，出现最早引用《黄石公记》的内容，直到东汉末期，传世文献中才直接说到《三略》书名，如陈琳的《武军赋》：“飞云梯、冲神钩之具，不在《孙》《吴》之篇、《三略》《六韬》之术者，凡数十事，秘莫得闻也。”《三略》以“治天下”为宗旨，偏重阐述政治战略，君臣将帅之间的关系，是从政治学的角度阐述军事思想的著作。在学术思想方面，《三略》深受儒家、道家思想影响，对

2《尉缭子》开篇说：“梁惠王问尉缭子曰……”并且在其他篇中有“听臣言”、“臣闻”等说法，因此认为尉缭是魏国（后迁都大梁，而称为梁国）魏惠王（梁惠王）时期的人。 3《史记·秦始皇本纪》中记载，秦王嬴政十年，大梁人尉缭来到咸阳进行游说，并被任命为秦国的国尉。

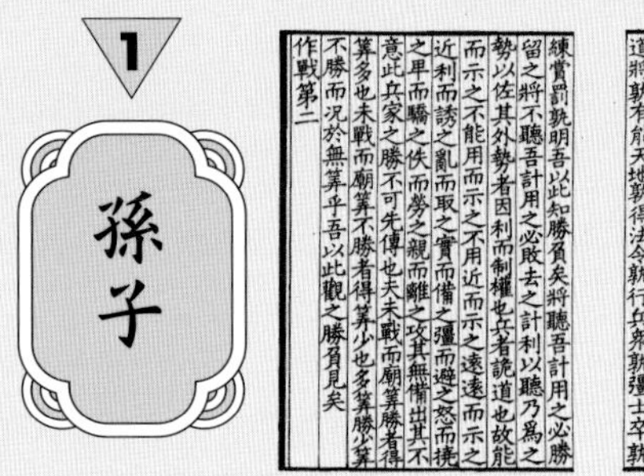

◉《孙子》主张"慎战"，即全面认识战争，不打没必要的仗，"合于利则动，不合于利则止"。

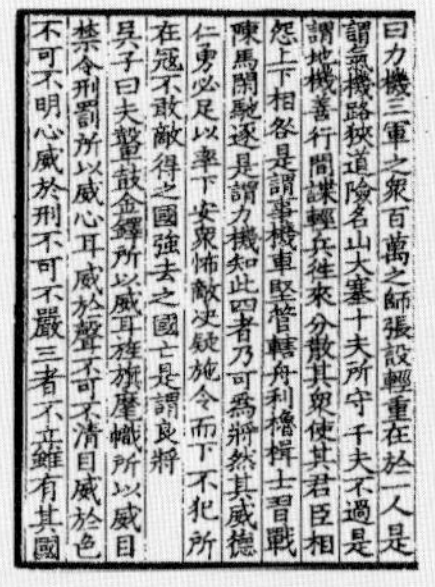

◉《吴子》主张"内修文德，外治武备"，以"道、义、礼仁"治军，对战争采取慎重的态度。

待战争采取"慎战""恬淡"的态度，例如"上略"中有云："天地神明，与物推移，变动无常，因敌转化，不为事先，动而辄随"，即采用了道家的思想。

《李卫公问对》，又称《唐太宗李卫公问对》，全书分上、中、下三部分，记录了唐太宗与李靖关于战例的问答。李靖，字药师，出身于官僚世家，贞观三年（629年），唐太宗任命其为行军总管，后因战功，晋封为卫国公。唐代王珪曾对唐太宗说："兼资文武，出将入相，臣不如靖。"唐太宗也称赞李靖："器识恢宏，风度冲邈，早申期遇，速投忠款，宣力运始，效绩边隅，南定荆扬，北清沙塞，皇威远畅，功业有成。"《问对》是一部结合战例阐述兵学哲理的著作，继承和发展了《左传》中以实战探讨战略战术的原则，将哲学理论与实际相结合。全书围绕着历代兵家言论，包括"奇正""虚实""形势"等问题，集中讨论战争主动权问题，同时对各种阵法、历代兵制等问题提出独到见解。例如，关于"奇正"的关系，《问对》中认为："善用兵者，无不正，无不奇，使敌莫测。故正亦胜，奇亦胜，三军之士，止知其胜，莫知其所以胜。"

中国兵学，指探讨战争、战争指导及军队建设的原则和方法的学问[4]。"兵学"一词，最早见于北宋时期，明代茅元仪编《白华楼书目》时，在图书分类中把"兵书"改称为"兵学"，此后兵学的概念沿用至今。中国兵学，具有丰富的内涵，主要包括"兵法""兵略""兵制""兵器""兵家"[5]五个方面，涉及天文、地理及各家思想等多方面内容。

因此，中国兵学按照思想流派，大致可分为四大分支，即以军事理论为主体，但又将兵家、儒家、道家、墨家思想加入其中，作为其特色。首先，是传统的兵家思想，以孙武为代表，孙膑、吴子、尉缭子等为补充，形成兵家思想的基础。传统兵家思想是中国兵学发展的根基。

第二，是儒家思想，以孔子、孟子为代表，追求"好

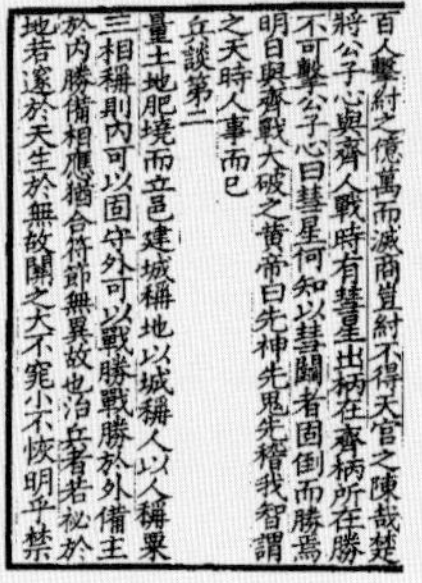

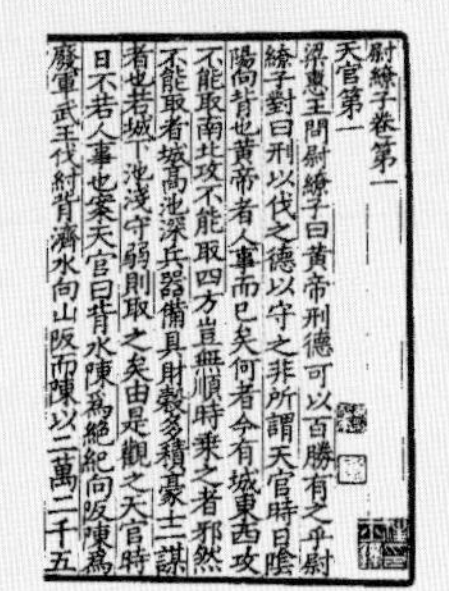

◉《尉缭子》在继承和发展孙、吴兵法的基础上，也融入了法家思想。

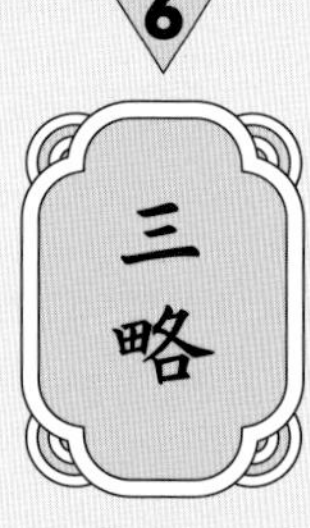

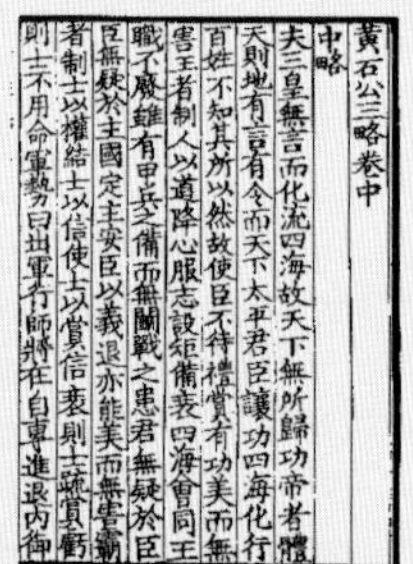

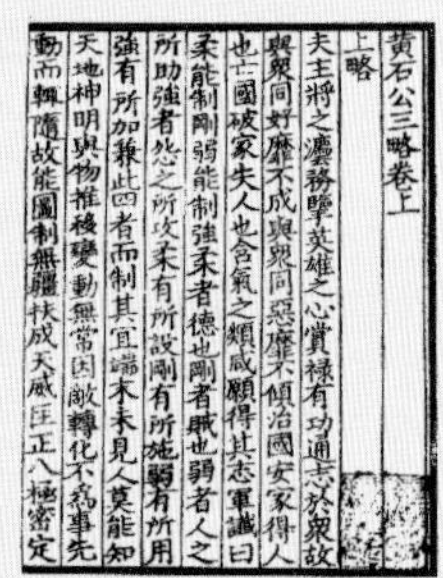

◉《三略》全书侧重阐述政治战略，兼论军事思想，其深受道家影响。

谋、民信、教民"及"仁"的思想。好谋，指善于通过计谋而获得成功。粮食、军队和民信是进行战争的先决条件，而孔子认为"民信"才是至关重要的。教民，即让百姓训练有素，以达到提高战斗力的目的，"让未经训练的兵民去作战，等于抛弃他们"。除此之外，儒家"仁"的思想在兵书《司马法》中也有所体现。

第三，是道家思想讲究回避矛盾，独辟蹊径，后发制人，以达到克敌制胜的目的。老子的"不敢为天下先""以柔克刚"的战略思想在《三略》中得到进一步的发展。第四，是墨家思想，墨子以"兼爱非攻"为核心，是注重"守备"的军事理论。墨子的军事思想，在《武经七书》的各篇目中均有不同程度的反映。

4 赵国华，《中国兵学史》，福建人民出版社，2004年。

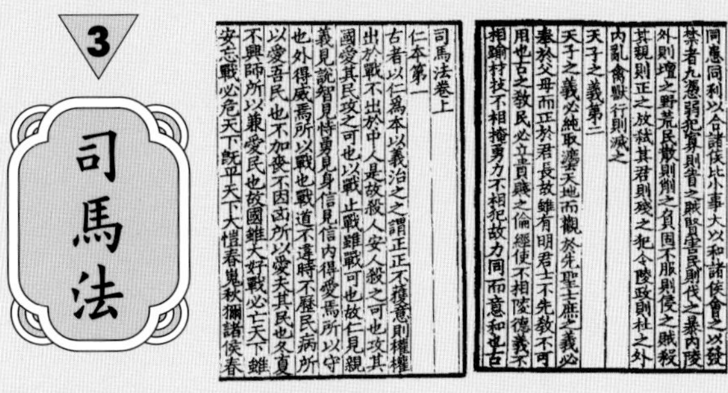

◉《司马法》的战争观，主张“以仁为本”。

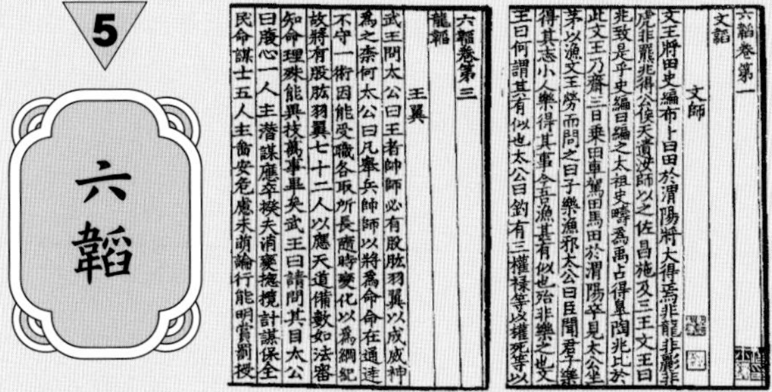

◉《六韬》六卷，兼采诸子百家思想，将儒、道、法、墨思想融会贯通。

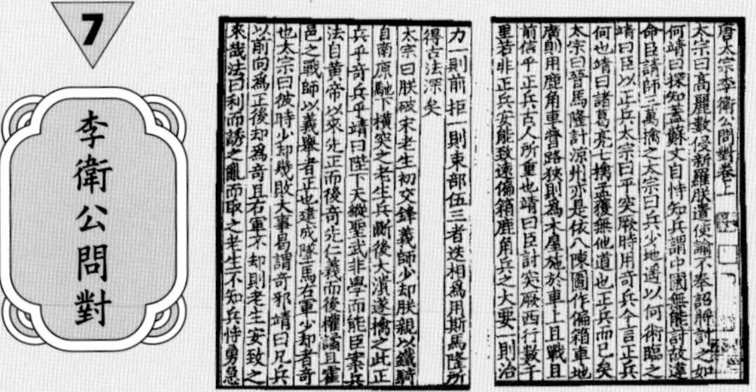

◉《李卫公问对》继承和发展了《左传》以实战探讨战略战术的原则。

因此，编纂于北宋时期的《七书》其实是根据中国兵学的四大分支，将七部兵书按照其思想特点进行汇总，组成中国兵学的第一部“教科书”。《孙子》、《吴子》是兵学思想的核心，从战略和战术多角度突出兵家思想；《尉缭子》是“孙吴”的继承与发展，从战争的本质出发，看待治国与战争的关系；《司马法》以“仁”为本，与儒家思想一脉相承；《六韬》兼采儒家孔子的“民本”思想，以及道家的“清静无为”；《三略》则着重发展了道家“以柔克刚”的理念，提出“刚柔并济”的战略；《问对》则是将哲理与实战结合，在四大分支思想均有所体现。

《七书》各篇虽有不同的特点，但从他们共同的观点中，可以总结出中国古代兵学的主要思想，例如“慎战”、重视谋略等，在七部兵书中都有所体现。因此，《七书》的基本思想可总结为以下四点：

第一，慎战、善战的思想。在论述战争的地位、作用，及对战争的态度时，皆表现出谨慎、善战的观点。如《孙子》：“兵者，国之大事也。”将战争看作国家大事，而不是简单“凶器”；《司马法》：“国虽大，好战必亡；天下虽安，忘战必危。”提出“慎战”的主张；《吴子》“禁暴救乱曰义”与《尉缭子》“故兵者，所以诛暴乱，禁不义也”，强调不杀无罪之人，战争要讲究“义”。

第二，重视计谋策略。《七书》各篇用“计”“谋”“庙算”“权”“韬”“略”等来表述战争的谋策与战略。如《尉缭子》“兵胜于朝廷”，强调战争是先计而后战，谋定而后动；《六韬》“上战无与战”与《孙子》“不战而屈人之兵”，则诠释“全胜”思想，以谋略威慑迫使敌人屈服，以最小的代价获得最大的成功。

第三，主动、灵活应变的用兵战术。如《孙子》“故善战者，致人而不致于人”与《尉缭子》“善用兵者，能夺人而不夺于人”中，强调作战中要主动、灵活使用“奇正”“虚实”的战术，以获得胜利。

第四，对将领、军法地位的重视。《七书》中多有论述将领的地位、作用和职责的篇章，如《孙子》：“故知兵之将，民之司命，国家安危之主也”、《吴子·论将篇》：“夫总文武者，军之将也”、《尉缭子·将理篇》“凡将，理官也，万物之主也，不私于一人”和《六韬·论将篇》：“故兵者，国之大事，存亡之道，命在于将”。另外，古代兵书也十分强调军队中的律令，如《司马法》中的《定爵篇》和《严位篇》，《尉缭子》中的《重刑令篇》和《伍制令篇》等，都强调军法必须严格遵守，才能保证军队的严明、战争的胜利。

简而言之，《七书》作为一部“军事教科书”，其编纂要达到四个基本目的：第一，在大批的兵书中，选出能够系统、完整地反映中国兵学发展全貌的作品。第二，入选的兵书各自有鲜明的特点，并能相互补充。第三，入选兵书在思想、学术、文学等方面具有典范意义。第四，入选兵书的篇幅长短、表述方式要符合武学的教学需要，便于学习及掌握。从以上基本目的来看，《七书》的选择是十分正确的。

5 兵法，即传统军事理论，包括对战争的认识和理解、战争的指导原则和方法，是中国兵学的核心内容。兵略，指用于指导战争的谋略，是战争的基本方针，突出实践性。兵制，是关于军事活动的各种制度，包括军队组织、管理，后勤等。兵器，即用于杀伤敌人的武器设备。兵家，是对传统军事家的通称，包括从事军事活动的将领，及进行兵学研究的兵学家。

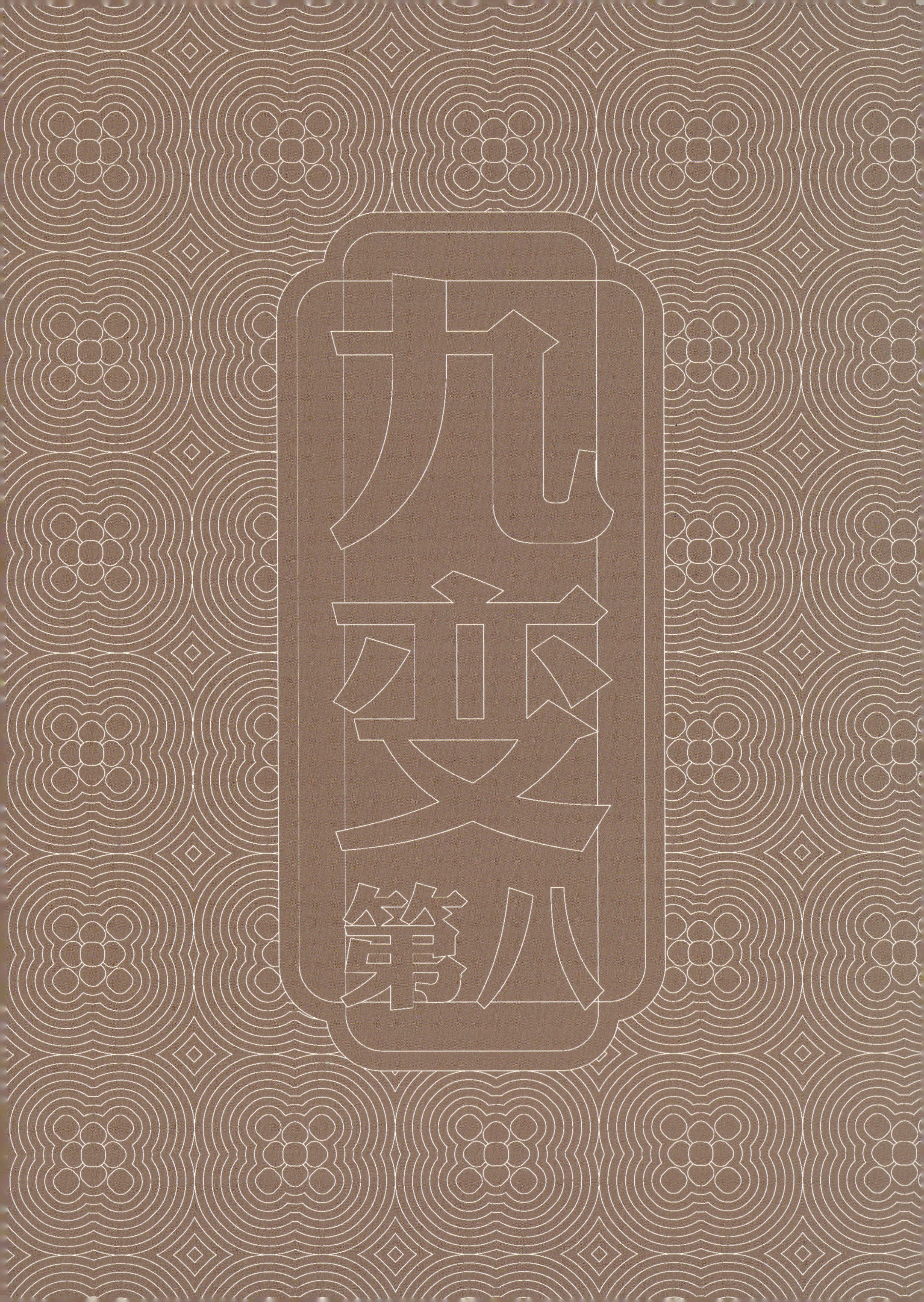
九变
第八

行军
第九

⑲

货与帝王家

先秦诸子的政治性学术资源共享

A Political Aspect in the Contention of Hundred Schools of Thought

文 芦萉子 编 朱鸣 text: Lu Fuzi edit: Zhu Ming

先秦至汉初的典籍，是分合无定的，以章为单位或以句为单位的“漂移”、重编或转引是常见的情况。先秦的思想流派，也并非有着截然分明的界限，他们互相针对，互相影响，互相学习，最终也会到达殊途同归的终点。1972年山东临沂银雀山出土包括《孙子兵法》在内的大批典籍，随之而来的不仅仅是新发现带来的震撼，同样还有人们对早期典籍分合与先秦思想流派关系的讨论。

在简帛文献纷至沓来的今天，我们已经可以约略地看到，在早期典籍之间，存在着许多各种思想流派共同拥有的“思想资源”。这些知识作为文本，在典籍中相互传抄，互相影响。但是，我们很难从中寻觅出传抄路径，也不能像后世刻本一样，确切判断出底本出自哪里。它们构成了先秦古书形成、发展与流传的文化背景，也以各异的形式在不同类型的典籍中发挥着自己的效用。

举个简单的例子，银雀山汉简《守法守令等十三篇》之《王兵》篇，由整理者据零简缀合而成，其中的内容多与《管子》之《参患》《七法》《兵法》《地图》等诸篇论兵文字相合；而与此同时，《管子·参患》中又有不见于《王兵》而被《汉书·晁错传》引为“兵法”的内容。整理者认为，《王兵》是一篇完整的文献，而《管子》诸篇是由《王兵》割裂增益而成。但在今天，这个结论尚有讨论的余地，《管子》诸篇不一定来自单个固定的底本，《王兵》也不能排除另有材料来源。

《管子》中还有其他例子，如《白心》篇题，或与《庄子·天下》所记宋钘、尹文“以此白心”有关，篇中“无己”“空然勿两之”又与《庄子·天下》所记彭蒙、田骈、慎到“趣物而不两”“弃知去己”相合。篇中称“不卜不筮，而谨知吉凶”，合于《老子》及《庄子·庚桑楚》“能无卜筮而知吉凶乎”；“功成者隳，名成者亏，孰能弃名与功，而还与众人同”合于《庄子·知北游》“自伐者无功，功成者堕，名成者亏”；“为善乎，毋提提；为不善乎，将陷于刑”合于《庄子·养生主》“为善无近名，为恶无近刑”。

《庄子》也是一派相似的情形，如《天道》篇中掺杂了“夫尊卑先后，天地之行也，故圣人取象焉”与“宗庙尚亲，朝廷尚尊，乡党尚齿，行事尚贤，大道之序也”一类儒家思想；“故书曰：有形有名”在我们今天看来，又是属于法家的“刑名法术”。被称作“黄帝四经”的马王堆汉墓出土《老子》乙本卷前古佚书，则更是与《鹖冠子》《管子》《韩非子》《国语·越语》《春秋繁露》《文子》《淮南子》《说苑》《慎子》的内容均有重合。诸子百家是不断

◉ 来源：三才图会

关注思想潮流、不断修正自己的，他们汲取营养的来源是共同的学术背景的思考方式。

诸子百家最爱称道的思想资源，往往关涉他们立说的核心。他们关心宇宙的生成与万物的纷杂，他们讨论天道的本源与人心的教化，在这些层面上，诸子发展出了各自的理论与概念系统，也从神话、古史与先贤的事迹中寻求理解与支持。然而无论诸子的理论内核如何各异，他们的应用目标都会落入具体的政治实践之中。在这一点上，诸子百家是殊途同归的。《汉书·艺文志》诸子略类序称：

“诸子十家，其可观者九家而已。皆起于王道既微，诸侯力政，时君世主，好恶殊方，是以九家之术蜂出并作，各引一端，崇其所善，以此驰说，取合诸侯。其言虽殊，辟犹水火，相灭亦相生也。仁之与义，敬之与和，相反而皆相成也。”《易》曰：“天下同归而殊涂，一致而百虑。”今异家者各推所长，穷知究虑，以明其指，虽有蔽短，合其要归，亦六经之支与流裔……”

《汉书·艺文志》以诸子为“六经之支与流裔”，今天看来属于“独尊儒术”后形成的认识偏差；但称诸子学术“相灭亦相生也”“相反而皆相成也”，认为他们起于“王道既微，诸侯力政，时君世主，好恶殊方”“以此驰说，取合诸侯”，对诸子学说的时代特征把握非常准确。诸子学以治国强兵为政治目的，连放旷的庄子也概莫能外——一般公认为庄子所著的《庄子》内篇中，《大宗师》和《应帝王》分别讨论到“圣人之用兵”与“明王之治”的话题。这些话题服务于政治，它们引据的材料也有许多来自官学。关于这一点，我们可以从《国语·楚语上》中申叔时的一段著名言辞来窥见当时的官府贵族教育：

“教之春秋而为之耸善而抑恶焉，以戒劝其心；教之世而为之昭明德而废幽昏焉，以休惧其动；教之诗而为之导广显德，以耀明其志；教之礼，使知上下之则；教之乐，以疏其秽而镇其浮；教之令，使访物官；教之语，使明其德而知先王之务用明德于民也；教之故志，使知

◉ 来源：三才图会

废兴者而戒惧焉；教之训典，使知族类行比义焉。”

从上文中，我们可以看到，当时旧有的文化资源涵盖了如下几方面：其一是上文已经提及的历史资源，这其中包括了历史记述与历史故事，如“春秋”和“语”，马王堆帛书中有一篇《春秋事语》，或许便属于此类；也包括历史档案，如“故志”与“训典”；还有历史世系，如“世”，这其中蕴含了古史故事与制度创作的内容，《世本》一书便是这类文献在今天的遗存。其二是针对人心的教化，包括艺术性的“诗”“礼”与“乐”。其三则在政治制度，这包括“令”，也可以指向“礼”的内容，它们是政治性最为显明的文化资源，如《左传》征引《令典》《军志》，便是此类。《国语》中未及提起的，还应算上专业技术性的知识，如术数方技，它们为诸子立说提供了广阔的知识背景，从宇宙论到万物化生，从时日禁忌到如何认识人的身体。这些都是展现在诸子百家面前的共同的学术资源。

那么具体到军事领域，我们便可以理解和推知先秦论兵之书，有着什么样的知识背景和文化基础。诸子与专门的兵家书均有论兵之说。《汉书·艺文志》中“兵书略”单列一类，由专人整理，与大多数“子书”入“诸子略”不同；然而，兵家书中亦有《孙子》《吴子》等大量“子书”存在，同时也重收《伊尹》《太公》《管子》《鹖冠子》等“诸子略子书”。两类书还是难以分割，可见是共享知识背景的。

论兵之书，也与其他类型的技术与文化资源深深联系在一起。“兵书略”中，如“兵权谋”类的《兵春秋》，“兵形势”中的《蚩尤》，“兵阴阳”中的《神农兵法》《黄帝》，都可能依托历史故事与古史世系来讲述；而《天一兵法》一类大约则是天文术数在军事上的应用；《范蠡》《大夫种》等也可能与《国语》等书所记的，范蠡等人的政治观与天道观有联系，而《尉缭》与《军礼司马法》保存了许多法令制度的内容。

因此，我们可以说，诸子百家，是发生在特定的政治背景、学术背景之下的产物，而兵家与其他各种论兵之说，是在上述背景中开出的花朵。图

⑳

阴阳哲学与兵家四派

The Philosophy of The Art of War

文 罗兆良 编 朱鸣 text: Paul edit: Zhu Ming

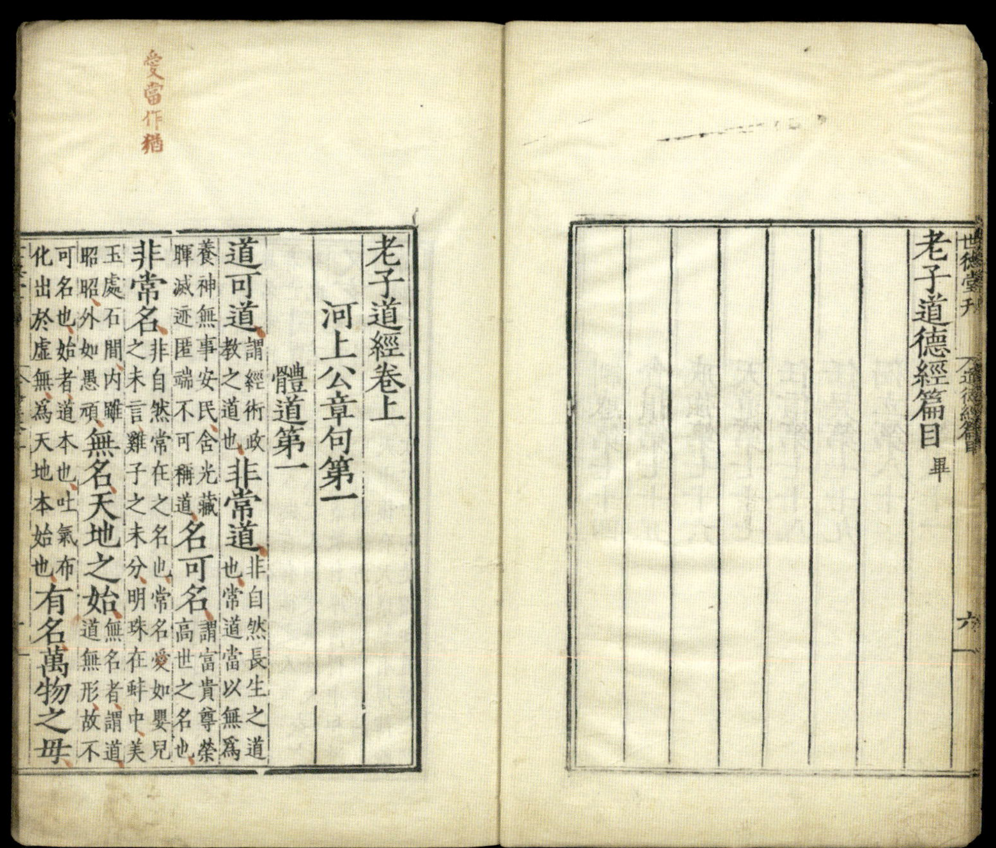
受當作稱

老子道經卷上

河上公章句第一

體道第一

道可道謂經術政教之道也非常道非自然長生之道也常道當以無為養神無事安民含光藏暉滅迹匿端不可稱道名可名謂富貴尊榮高世之名也非常名非自然常在之名也常名當如嬰兒之未言雞子之未分明珠在蚌中美玉處石間內雖昭昭外如愚頑無名天地之始無名者謂道道無形故不可名也始者道本也吐氣布化出於虛無為天地本始也有名萬物之母

老子道德經篇目 畢

◉ 老子《道德经》/ 明嘉靖时期顾氏世德堂刊本

早在公元前十四世纪，甲骨文中就出现了类似“阴阳”的概念。在这些铭文中，“阴阳”仅体现在昼夜有无日光这个自然现象上，白天太阳发出耀眼的光芒而明亮，谓为阳，晚上没有太阳而黑暗，称之阴[1]。随着时间的推移，“阴阳”也开始对自然界中其他对立的事物进行定义，比如天为阳，地为阴；男为阳，女为阴。

到了孙武所在的春秋时期，道家学派创始人老子的著作《道德经》将“阴阳”的含义提升到了一个全新的高度。老子认为，首先，“阴阳”是相互依存的，事物皆有阴阳两个方面[2]。其次，“阴阳”之间的变化是相互的，宇宙间的一切事物都在变化，福祸、成败、敌友都可以相互转化。此外，“阴阳”的本质是一样的，最终将归于一统。任何事物都有发生、发展到衰亡的过程，必须掌握自然规律，做客观的判断。

1 刘翔．中国传统价值观诠释学 [M]．上海．三联书店上海分店．1996 2 出自《道德经》：“万物负阴抱阳，冲气以为和。”

世德堂刊 德經卷下 四

夷道若類夷平也大道之人不自別殊若多比類也○類音類上德若谷上德之人若深谷不恥垢濁也大白若辱大潔白之人若汙辱不自彰顯廣德若不足德行廣大之人若愚頑不足也建德若偷建設道德之人若可偷引使空虛也質真若渝質朴之人若五色有渝淺不明大方無隅大方正之人無委曲廉隅大器晚成大器之人若九鼎瑚璉不可卒成也大音希聲大音猶雷霆待時而動喻常愛氣希言也大象無形大法象之人質朴無形容道隱無名道潛隱使人無能指名也夫唯道善貸且成成就也言道善稟貸人精氣且成就之也○貸音態

道化第四十二

道生一道始所生者一一生二一生陰與陽也二生三陰陽生和氣濁三氣分爲天地人也三生萬物天地共生萬物也天施地化人長養之也萬物負陰而抱陽萬物無不負陰而向陽迴心而就日沖氣以爲和萬物中皆有元氣得以和柔若胷中有藏骨中有髓草木中有空虛與氣通故得久生也人之所惡唯孤寡不轂而王公以爲稱孤寡不轂者不祥之名而王公以爲稱者處謙卑法虛空和柔○惡去聲稱去聲故物或損之而益引之不得推之必還或益之而損夫增高者

世德堂刊 德經卷 五

◉ 老子《道德经》/ 明嘉靖时期顾氏世德堂刊本

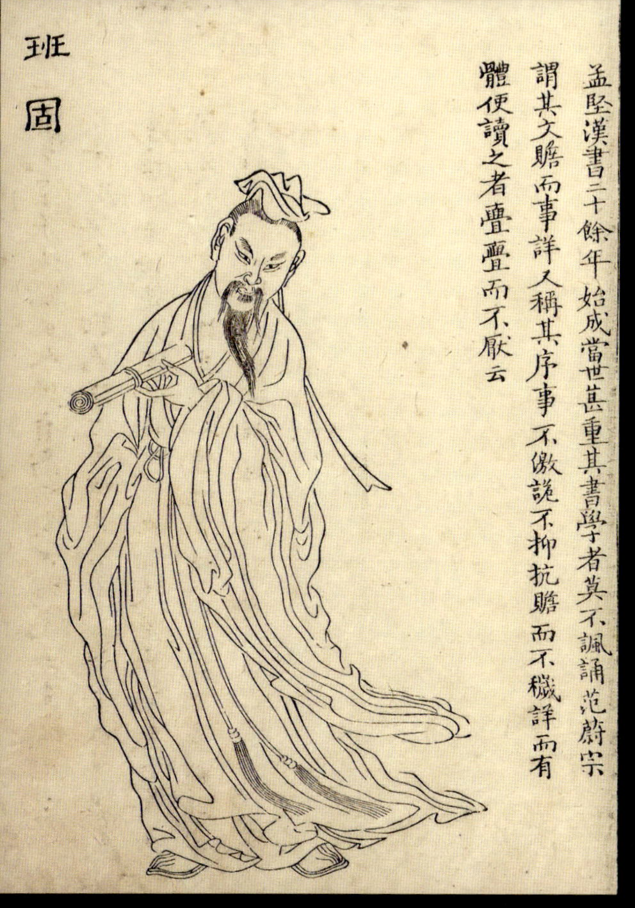

◉ 班固画像 / 晚笑堂竹庄画传

◉ 兵形势著作——《尉缭子》书影

辩证统一的“阴阳哲学”，一直影响着东方的思维模式，这其中，孙武的军事理念，也同样渗透着“阴阳”的法则。孙武一直在强调“对立互补”的平衡理论思想，但在《孙子兵法》中，他却并没有使用任何和“阴阳”有关的术语，而是用“虚实”来陈述相似的概念。《孙子兵法》对“战斗”和“制衡”，“战”与“不战”进行讨论和分析，全面诠释“虚实”的本质[3]。其中主要的概念和规律有三：

其一，完整的对立互补，构成了事物的存在。任何当前的局面，都是一个暂时的平衡，一段停滞期代表着所有自然元素（比如，混乱与秩序，能量和物质，空间和时间，精神和身体）以及其他力量互补的对立，彼此相生相克，缺一不可。

其二，这些对立互补的元素，导致自然一直处于变化的状态；但是也正因对立互补，对于战场的形势以及未来的走向，在当下也是可以做适当的预测的，因为所有战争中的事项之间都是相互关联的，这种规律是确定的。敌方有弱项，就必然会促使己方的长处尽可能地展现出来。

其三，所有元素之间对立互补的关系，保证了自然的稳定，在战斗时要避免在一个方面过度地冒进和退缩，打破平衡。即便己方兵强马壮，也要在战略上做到细致，否则势必在绝对优势中暴露弱点。同样，己方处于劣势，也不能失去斗志，要从精神状态上竭力稳住军心，将所有的元素都拧成一股绳，成为自己最强大的力量，以抵抗敌军[4]。

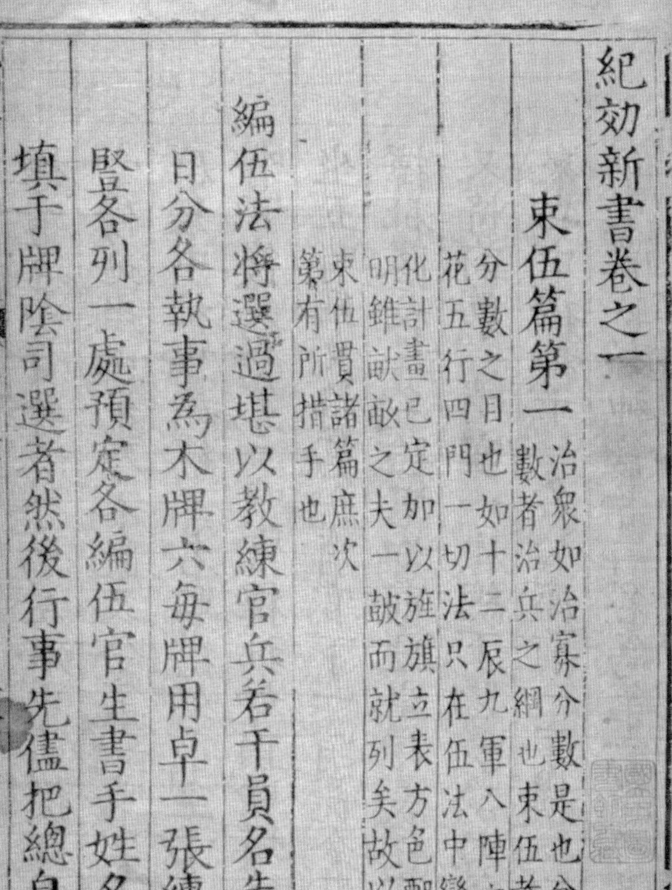

紀効新書卷之一

束伍篇第一

治衆如治寡分數是也分數者治兵之綱也束伍者分數之目也如十二辰九軍八陣六花五行四門一切法只在伍法中變化計畫已定加以旌旗立表方色配明雖畎畝之夫一皷而就列矣故以束伍貫諸篇庶次第有所措手也

編伍法將選過堪以教練官兵若干員名先日分各執事為木牌六每牌用卓一張縛竪各列一處預定各編伍官生書手姓名填于牌陰司選着然後行事先儘把總自

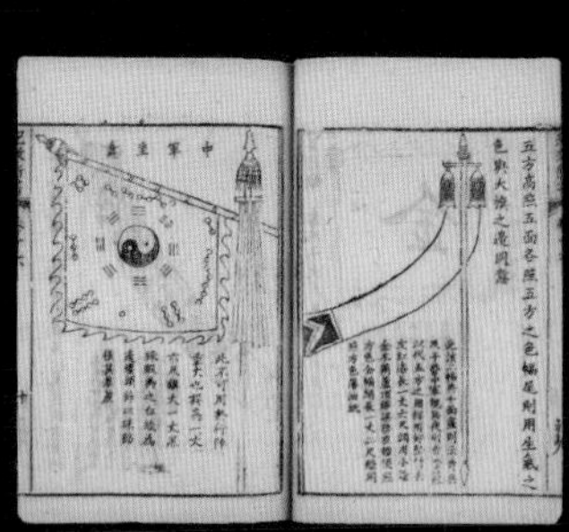

◉《纪效新书》，由戚继光所撰写，全书语言简明通俗，涵盖了兵员选拔、训练、武器、阵法、律令、行营、兵法等多个方面。

对于"阴阳""虚实"法则的理解与运用，兵家诸流派各有侧重，由此形成了各具特色的军事观点。到东汉时期，班固所著《汉书·艺文志》中，首次根据兵法家不同的思想风格，将他们分成四大派，即著名的"兵家四派"，分别为：兵权谋家、兵形势家、兵技巧家和兵阴阳家。

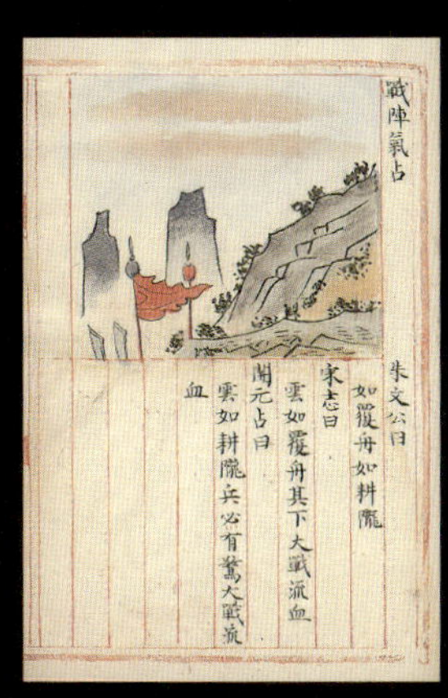

◉《军中候气说》和《云气出人三垣说》将古代军事中对于"风角象占"的利用经验进行总结的两本著作。"风角"即为候风术，"象占"则意为根据自然界的种种奇异现象推断人事。"风角象占"被兵阴阳家推崇，其主要在政治、军事活动中运用。

"权谋者，以正守国，以奇用兵，先计而后战，兼形势，包阴阳，用技巧者也。"兵权谋家，即战略家孙武便是其中最具代表性的人物，其主张治理国家、对待百姓时应当采取常规的方法进行；而对待战争，应当使用非常的手段，出奇制胜。兵权谋家兼有形势家雷厉风行的气势，也兼有阴阳家的神秘莫测，更兼有技巧家的实用，注重使用心思计谋，是各流派中最为全面的。此派著作，《汉书·艺文志》著录有十三家，二百五十九篇，现仅存三部《孙子兵法》《吴子》《孙膑兵法》。

"形势者，雷动风举，后发而先至，离合背向，变化无常，以轻疾制敌者也。"兵形势家，主要看重战术方面的运用，其用兵强调"速度"，如迅雷疾风一样，攻势凌厉，行动迅速，后发却能先至，进、退、聚、散，变化无常。《汉书·艺文志》列举了《楚兵法》《项王》《魏公子》等总共十一部此派著作，其中最具代表性的是《尉缭子》。

"技巧者，习手足，便器械，积机关，以利攻守之胜者也。"兵技巧家，着重于士兵训练方式优化、武器装备的创新与改良等基础、实际的军事事务；其所认同的战争之法在于强化士兵单兵作战的能力，认为士兵应当有过硬的拳脚功夫，使用器械得心应手，熟用弓、弩、刀、剑，以求攻守之胜。《汉书·艺文志》收录了此派的《纪效新书》《伍子胥》《鲍子兵法》《剑道》等著作，共计十三家，一百九十九篇。

"阴阳者，顺时而发，推行德，随斗击，因五胜，假鬼神而为助者也。"兵阴阳家，着重研究与战局相关的地理、天象等环境因素，主张"顺应天时而用兵、观察星斗转移而知吉凶、依据五行之相生相克、假借鬼神而用兵"。兵阴阳家的理论，实际上是在"阴阳五行"的框架下，多种术数形式在军事理论和实践中的运用或延伸；一切在军事上借助"鬼神之力"的方术，都可以归入"兵阴阳"的范畴。《汉书·艺文志》收录该流派兵书共五十三家，七百九十篇，如今皆已失传。

"阴阳、技巧之书，今已尽亡。权谋、形势之书，亦所存无几"[5]虽然《汉书·艺文志》中收录的"兵家四派"著作如今大多数已经失散，但流传下来的，依旧对现代军事思想产生着潜移默化的影响。这些历经千百年形成的思想结晶，虽然流派不同，但其核心皆遵循着同一个法则——自然辩证的"阴阳法则"。只有掌握事物之间的联系，才能看清战争形势，从而才有可能"百战不殆"。图

5《先秦学术概论·兵家》，吕思勉

诗词曲赋，以其独有的节奏感，形成了别具一格的文化承载方式。通过诗词，可抒发幽思，可针砭时政，亦可记录历史。“战争”是诗词中常见的主题。“战争诗”，狭义上指直接描写战争及其过程的诗词，广义上，描写边塞风光、战时社会生活的诗词也可涵盖在内。

《诗经》，中国古代诗歌的开端，全篇305首中，共有“战争诗”29首，如《小雅·出车》中“我出我车，于彼牧矣。自天子所，谓我来矣。召彼仆夫，谓之载矣。王事多难，维其棘矣”描写整装待发的兵车已经集结完毕，战事十万火急；又如《大雅·常武》中“赫赫业业，有严天子。王舒保作，匪绍匪游。徐方绎骚，震惊徐方。如雷如霆，徐方震惊”赞扬亲自带兵出征的天子，从容不迫，震慑敌人。

《小雅·出车》

我出我车，于彼牧矣。
自天子所，谓我来矣。
召彼仆夫，谓之载矣。
王事多难，维其棘矣。
我出我车，于彼郊矣。
设此旐矣，建彼旄矣。
彼旟旐斯，胡不旆旆？
忧心悄悄，仆夫况瘁。
王命南仲，往城于方。
出车彭彭，旂旐央央。
天子命我，城彼朔方。
赫赫南仲，玁狁于襄。

昔我往矣，黍稷方华。
今我来思，雨雪载途。
王事多难，不遑启居。
岂不怀归？畏此简书。
喓喓草虫，趯趯阜螽。
未见君子，忧心忡忡。
既见君子，我心则降。
赫赫南仲，薄伐西戎。
春日迟迟，卉木萋萋。
仓庚喈喈，采蘩祁祁。
执讯获丑，薄言还归。
赫赫南仲，玁狁于夷。

《大雅·常武》

赫赫明明，王命卿士，
南仲大祖，大师皇父。
整我六师，以修我戎。
既敬既戒，惠此南国。
王谓尹氏，命程伯休父，
左右陈行，戒我师旅。
率彼淮浦，省此徐土。
不留不处，三事就绪。
赫赫业业，有严天子。
王舒保作，匪绍匪游。
徐方绎骚，震惊徐方。
如雷如霆，徐方震惊。

王奋厥武，如震如怒。
进厥虎臣，阚如虓虎。
铺敦淮濆，仍执丑虏。
截彼淮浦，王师之所。
王旅啴啴，如飞如翰。
如江如汉，如山之苞。
如川之流，绵绵翼翼。
不测不克，濯征徐国。
王犹允塞，徐方既来。
徐方既同，天子之功。
四方既平，徐方来庭。
徐方不回，王曰还归。

《大风歌》

刘邦

大风起兮云飞扬，
威加海内兮归故乡，
安得猛士兮守四方！

《垓下歌》

项羽

力拔山兮气盖世。
时不利兮骓不逝。
骓不逝兮可奈何！
虞兮虞兮奈若何！

秦末、两汉时期的乐府诗虽短小，但却能生动地描写战争场面。如刘邦的《大风歌》：“大风起兮云飞扬，威加海内兮归故乡，安得猛士兮守四方！”短短三句，可以说是惜墨如金。刘邦用狂风乌云来形容战场上的厮杀，慷慨激昂地表述打胜仗的喜悦，最后还表达了对人才的渴望，满溢成功者的喜悦。相对地，项羽的《垓下歌》则成为这位败军之将的绝唱：“力拔山兮气盖世。时不利兮骓不逝。”其中的悲情与无奈，令人叹息。

《战城南》

战城南，死郭北，
野死不葬乌可食。
为我谓乌：且为客豪！
野死谅不葬，
腐肉安能去子逃？
水深激激，蒲苇冥冥；
枭骑战斗死，驽马徘徊鸣。
梁筑室，何以南？何以北？
禾黍不获君何食？
愿为忠臣安可得？
思子良臣，良臣诚可思：
朝行出攻，暮不夜归！

除了王侯将相所作的战争诗，也有平民百姓所写的诗句，如两首佚名诗《十五从军征》中“十五从军征，八十始得归”的行军艰苦，以及《战城南》中“战城南，死郭北，野死不葬乌可食”所描述的战争残酷。

《十五从军征》

十五从军征，
八十始得归。
道逢乡里人：
『家中有阿谁？』
『遥看是君家，
松柏冢累累。』
兔从狗窦入，
雉从梁上飞。
中庭生旅谷，
井上生旅葵。
舂谷持作饭，
采葵持作羹。
羹饭一时熟，
不知贻阿谁？
出门东向看，
泪落沾我衣。

三国时期，战乱连年，因此大量优质的“战争诗”在这一阶段涌现出来。从东汉献帝初平元年，到280年晋代魏，有作品传世的诗人只有34人，写过战争诗的有18人，至少有102首流传至后世。其中，以曹操的《蒿里行》“铠甲生虮虱，万姓以死亡。白骨露於野，千里无鸡鸣。生民百遗一，念之断人肠”、曹植的《白马篇》“捐躯赴国难，视死忽如归”和王粲的《从军诗》“从军征遐路，讨彼东南夷”等最为著名。

《蒿里行》

曹操

关东有义士，兴兵讨群凶。
初期会盟津，乃心在咸阳。
军合力不齐，踌躇而雁行。
势利使人争，嗣还自相戕。
淮南弟称号，刻玺於北方。
铠甲生虮虱，万姓以死亡。
白骨露於野，千里无鸡鸣。
生民百遗一，念之断人肠。

《白马篇》

曹植

白马饰金羁，连翩西北驰。
借问谁家子，幽并游侠儿。
少小去乡邑，扬声沙漠垂。
宿昔秉良弓，楛矢何参差。
控弦破左的，右发摧月支。
仰手接飞猱，俯身散马蹄。
狡捷过猴猿，勇剽若豹螭。
边城多警急，虏骑数迁移。
羽檄从北来，厉马登高堤。
长驱蹈匈奴，左顾凌鲜卑。
弃身锋刃端，性命安可怀？
父母且不顾，何言子与妻！
名编壮士籍，不得中顾私。
捐躯赴国难，视死忽如归！

《从军诗·其一》

王粲

从军征遐路，
讨彼东南夷。
方舟顺广川，
薄暮未安坻。
白日半西山，
桑梓有余晖。
蟋蟀夹岸鸣，
孤鸟翩翩飞。
征夫心多怀，
恻怆令吾悲。
下船登高防，
草露沾我衣。
回身赴床寝，
此愁当告谁？
身服干戈事，
岂得念所私。
即戎有授命，
兹理不可违。

唐朝盛世是历史上诗歌创作的巅峰。在关于战争的诗作中，有人为唐军的胜利高唱凯歌，也有人对战事频频极为反感，而表达出对朝廷的不满。岑参的《灭胡曲》，描写唐军“灭胡”之后，士气高涨，人人喜悦之情；《走马川行奉送封大夫出师西征》这首诗描写唐军不可阻挡的气势，烘托出必胜的决心；《轮台歌奉送封大夫出师西征》则直接描写战争的艰难，以及三军将士建功报国的英勇气概。岑参的诗作中始终洋溢着对胜利的信心，为唐军的胜利高唱凯歌。

《轮台歌奉送封大夫出师西征》 岑参

轮台城头夜吹角，轮台城北旄头落。
羽书昨夜过渠黎，单于已在金山西。
戍楼西望烟尘黑，汉军屯在轮台北。
上将拥旄西出征，平明吹笛大军行。
四边伐鼓雪海涌，三军大呼阴山动。
虏塞兵气连云屯，战场白骨缠草根。
剑河风急雪片阔，沙口石冻马蹄脱。
亚相勤王甘苦辛，誓将报主静边尘。
古来青史谁不见，今见功名胜古人。

《灭胡曲》 岑参

都护新灭胡，士马气亦粗。
萧条虏尘净，突兀天山孤。

《走马川行奉送封大夫出师西征》 岑参

君不见走马川行雪海边，
平沙莽莽黄入天。
轮台九月风夜吼，
一川碎石大如斗，
随风满地石乱走。
匈奴草黄马正肥，
金山西见烟尘飞，
汉家大将西出师。
将军金甲夜不脱，
半夜军行戈相拨，
风头如刀面如割。
马毛带雪汗气蒸，
五花连钱旋作冰，
幕中草檄砚水凝。
虏骑闻之应胆慑，
料知短兵不敢接，
车师西门伫献捷。

《喜弟淑再至为长歌》 李渤

长兄年少曾落托，
拔剑沙场随卫霍。
口里虽谭周孔文，
怀中不舍孙吴略。

《和微之春日投简阳明洞天五十韵》 白居易

庙谟藏稷契，兵略贮孙吴。
令下三军整，风高四海趋。

在唐代，还有许多文人在战争诗中赞叹孙武、吴起的兵学思想。如白居易的《和微之春日投简阳明洞天五十韵》、李渤的《喜弟淑再至为长歌》都对《孙子兵法》评价颇高。

诗人王昌龄也曾创作过多首被吟诵至今的战争诗歌。他书写军人的壮志豪情与思乡之情，如《从军行》中，以鲜明的色彩、急促的节奏、渲染大将的威风与军队的气势。这种热情和自信，源自于大唐强盛的国力。但是，事物总有两面性。无论是物资的消耗，还是士卒的死去，战争是需要无尽牺牲的。诗人感慨将士的坎坷遭遇，也批评朝廷的薄恩，如他的《塞下曲》之四，描写勇敢善战的名将死于边疆："边头何惨惨，已葬霍将军。"诗人对朝廷有功不赏的行为，无比愤慨。类似还有高适的《燕歌行》："君不见沙场征战苦，至今犹忆李将军。"诗人描写了一场战役的全过程，从出征、战败被围到士卒浴血奋战，并痛斥军中的腐败行为。

《塞下曲》四首

王昌龄

蝉鸣空桑林，八月萧关道。
出塞入塞寒，处处黄芦草。
从来幽并客，皆共沙尘老。
不学游侠儿，矜夸紫骝好。

饮马渡秋水，水寒风似刀。
平沙日未没，黯黯见临洮。
昔日长城战，咸言意气高。
黄尘足今古，白骨乱蓬蒿。

奉诏甘泉宫，总征天下兵。
朝廷备礼出，郡国豫郊迎。
纷纷几万人，去者无全生。
臣愿节宫厩，分以赐边城。

边头何惨惨，已葬霍将军。
部曲皆相吊，燕南代北闻。
功勋多被黜，兵马亦寻分。
更遣黄龙戍，唯当哭塞云。

《从军行》七首

王昌龄

烽火城西百尺楼，黄昏独坐海风秋。
更吹羌笛关山月，无那金闺万里愁。

琵琶起舞换新声，总是关山旧别情。
撩乱边愁听不尽，高高秋月照长城。

关城榆叶早疏黄，日暮云沙古战场。
表请回军掩尘骨，莫教兵士哭龙荒。

青海长云暗雪山，孤城遥望玉门关。
黄沙百战穿金甲，不破楼兰终不还。

大漠风尘日色昏，红旗半卷出辕门。
前军夜战洮河北，已报生擒吐谷浑。

胡瓶落膊紫薄汗，碎叶城西秋月团。
明敕星驰封宝剑，辞君一夜取楼兰。

玉门山嶂几千重，山北山南总是烽。
人依远戍须看火，马踏深山不见踪。

《燕歌行》

高适

汉家烟尘在东北，汉将辞家破残贼。
男儿本自重横行，天子非常赐颜色。
摐金伐鼓下榆关，旌旗逶迤碣石间。
校尉羽书飞瀚海，单于猎火照狼山。
山川萧条极边土，胡骑凭陵杂风雨。
战士军前半死生，美人帐下犹歌舞。
大漠穷秋塞草腓，孤城落日斗兵稀。
身当恩遇常轻敌，力尽关山未解围。
铁衣远戍辛勤久，玉箸应啼别离后。
少妇城南欲断肠，征人蓟北空回首。
边风飘飖那可度，绝域苍茫更何有。
杀气三时作阵云，寒声一夜传刁斗。
相看白刃血纷纷，死节从来岂顾勋。
君不见沙场征战苦，至今犹忆李将军。

在宋朝，由于军事实力较弱，偏安一隅的朝廷在抵抗外族侵略的战争中大多以失利告终，所以这一时期战争题材的诗词整体弥漫着悲情色彩。梅尧臣在他的作品《故原战》中，描写了一场失败的战役，诗人认为，由于“邀勋轻赴敌，转战背长河”——轻敌而导致战争的失利。

《故原战》 梅尧臣

落日探兵至，
黄尘钞骑多。
邀勋轻赴敌，
转战背长河。
大将中流矢，
残兵空负戈。
散亡归不得，
掩抑泣山阿。

当时的诗人喜欢在作品中回忆过去的辉煌，感慨自己因“老矣”而无法报效国家，或是愤慨国家没有重用自己。辛弃疾在《水调歌头·舟次扬州和人韵》中描写了自己过去的战斗英姿，而后感慨“今老矣，搔白首，过扬州”。张孝祥的《水调歌头·闻采石战胜》一句“我欲乘风去，击楫誓中流”达了自己报效国家的宏伟壮志。

《水调歌头·舟次扬州和人韵》 辛弃疾

落日塞尘起，胡骑猎清秋。
汉家组练十万，列舰耸层楼。
谁道投鞭飞渡，忆昔鸣髇血污，
风雨佛狸愁。
季子正年少，匹马黑貂裘。
今老矣，搔白首，过扬州。
倦游欲去江上，手种橘千头。
二客东南名胜，万卷诗书事业，
尝试与君谋。莫射南山虎，
直觅富民侯。

《水调歌头·闻采石战胜》 张孝祥

雪洗虏尘静，风约楚云留。
何人为写悲壮，吹角古城楼？
湖海平生豪气，关塞如今风景，
剪烛看吴钩。剩喜然犀处，
骇浪与天浮。
忆当年，周与谢，富春秋。
小乔初嫁，香囊未解，
勋业故优游。赤壁矶头落照，
肥水桥边衰草，渺渺唤人愁。
我欲乘风去，击楫誓中流。

元代，大小战争不断。从成吉思汗统一漠北草原开始，到后来的大举扩张，与周边部落和民族流血冲突从未停息。来自北方草原的蒙古人建立了统一的多民族国家，而这些边塞风土人情则成为元代诗作里的重要内容。但是，相较于唐宋时期，元代直接描写战争的诗作反而较少，大多为描述边塞的所见所闻，如耶律楚材的《过阴山和人韵》。

《过阴山和人韵》 耶律楚材

阴山千里横东西，秋声浩浩鸣秋溪。
猿猱鸿鹄不能过，天兵百万驰霜蹄。
万倾松风落松子，郁郁苍苍映流水。
六丁何事夸神威，天台罗浮移到此。
云霞掩翳山重重，峰峦突兀何雄雄。
古来天险阻西域，人烟不与中原通。
细路萦纡斜复宜，山角摩天不盈尺。
溪风萧萧溪水寒，花落空山人影寂。
四十八桥横雁行，胜游奇观真非常。
临高俯视千万仞，令人凛凛生恐惶。
百里镜湖山顶上，旦暮云烟浮气象。
山南山北多幽绝，几派飞泉练千丈。
大河西注波无穷，千溪万壑皆会同。
君成绮语壮奇诞，造物缩手神无功。
山高四更才吐月，八月山峰半埋雪。
遥思山外屯边兵，西风冷彻征衣铁。

明清交替之际，流传最广的战争诗词作品是吴伟业的《圆圆曲》，以吴三桂和陈圆圆的离合为主轴，描绘了当时战乱频频、社会动荡的场景。

梦向夫差苑里游，宫娥拥入君王起。前身合是采莲人，
门前一片横塘水。横塘双桨去如飞，何处豪家强载归。
此际岂知非薄命，此时唯有泪沾衣。薰天意气连宫掖，
明眸皓齿无人惜。夺归永巷闭良家，教就新声倾坐客。
坐客飞觞红日暮，一曲哀弦向谁诉？白皙通侯最少年，
拣取花枝屡回顾。早携娇鸟出樊笼，待得银河几时渡？
恨杀军书抵死催，苦留后约将人误。相约恩深相见难，
一朝蚁贼满长安。可怜思妇楼头柳，认作天边粉絮看。
遍索绿珠围内第，强呼绛树出雕阑。若非壮士全师胜，
争得蛾眉匹马还？
蛾眉马上传呼进，云鬟不整惊魂定。蜡炬迎来在战场，
啼妆满面残红印。专征萧鼓向秦川，金牛道上车千乘。
斜谷云深起画楼，散关月落开妆镜。传来消息满江乡，
乌桕红经十度霜。教曲伎师怜尚在，浣纱女伴忆同行。
旧巢共是衔泥燕，飞上枝头变凤凰。长向尊前悲老大，
有人夫婿擅侯王。当时只受声名累，贵戚名豪竞延致。
一斛明珠万斛愁，关山漂泊腰肢细。错怨狂风飏落花，
无边春色来天地。
尝闻倾国与倾城，翻使周郎受重名。妻子岂应关大计，
英雄无奈是多情。全家白骨成灰土，一代红妆照汗青。
君不见，馆娃初起鸳鸯宿，越女如花看不足。
香径尘生乌自啼，屧廊人去苔空绿。换羽移宫万里愁，
珠歌翠舞古梁州。为君别唱吴宫曲，汉水东南日夜流！

清朝，中国最后一个封建王朝。目睹了近代史上的种种屈辱事件，如割让香港、甲午战争等，诗人黄遵宪愤而写下了《悲平壤》《哀旅顺》《哭威海》等系列诗作，以抒发心中的凄凉。1885 年 3 月，老将冯子材奉命率军抗击法国侵略军，先后取得了镇南关、谅山大捷。黄遵宪作《冯将军歌》赞之，其文字塑造出的场景，令人仿佛身临其境。

《冯将军歌》　黄遵宪

冯将军，英名天下闻。将军少小能杀贼，
一出旌旗云变色。江南十载战功高，
黄褂色映花翎飘。
中原荡清更无事，每日摩挲腰下刀。
何物岛夷横割地，更索黄金要岁币。
北门管钥赖将军，虎节重臣亲拜疏。
将军剑光方出匣，将军谤书忽盈箧。
将军卤莽不好谋，小敌虽勇大敌怯。
将军气涌高于山，看我长驱出玉关。
平生蓄养敢死士，不斩楼兰今不还。
手执蛇矛长丈八，谈笑欲吸匈奴血。
左右横排断后刀，有进无退退则杀。
奋梃大呼从如云，同拼一死随将军。
将军报国期死君，我辈忍孤将军恩！
将军威严若天神，将军有令敢不遵，
负将军者诛及身。将军一叱人马惊，
从而往者五千人。五千人马排墙进，
绵绵延延相击应。轰雷巨炮欲发声，
既戟交胸刀在颈。敌军披靡鼓声死，
万头窜窜纷如蚁。十荡十决无当前，
一日横驰三百里。
吁嗟乎！马江一败军心慑，龙州拓地贼氛压。
闪闪龙旗上翻，道、咸以来无此捷。
得如将军十数人，制梃能挞虎狼秦；
能兴灭国柔强邻，呜呼安得如将军！

《圆圆曲》　吴伟业

鼎湖当日弃人间，破敌收京下玉关。恸哭六军俱缟素，
冲冠一怒为红颜。红颜流落非吾恋，逆贼天亡自荒宴。
电扫黄巾定黑山，哭罢君亲再相见。
相见初经田窦家，侯门歌舞出如花。许将戚里箜篌伎，
等取将军油壁车。家本姑苏浣花里，圆圆小字娇罗绮。

诗词曲赋中的战争，或刚劲有力，或曲折跌宕，或满溢喜悦，或悲情万丈。不同朝代、不同作者、不同体裁，各有特点，无论战争胜利与否，都抒发着作者对国家的殷切期盼。陈寅恪所谓“以诗证史、诗史互证”，说的就是通过诗词，我们才得以从不同角度去了解漫长的战争历史。图

地形第十

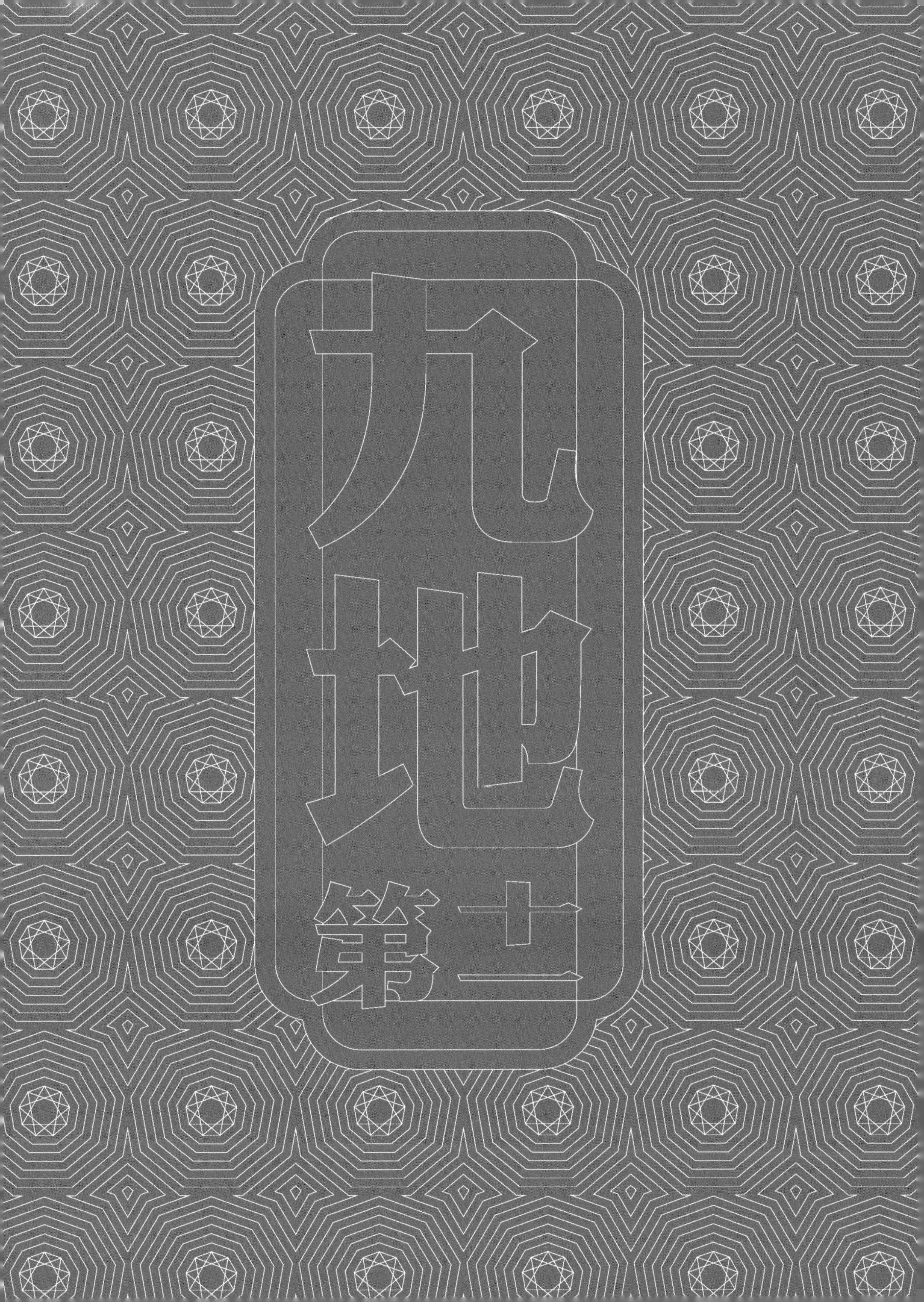

九地第十一

㉒

开在东洋的"兵法之花"

The Art of War in Japan

文 罗兆良 编 朱鸣 text: Paul edit: Zhu Ming

中日两国历代文化交流频繁，日本自然成为《孙子兵法》在海外传播的第一个国家。早在公元8世纪上半叶，日本遣唐使吉备真备把《孙子兵法》带回日本，并在本国军队中传授。他开创了日本注释、研究《孙子兵法》的先河。自他之后，《孙子兵法》成为日本各个时期军事家、思想家必须研读的著作。但是，日本并未完全照搬《孙子兵法》的内容，而是结合民族特点，有选择地吸收，最终也形成了独特的思想脉络。(《孙子兵法》以下简称《孙子》。)

兵法传播

《孙子》东渡伊始，直到日本战国末年，皆靠汉文本传抄，大多藏于皇宫内，被视为"秘传奥义"，规定非皇室成员不得翻阅，因此能看到此书的人极少。后经源氏家族、楠木家族之手，《孙子》传至甲州武田氏，其作为日本近代武学流派之一的"甲州流"，又将其传至德川家，《孙子》思想从而成为德川幕府时期日本军事思想的核心。此时期，日本国内结束战乱转入和平，政府大力复兴学术，最终开放了《孙子》的阅读权限。

《孙子》解禁之后，研究者蜂拥而至，名著频出。深受德川家康器重，历任四代将军侍讲，并参与"幕政"的儒学者林罗山，因著有《孙子评判》《孙子训点》二书，被尊为日本注释《孙子》第一人。江户（今东京）幕府第三代将军德川家光的兵法顾问小幡景宪，在1646年著有《孙子外传》一书，此书使得日本的《孙子》研究真正步入正轨。他对《孙子》"用间"理论推崇备至，因而对日本兵法、武学体系产生了颇大的影响。此外，《孙子外传》一书，对研究樱田本《孙子》的校释理解，时至今日都具有相当重要的参考价值。[1]

◉ 吉备真备（695~775），日本奈良时代的学者、政治家（公卿），曾两次出任遣唐使，著有《私教类聚》50卷。
（皇国二十四功・吉备大臣 / 月冈芳年作）

1 佐藤坚司．孙子之思想史的研究．日本风间出版社，东京，1962。

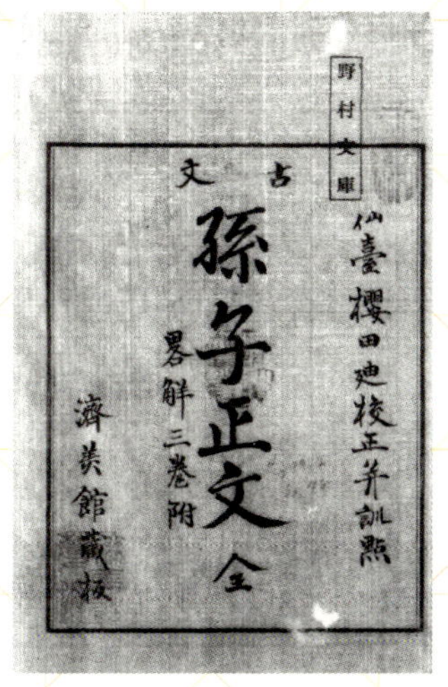

◉ 日本江户时代“长沼派”学者樱田迪，于1852年刊印了家藏的《孙子兵法》，世称“樱田本”。

◉ 山鹿素行将兵学称为“武教”，于35岁时，编撰了《武教全书》。山鹿素行（1622~1685），日本江户前期的儒学家、兵法家，以“山鹿派兵学”闻名于世。

同时期，享有“日本军事艺术大师”盛名的山鹿素行，著有《孙子句读》《孙子要证》《孙子讲义备考》等诸多相关书籍，特别是他于1685年撰写的《孙子谚义》水平最高，堪称日本《孙子》注释的代表作。《孙子谚义》从宏观上抓住了《孙子》的精神实质，对“兵法十三篇”的严谨结构做了精辟论述。他对《孙子》的评价是：“通篇自有率然之势，文章之奇，不求自有无穷之妙，谋者不可忽。”

兵法运用

在日本战争史上，实战派军事家们也纷纷从《孙子》中汲取养分，他们熟读《孙子》理论，同时在战场上灵活运用。镰仓幕府后期，武将楠木正成在“倒幕战争”中，创造了大量“以少胜多、以弱击强”的战例，后人将他的军事指挥艺术总结为《楠木派兵法》一书。相传，年少时的楠木正成，曾师事大江时亲（大江匡房七代之后）学习《孙子》，从而习得兵法之妙[2]。他在战争中充分实践，故往往得以出奇制胜。江户时代以后，在日本流传有“中国孔明，日本楠木”之说，其被誉为日本“第一流的军事战略家”。

◉ 楠木正成（1294~1336），镰仓幕府末期到南北朝时期的著名武将。后世将其作为忠臣与军人的典范，奉为“武神”。楠妣庵观音寺藏。

2 出自田中人龙的《历史人物志》。

位于东京皇居的楠木正成雕像。

日本战国时代（1467～1615），群雄纷争，名将辈出。此时出现了诸如武田信玄、上杉谦信、织田信长、丰臣秀吉、德川家康、毛利元就等著名武将，他们无不把《孙子》奉为圭臬。武田信玄，少时即学习《孙子》兵法，尤其钟爱《军争篇》“其疾如风，其徐如林，侵掠如火，不动如山”四句话，甚至将此制成自己的军旗。他将《孙子》思想贯穿于自己的戎马生涯，身体力行，战绩斐然，故享有“日本的孙武”美誉。

1587年，丰臣秀吉在谋划征服九州岛时，要求间谍送回各种详尽的草图和地形图，以及有关收成、粮食供应、运输车辆、各军阀派系关系等情报，直至将对手的情况了如指掌后，才投入战斗，即“胜而后战”。谋略家毛利元就，自幼学习先祖大江广元（大江匡房的曾孙）的兵法[3]，崇尚《孙子》的军事思想。在决定毛利元就命运的“严岛合战”中，他把兵法的精髓发挥到极致，对“正兵”“奇兵”的高明调配，使他击败兵力5倍于自己的陶晴贤军，此役被列为“日本战国三大奇袭战之一”。

毛利元就（1497~1571），日本战国时代大名，被称为“西国第一智将”。

丰臣秀吉（1537~1598），日本战国时代、安土桃山时代大名，战国“三英杰”之一。（师祖峰之月·秀吉 / 月冈芳年作）

3　毛利元就原姓大江，家系以大江广元四男毛利季光为祖先。

三片鳞（三つ鱗）
北条流家纹

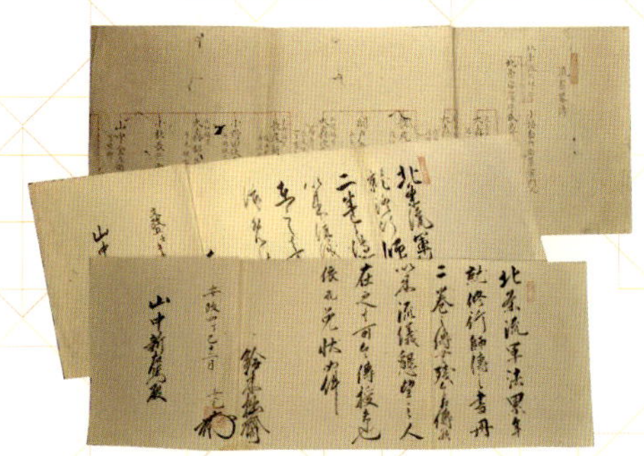

◉ 北条流军法传书

阵太鼓（陣太鼓）
山鹿流家纹

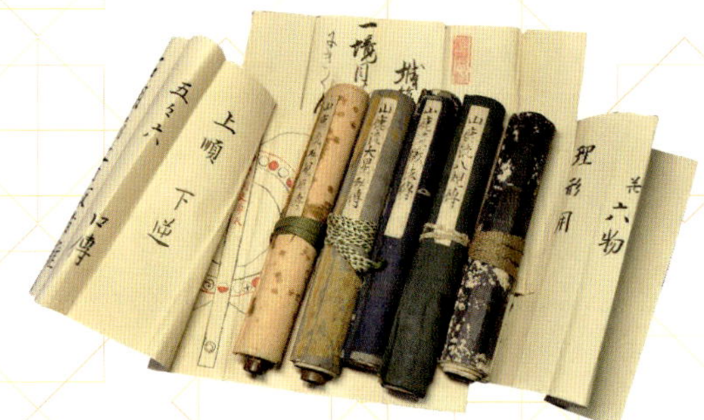

◉ 山鹿流兵法传书

三头左巴（左三つ巴）
长沼流家纹

◉ 长沼流兵法免许

《孙子》与日本武学流派

占据江户时代武学统治地位的甲州派、越右派、北条派、山鹿派和长沼派，它们的创始人既是信奉儒家学说的大儒学家，又是研究《孙子》的权威人物，孙武思想对各派产生深刻影响，成为各派兵学思想的源头。

北条派，把《孙子》“五事”“七计”“诡道”作为兵法的纲要，形成北条派兵学的“治内、知外、应变”之说。北条派还非常重视对敌方情报的搜集，把懂得“用间”计谋的人视为北条氏“方圆神心”，是一个别具一格的兵学流派。山鹿派的创始人山鹿素行，不仅对《孙子》进行了系统考察，且将其应用于武学，把《孙子》“五事”“七计”“诡道”作为用兵“三要素”予以吸收。山鹿素行认为，兵法的运用是千变万化的，但只要掌握三要素并灵活运用，才是兵法真正的内核所在。[4]长沼派，除“孙吴韬略”外，同时也尊崇俞大猷、戚继光两位抗倭名将。其对《孙子》的推崇可从《兵要录》中得到印证。该书的六篇中，每篇都有《孙子》的引文，尤其重视孙武关于战争与经济关系的论述，强调持久战带来的恶果，“依之民怒，而望国之倾覆，民怨于内，敌伺于外，国之亡，岂有日哉”。

《孙子》与日本兵法典章

《孙子》在日本的广泛流传，催生了新的武学流派，也左右了兵家武士的思想，从而产生了一大批重要的兵法典章。

集甲州派兵学思想大成的《甲阳军鉴》，便深受《孙子》的影响。在这本书中，小幡景宪吸收《孙子·计篇》的内核，于“军法之卷”中首次提出甲州派的“三要素”，即武略、智略、计略。其中“武略”相当于“知己”（五事），“智略”相当于“知彼”（七计），“计策”相当于“应变”（诡道）。《武田兵术文稿》是香西成资阐释甲州派兵法的重要著作，在该书中随处可见援引《孙子》《六韬》《三略》《易》等书中的文句，其中以引自《孙子》的最多。书中总结的六条知胜之道基本都源于《孙子》，而对孙武奇正

4 出自《武教全书》，原文是：纵然兵法之运用千变万化，但万变不离其宗，掌握三要素，善于灵活运用者，方合乎兵法之一大理也。

◉《甲阳军鉴》，编于日本江户时代的“甲州流派”著名兵书，主要以战国名将武田信　、武田胜赖父子为中心，论述甲州武士的治军、作战方式，施政方针等。

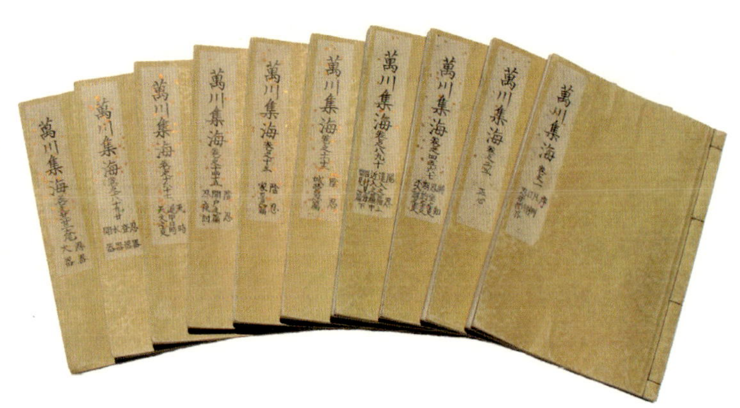

◉《万川集海》，结合中国和日本历代名将的思想与武学精华，参照《六韬》和《孙子兵法》的内容，写成了集忍道、忍术、忍器于一体的“忍者修行指南”。书名取自《文选·左思·吴都赋》中的“百川派别，归海而汇”。

之术的辨析，更是深得其旨。特别是他批评丰臣秀吉出兵朝鲜是无谋之举，触犯了孙武“以寡击众”“久暴师于外邦”的大忌。

另一部是《士鉴用法直旨钞》，作者松宫观山素有日本武学泰斗之称，其书秉承北条派“治内”（五事）、“知外”（七计）、“应变”（诡道）之旨，并有所发展，对应变的内涵增补了孙武“庙算”的内容。其言：“治内以知己，知外以知彼。庙算定，则可胜之理明矣。”《省諐录》的作者佐久间象山也认为《孙子》是中国兵书的代表，并承认自《孙子》传入日本以来，其所产生的重要作用。[5]他对孙子的“用间”思想，既是赞同者，也是实践者，他说：“用间在得人，全胜在知彼。”为达到知彼，他选出门人中的上智者，作为间谍派往国外去调查外国的情况，其中就有其高徒吉田松阴。[6]

《孙子》与日本忍术

忍术，最初源于日本传统格斗术的刺杀术，后吸收中国《孙子》的理念，在长期修行与刻苦磨炼中独自发展，最终成型。依流派分为五车、喜车、怒车、哀车、乐车和恐车之术，遁术分为火遁、水遁、木遁、金遁、土遁、风遁、雷遁之术等，“忍者八门”为骨法、气合、剑术、棒术、火术、枪术等。在这些流派、门派和遁术中，都能找到《孙子》的影子。忍术的权威著作——《万川集海》中也曾提及《孙子》对其产生的重要影响，因此，这本兵书同样备受日本忍者推崇。《万川集海》根据《孙子》将忍术分为权谋、形成、阴阳、技巧等几部分，并根据《用间篇》形成整套完善的间谍情报技术体系，包括战斗、制造混乱和收集情报。

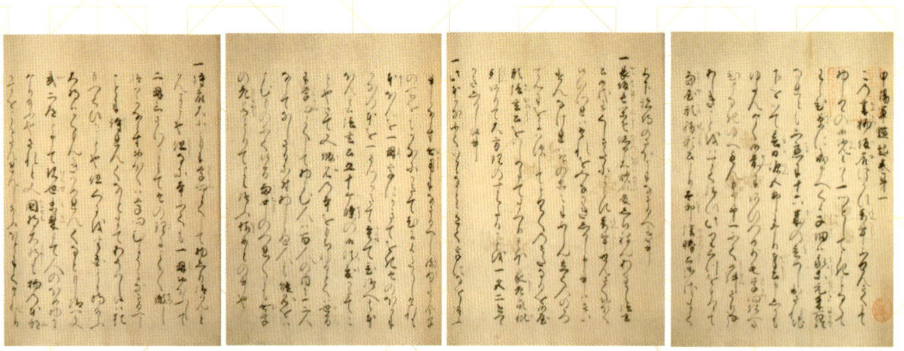

◉《甲阳军鉴》正文

5 出自《省諐录》，原文是：汉土兵家之书，莫过于《孙子兵法》。汉与我，有《孙子兵法》以来，莫不诵咏讲习。今真欲修饬武备，非先兴此学不可。6 佐藤坚司．高殿芳，译．孙子研究在日本［M］．北京：军事科学出版社，1993．

◉ 甲州流兵法传书

《孙子》在当代日本的传播及影响

第二次世界大战，日本战败投降。在战后《孙子》的研究队伍中，不乏著名的汉学家和学者，他们研究《孙子》，既着眼于现实的应用，亦注重对《孙子》字词文句的校理和诠释，出版了许多可以与江户时代注释《孙子》大家比肩的著作。著名汉学家金谷治，师从武内义雄，长期从事《孙子》研究。他译注的《孙子》一书，自1963年出版以来，多次再版重印，截至2001年已有4个版本问世，仅1963年的袖珍版到1995年就重印了45次之多。汉学家守屋洋，专以著述、讲演为业，是当今日本最活跃的《孙子》研究家之一。他研究《孙子》的相关著作，注释简洁流畅，出版后均反响不错。1984年出版的《孙子》袖珍版到2001年已重印32次。

《孙子》在中国诞生后，历经数百年流传到邻国日本，并经过一千多年的传习，已在日本社会各个领域产生了深远的影响，并深入大和民族人心。如今，日本甚至超过中国，成为世界上对《孙子》研究和运用最深入、最广泛的国家。

㉓

风林火山，武田信玄

Furinkazan, Takeda Shingen

文+编 **朱鸣** text & edit: Zhu Ming

身披火红甲胄的骑马队、随风飘扬的“风林火山”旗、如山般稳坐中军的大将……提起《孙子兵法》，这可能是大多数日本人脑海中最先浮现的画面。画面中的这名大将，指的就是武田信玄。《孙子兵法》自公元8世纪传入日本，到16世纪的“战国”中晚期，800多年间，在日本统治阶级中广为流传。此时期，战乱频繁，战争强度不断升级，兵法的作用愈发突显。因此，许多名将都将这部来自中国的兵书奉为至宝，并加以实践。

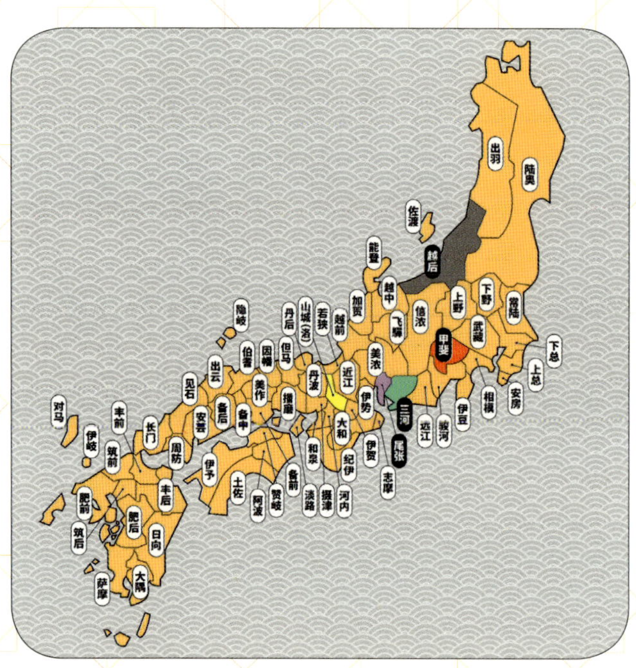

◉ 日本战国·令制国分布图

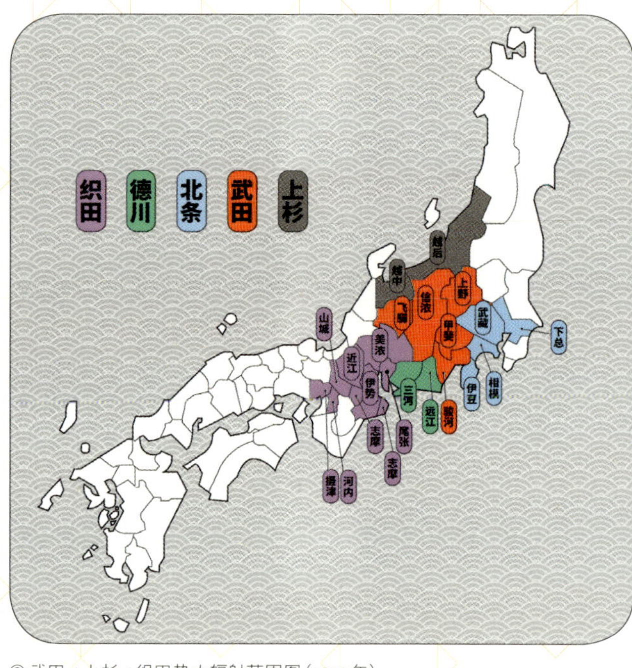

◉ 武田 / 上杉 / 织田势力辐射范围图（1570年）

甲斐国的统治者武田信玄就是其中的佼佼者。武田氏高举“风林火山”旗，率领甲斐国的精兵，在乱世中纵横50多年，战功赫赫，是《孙子兵法》在日本最有力的实践者，后人赞誉其为“日本的孙武”。

武田信玄所处的“战国”时代，始于1467年室町幕府的“应仁之乱”，此后的150多年，代表中央统治者的“幕府将军”[1]威望不断下降，导致各地大名纷纷拥兵自立，群雄割据、混战，天下大乱。日本“战国”一词，来

1 名义上的最高统治者是天皇，但从1192年武将源赖朝建立“镰仓幕府”开始，天皇权力被架空，由武人组织军政府实行统治。其领导人被称为“征夷大将军”，也称“幕府将军”，统治方式类似中国东汉曹魏政权的“挟天子以令诸侯”。

◉"风林火山"旗

◉武田信玄——武田菱

◉武田信玄铜像

源于武田信玄所制定法度中的一句话——"天下战国之上（天下戦国の上は）"[2]。此时，日本国内的乱象，与两千多年前中国东周时期的"战国"颇为相似，因此得名。

早在战国之前，原本的最高统治者"天皇"已被"将军"架空，此时"将军"失势，又成为地方军阀们的傀儡。上行下效，日本国内"礼崩乐坏"，"下克上"之风盛行——家臣灭家主、分家篡主家、农民逐武士，甚至儿子对抗父亲——武田信玄[3]便是如此。1541年，他将父亲武田信虎流放，取而代之成为甲斐武田家第十九代家督，从此登上历史大舞台。

甲斐国地处山区，土地贫瘠，且无出海口，在战国时代，要想生存，只有向外扩张一条路。在信虎的治下，武田氏的军队已拥有相当强的战斗力，但还不够成熟。信玄成为家督后，开始系统地变革军事与内政。

"风林火山"旗就是这个时期的产物。信玄在拜读《孙子兵法》后，深为所动，并坚信孙武的思想能指引武田氏脱颖于乱世群雄。信玄援引《孙子兵法》中"疾如风、徐如林、侵掠如火、不动如山"[4]这14个汉字，奉为武田氏军事行动的最高指导原则，并用金字书写于旗上，定为武田军军旗。从此，"风林火山"旗随着信玄的功绩而声名远播。

"其疾如风，其徐如林，侵掠如火，不动如山，难知如阴，动如雷震"出自《孙子兵法·军争篇》，人称"孙武六如真言"，原文本意为部队进退攻守应具有的6种

◉川中岛百勇将战之内／明将 武田晴信入道信玄／歌川国芳 绘

◉电影《影武者》中，"风"军大将马场信房、"林"军大将内藤昌丰、"火"军大将山县昌景，各自背负一面军旗，三人指挥的军队也以此明确区分。现实中，武田军除"赤备"外，"风林火山"并未在士兵装备上直接体现，而是从"内部层面"指导着各兵种的构成与行动。

2《甲州法度次第》第二十条。 3 此时名为武田晴信，"信玄"为后来入道后的法号。 4 日语："疾如風、徐如林、侵掠如火、不動如山"——疾きこと風の如く、徐かなること林の如く、侵掠すること火の如く、動かざること山の如し

◉“风”之骑兵队（黑色）

◉“林”之长矛步兵队（绿色）

◉“火”之赤备队（红色）

◉“山”之本阵（青色）

态势——“风林火山阴雷”这6种比喻，浓缩了《孙子兵法》“常变一体，动静相辅，奇正相生”的核心理念，不仅可以指导军队行动，也被升华成了一种男性战斗精神：

其疾如风

急行军像疾风一样迅速，所向披靡。

思维敏捷，动作麻利

其徐如林

徐行军如林之森然不乱，井井有条。

心思缜密，条理分明

侵掠如火

进攻时若熊熊烈火燎原，不可往复。

富有侵略性与冲击力

不动如山

驻守时如山般闭壁屹然，不可动摇。

沉着稳重，不轻举妄动

难知如阴

大军的态势如阴云遮蔽，不可窥破。

胸含韬略，深不可测

动如雷震

全军行动就像雷霆万钧，避无可避。

行动果决，毫不迟疑

“六如”中，要想达成“风”“林”“火”“山”，主要靠基层士兵的实际操作；而达成“阴”与“雷”，则更多需要主将层面的谋划，所以信玄只将前“四如”书上军旗。除此之外，“风林火山”的理念也被信玄运用到武田军的军制上：

◉ 武田“赤备”铠甲（复制品）

风——代表轻骑兵队，强调机动力；
负责快速夹击，从两翼包抄敌军。

林——代表长矛步兵队，强调号令与阵列；
作为全军主力，负责总攻、扫荡战场。

火——代表精锐“赤备”队，强调冲击力；
作为突击前锋，负责撕裂敌军阵线。

山——代表本部中军，强调稳定可靠；
作为主将直接指挥的强兵，存在便是一种强大的威慑力，用以稳定军心；
另外，“山”也指信玄本人。

其中，代表“火”的武田“赤备”尤其值得一提。“赤备”，如字面意思，军中所有甲胄、旗帜、武器都被统一为富有侵略性的火红色；军团由骑兵和步兵两部分混编而成，以强骑兵为主，故又被统称为“武田骑马队”。这支部队的装备、将领、兵源配置都是全军最优，尤其是兵源，这是决定“赤备”战斗力的关键。

日本战国，“兵农分离”基本还未开始实行，军队中的步兵大多是农民，平时要下地劳作，战时则接受征召参军，武器、装备甚至军粮都要自备，其战斗力可想而知。“赤备”与前者最大的不同，在于士兵基本都是正统武士家庭出身，不必分心于农务，在战争结束时也不会解散，可以持续操练。因为是职业军人，所以个人战斗力、团队协作能力自然与业余的有天壤之别。“赤备”的作战能力，在战国时代可谓是鹤立鸡群，因此，往往能以少数兵力冲垮数倍于己的敌军，如烈火般席卷战场。

1542年，已稳定甲斐国内部的信玄，开始实施他的扩张大计。“猛虎出山”，最先盯上的肥肉就是位于甲斐国北部的信浓国——信浓国缺少一个能力强的大名统一全境，它被大大小小的豪族瓜分，因此易于逐个击破。信玄从1542年夺取诹访郡起，到1553年逼逃北信浓的村上义清，前后12年的时间，基本将武田家的势力辐射到了大半个信浓。这期间屡有苦战，武田方损失了包括甘利虎泰、板垣信方在内的多名大将。信玄的用兵之法，通过实战得到了充分的锤炼，也日趋于成熟。

被信玄逼至穷途末路的村上义清，北上投靠了接壤信浓的越后国的上杉谦信[5]。武田信玄一生的宿敌就此登场。

◉“赤备”初代大将——饭富虎昌，“赤备”最早便是由其负责组建和训练的。

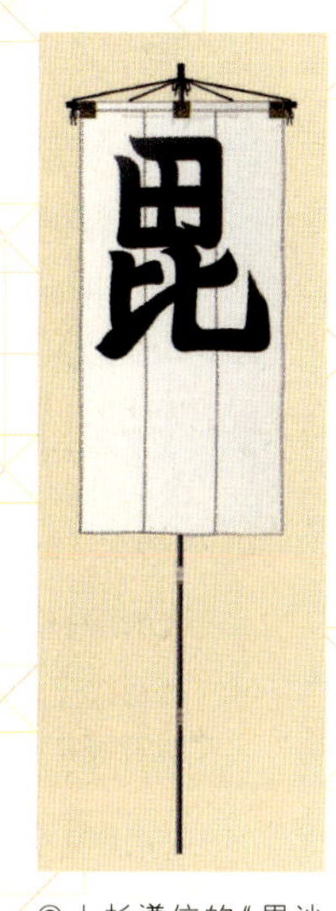

◉ 上杉谦信的“毘沙门天”军旗

信玄与谦信，一个被誉为“甲斐之虎”，一个被赞作“越后之龙”，二人皆以用兵精妙而闻名天下，可谓一时瑜亮。

在人人为一己私欲而杀伐不断的战国，谦信可算是一股清流。他不近女色，诚心礼佛，在他统领下的越后国，从不去主动侵占他国，其发动战争的目的只为“大义”。彼时，“将军”虽然式微，但名义上还是“天下武人

5 此时名为长尾景虎，后继承关东管领的“上杉”氏。其笃信佛教，“谦信”为法号。

◉ 传说第四次“川中岛合战”，谦信单骑突入武田军本阵，挥刀直击信玄，后者慌乱间用手中的“军配”接下一刀，此图所绘就是著名的“谦信·信玄一骑打”。

之首”——维护“将军”地位、帮助弱小国家抵御侵略、恢复社会原有的秩序——这就是谦信追求的“大义”。

信玄的一生则彻底贯彻了《孙子兵法》中“兵以诈立，以利动”的思想，行事以“利”为原则，在不同的局势下，会做出最符合己方利益的决策。虽然后来他也因为反复背弃盟友，在道德上广受诟病，但从军事角度上看，信玄的选择才是最高效的。

信浓，这个甲斐、越后之间的缓冲地带，被武田势力拿下，相当于杀到了越后家门口，加上村上义清等信浓败将的紧急求援，谦信不得不做出回应。1553年4月，谦信出阵。此后，甲、越二国围绕着信浓川中岛，展开了一系列的军事博弈。

从1553年谦信初次与信玄交战，到1564年第五次“川中岛合战”[6]，“龙”与“虎”整整斗了12年。其中，1561年的第四次“川中岛合战”堪称日本历史上最著名的战役——此战以双方的高战损率而闻名，阵亡人数皆超过了全军总数的三成，其余半数负伤。但是，双方都没有发生大崩溃，在冷兵器时代实属罕见。由此也可见，信玄、谦信棋逢对手，势均力敌。

日本江户时代著名汉学家——赖山阳，曾作汉诗一首，生动描绘出了当时“龙虎相争”的场景：

西条山，筑摩河
越公如虎峡公蛇
汝欲螯，吾已噉
八千骑，夜冲暗
晓雾晴，大旗挚
两军搏，山欲裂
快剑斩阵腥风生
虎吼蛇逸河喷雪
傍有毒龙待其蹶

诗文中，谦信是“虎”，信玄是“蛇”，而最后一句中的“毒龙”，则指的是信玄人生后半段最大的对手——织田信长。

第四次“川中岛合战”后，甲、越双方元气大伤，虽然各自宣称己方获胜，但实际上双方都是输家。正因为信玄和谦信两股强大势力缠斗多年，无暇西顾，盘踞于尾张国的织田信长才得以顺利崛起。

尾张国邻近当时日本的政治中心——京都，信长早期通过拥立“第十五代征夷大将军”足利义昭，并借其名号获得了巨大的威望与政治资本。但是，足利氏渐渐不甘心只做信长的傀儡，决意要重现“将军”昔日的荣光。这和信长的根本利益起了冲突，矛盾不可调和，最终二人决裂。于是，“将军”利用自身影响力，开始号召天下大名起兵对抗信长，各地与信长敌对的势力纷纷响应，形成军事联盟，史称“信长包围网”[7]。

“上洛”[8]，将“风林火山”旗插满京都，是信玄人生的一大理想。1572年，“将军”邀请信玄带兵前往京都，武田势力也加入到了“信长包围网”中。52岁的信玄终于得到了名正言顺“上洛”的机会。同年10月，信玄集结甲斐国以及周边国家（相模国北条氏）的兵力，加上骏河的武田水军，共计三万余人，兵分三路[9]大举西行，开始与织田势力正面碰撞。

武田“上洛”的第一个主要对手，便是战国时代的最终赢家——德川家康。此时，家康作为信长的盟友，负责据守前线的远江国和三河国。但面对势如破竹的武田军团，德川军从人数、士气、战术等各个方面都处于下风。到了1572年12月，家康在远江国的城池大半落入信玄手中，武田军继续西上，很快便与山县昌景的精兵会师，军势愈盛，德川势力岌岌可危。

家康紧急求援于信长，但此时后者正深陷“信长包

6 川中岛合战（川中島の戦い），从1553年到1564年，共由五次主要战役或对峙组成，分别是1553年布施之战、1555年犀川之战、1557年上野原之战、1561年八幡原之战、1564年盐崎之战。 7 信长包围网（信長包囲網）：严格来说，一共有过三次，信玄参与的是第二次，谦信以及信玄之子胜赖参与的是第三次。 8 上洛：“带兵进入首都”的正式说法。日本的京都城仿照唐朝的洛阳城而建，所以日本人也曾将其称为“洛阳”。日本大名将“上洛”成功，视为一个重要的里程碑，概念类似于中国“问鼎中原”。其主要作用是向天皇和将军展示自己拥有争霸天下的能力，并从前者处获得正式授权，可以名正言顺地发动战争。 9 第一军为信玄率领的主力，兵力约两万，从信浓直接侵入远江境内；第二军为“赤备”大将山县昌景的前锋部队，兵力约五千，主攻三河；第三军是秋山信友率领的约三千兵力，进军美浓的岩村城，用以牵制信长的援兵。

◉三方原合战图／歌川芳虎 绘

◉记录德川家康惨败后痛苦面容的画像，人称——“颦像”。

围网”中，自顾不暇，只能派出三千兵力驰援。家康无奈龟缩于位于远江、三河交界处的滨松城大本营内，期盼着战局发生转机。不久，前线消息传来，武田军似乎并不打算攻打滨松城，行动表明，信玄绕过这里，目标是拿下三河，进而直取京都。

家康眼前的危机得到缓解，本可松一口气，但从长远来看，任由武田军西进，便会切断德川与织田两股势力的联系，最终仍是死路一条。于是，家康不顾家臣反对，决定冒险举兵出城，尝试从后方偷袭武田军。

12月22日，约一万德川军尾随武田军，行至滨松城西北方的三方原高地，家康认为时机成熟，便下令进攻。但是，信玄通过情报网早已察觉，武田军迅速前后队列调换，大举反攻。德川军退无可退，只得拼死迎战，以鹤翼阵勉强突破了武田军前阵。此时，武田“赤备”强势加入战局，战争只持续了约两个小时，德川军便彻底崩溃，家康仓皇逃命。此战成了他一生中最惨痛的记忆。传言称，家康在逃亡途中因惊吓过度而失禁，战后，他令画师将自己当时的窘态描绘出来，以求时时警醒，切勿重蹈覆辙。

取得“三方原合战”大胜后，武田军又在1573年2月顺利拿下了三河的野田城，离京都更近一步。此时的织田信长被“将军”组织的多股势力团团围困，已是四面楚歌，若信玄继续西上，那么织田氏便极有可能就此灭亡。

1573年4月，就在距达成信玄“上洛”梦想只有一步之遥时，武田大军突然开始全线撤退——征战沙场数十年，在接近人生巅峰之时，信玄的阳寿却耗尽了。武田军因信玄病重，被迫停下了西进的步伐，信玄也在归途中，客死他乡，享年53岁。

后人对他的死惋惜不已，许多人认为，若再延长信玄的寿命几年，那么武田氏大概会是战国最后的赢家。信玄本人在临终前，回首这一生，也会感到遗憾与懊恼吗？从他留下的“辞世句”中可以看出，信玄似乎是潇洒地离开这个世界的：

> 此身此骨归于天地，不沾红尘，独自风流。
> 大ていは地に任せて肌骨好し紅粉を塗らず
> 自ら風流

信玄这座“山”崩塌后，“信长包围网”中的各股势力很快也被一一瓦解。1573年7月，“将军”足利义昭起兵对抗织田信长失败，遭到后者流放，室町幕府就此宣告灭亡。

武田家方面，信玄之子——武田胜赖，接任了第二十代家督之位。他也同样继承了父亲的武勇，高举“风林火山”旗，与织田及德川势力抗衡，屡有斩获。连信长都曾在书信中称赞胜赖“武勇更胜信玄”。但是，比起父亲，胜赖凝聚家臣的能力要逊色不少。初登大位，尚未稳住人心的他，急需获得一场决定性战役的胜利，以此树立威信。

1575年，因为胜赖的屡屡挑衅，织田及德川势力与武田势力的大规模冲突终于爆发了。5月，三河国长篠城，织田及德川联军开始集结，共计四万余人，与武田胜赖的一万五千人马对峙于此。双方兵力悬殊，武田家臣提议撤军，但胜赖决意一战。随信玄征战多年的老臣们意识到此战很可能有去无回，便在出征前相聚痛饮，决定慷慨赴死。

5月21日晨，两军陈兵“设乐原”，欲在此展开最终

◉ 谦信与信玄这对宿敌，不仅长于军事，各自在汉文上也有颇高的造诣。谦信在攻陷能登七尾城时，酒后写下了这首日本至今最有名的赏月汉诗——《十三夜》：霜满军营秋气清，数行过雁月三更。越山并得能州景，遮莫家乡忆远征。

◉ 谦信爱酒，信玄则爱花。他的汉文诗水准也不俗——《惜落花》：檐外红残三四峰，蜂狂蝶醉景犹浓。游人亦借渔翁手，网住飞花至晚钟。

◉ 织田信长铜像

◉ 德川家康铜像

决战。织田及德川联军除了兵力优势外，对战场地理的利用与设计、攻守战略的正确选择，也是最终获胜的关键。“设乐原”为丘陵，且有一条河流分隔两军，整体是一个利于防守的地形。信长下令，顺势在各处营造土垒、壕沟、防马栅等土木工事。战争开始后，这些工事很大程度上削减了武田军冲锋的威力。

从信玄时代开始，武田军就秉承着《孙子兵法》中的战术要领——野战中，灵活运用奇兵、正兵，将敌方的大军团切割成若干个小块，使其首尾不能相应，己方再集中优势兵力，达到局部以少击多的效果，最后逐一击破。信长深知武田军的厉害，所以，即使兵力大大占优，此战采取的也是防守姿态。

决战开始，武田军率先发起冲锋，联军在白刃战中难以支架，纷纷退至防御工事后面，武田军继续大举向前逼进。这时，联军祭出杀器——铁炮[10]。在铁炮的猛烈射击下，武田军措手不及，攻势被一一化解。

之后，武田军又组织了数波攻势，并将“赤备”大举投入战场。顶着枪林弹雨，武田军曾数次突破联军的防线。但此时兵员折损已经很严重了，武田家臣奉劝胜赖，趁目前还有优势，暂且退兵，他日再战，但被胜赖否决。

武田军发动总攻，山县昌景率领全部“赤备”接连突破敌方三道防马栅，直逼信长本阵，势不可挡，织田军仅能勉强招架。但是很快，战局突变，德川军前来支援，山县昌景在乱军中被射杀。大将战死，武田军的攻势急转直下，联军立刻组织反击，很快，地面上被“赤备”火红的尸体堆满。此战成了武田“赤备”的绝响。

“赤备”的覆灭让武田军大为震撼，为挽回军心，胜赖决定率领本阵加入战局——“山动了”。德川军大举杀入胜赖的本阵，战争趋于白热化。随后，织田军也加入白刃战，武田军人数劣势突显，开始大崩溃。武田信廉、武田信丰、武田信光等武田氏亲族，不顾胜赖的死活，开始引兵退却，武田军被彻底瓦解。

10 铁炮：日本在江户时代之前对枪械、火炮的统称，这里指的是火绳枪。

◉“风”“林”“火”三位大将，面对联军的防御工事，迎来了人生最后一战。黑泽明的画笔下及镜头中，弥漫着黄昏将至的悲伤。

◉ 山县之死 / 黑泽明　绘

◉ 1582年，织田信长起兵17万攻打武田家，武田军节节败退，将士们开始纷纷不战而降。武田胜赖退至家臣小山田信茂领地据守，不料此人已经背叛。4月3日，武田胜赖与嫡子武田信胜被叛军逼至天目山，走投无路，挥刀自尽，享年37岁。武田势力灭亡。（天目山胜赖讨死图 / 歌川国芳　绘）

“长篠合战”，武田军伤亡12 000人，这一数量高达全军总人数的八成，信玄引以为傲的“赤备”几乎损失殆尽，核心老臣大量战死，“武田四天王”[11]四去其三。此后，虽然胜赖也做了许多努力，试图重振武田家，但其威望已降至谷底，人心已散，家臣多有反叛。

黑泽明电影《影武者》的最后一幕，镜头扫过“长篠合战”后的“设乐原”战场，武田军的尸体堆积如山，“风林火山”旗缓缓沉入湖底，这也预示着，曾经无限荣光的甲斐武田一族就此衰亡。图

11 武田四天王：指马场信房、内藤昌丰、山县昌景、高坂昌信四人，前三人都在“长篠合战”中战死。信玄时代，“四天王”指的是板垣信方、甘利虎泰、饭富虎昌、小山田昌辰四人。

㉔

“汉文有诡谲，倭教说真锐”

“Chinese Hide in Cunning While Japanese Speaking the Essence”

文 李宛霖 编 朱鸣 text: Li Wanlin edit: Zhu Ming

《孙子兵法》流传到日本后，备受推崇，并在各个时期掀起了数波兵法研究热潮。然而，在普遍的赞誉声中，也有一些日本研究者表达了不同的观点。他们认为：《孙子兵法》的思想与日本的传统思想不能完全吻合，这部“大国”兵书无法适应“岛国”的实际环境。因此，日本出现了第一部自己的兵书——《斗战经》。

《斗战经》全书共53章，仅1188字，全部以汉字写成。每章以极短的文字阐述思想，最长不过67字。《斗战经》的序言中指出，此书相传为日本平安时代的宰相大江维时或其后人，被誉为日本“兵学之祖”的大江匡房所著。作为日本历史上第一部军事理论著作，《斗战经》的特点是，虽以《孙子兵法》为基础，但是从批判和辩证的角度来撰写。除了批判中国兵学思想，该书又吸收了中国“孔孟老庄”的思想，形成了以“真锐”为核心要义的本土兵学思想。

融入“老庄哲学”及“阴阳五行”的思想，因此，《斗战经》具有唯心主义色彩。例如，书中认为“自然之道”就是“武道”——“仰观造化有断，知吾武在中也”；以及“精神”是战争制胜的重要因素——“一心与一气兵胜之大根乎”。

在军事理论上，《斗战经》作者认为，日本学者只是机械性地理解孙武的思想，因此对其观点产生了误解，陷入对“权谋术策”的盲目崇拜，因而写作《斗战经》进行反驳。《斗战经》批判孙武的“奇正”之说，确立了以“真锐”为核心的制胜原则。作者认为孙武以“谋略至上”为原则，实则是表现了内心的“怯懦”，将领惧怕与敌人正面交锋，才不得不求助于奇兵诡计。如《斗战经》第八章中云：“汉文有诡谲，倭教说真锐。诡哉诡、锐哉锐，以狐捕狗乎。以狗捕狐乎。”在第十三章中则直接认为“孙子十三篇不免惧字也”。

◉ 大江匡房（1041～1111）：日本平安时代政治家、军事理论家，其出身在书香世家，幼时被誉为“神童”/ 菊池容斋 绘

那么，《斗战经》所强调的“真锐”究竟所谓何物？在书中，“真”指抛弃无谓的阴谋诡计和犹豫，一心一意地投入战斗；“锐”则指集中兵力迅速袭击，给予敌人最大杀伤。犹如日本剑道所强调的“一击必杀”的思想。《斗

◉ 1860年的日本武士 / 费利斯·比特 摄

战经》中的“真锐”讲究用兵时一心一意、迅速制敌，是英国军事学家李德·哈特《战略论》中所描述的典型“直接路线”思想。相对来说，孙武的“奇正、虚实”则为典型的“间接路线”思想。

在谈到作战中的“谋略”与“武勇”时，孙武认为“上兵伐谋，其次伐交，其次伐兵，其下攻城。”即用谋略“不战而胜”是上策，用外交手段次等，武力攻敌更次。但是，日本的《斗战经》会选择正面“武勇”作战，第十七章云：“军者有进止而无奇正矣”，即军队只讲进攻和停止进攻，不讲究阴谋诡计。第二十章：“将有胆而军无踵者善也”，即强调将领要果断勇敢，士卒不后退逃跑才是好的。在这一观点上，《孙子兵法》与《斗战经》产生了明显的分歧。可以看出，这两本书作者的立场高度是完全不同的。《孙子兵法》更多以高层领导者或者“帅”的立场，来论述战争；身为“对国家负责的人”，不仅需要顾及战争的胜负，战斗带来的资源损耗、战后的重建、国际政治关系修复等事宜皆需考虑。基于此，不发动战争，或者以最小代价赢得战争，才是最符合立场及利益的。反观《斗战经》，明显是站在“将”的立场来展开论述的——大多时候，将领只需对单场战役的胜败负责。所以，在此立场上，强调“武勇”也是合理的。

◉ 全副盔甲的日本武士 / 费利斯·比特 摄

《斗战经》与《孙子兵法》的学术地位及社会影响力对比悬殊。在世界军事思想研究中，《斗战经》并没有获得很高的评价。但是，由于言辞简单易懂，并且在很大程度上结合了日本的民族特性，《斗战经》在日本社会流传很广，尤其受到当时日本新兴武士阶层的喜爱。日本平安时代是武士阶层登上权力顶峰之时，《斗战经》的“真锐”“一心一气”等思想，成了武士们的精神支柱。

作为一本兵书，《斗战经》也提出了许多有价值的兵法观点。例如“仰观造化有断，知吾武在中也”，“知变为常怪为物与造化若合梦矣”——认为武道就是自然规律，遵循者胜。“怀与动者将有灾”——强调用兵不可优柔寡断，犹豫只能带来灾祸。“小虫之有毒天之性欤，以小势讨大敌者亦然乎”——即团结一致，弱也能胜强，寡能敌众。“天以刚毅不倾，地以刚毅不堕，神以刚毅不灭，仙以刚毅不死”——认为刚毅是日本民族的精神根本，是战争中的制胜条件。图

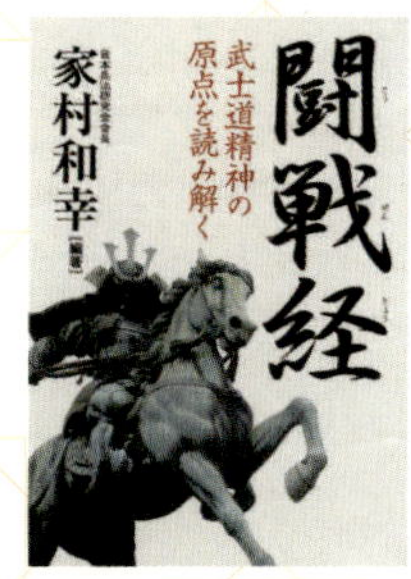

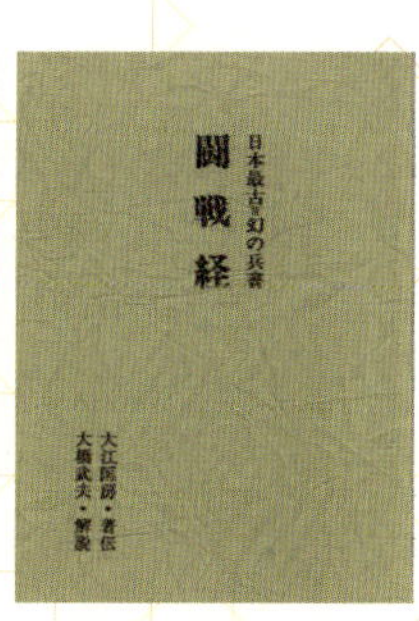

◉ 日本研究《斗战经》的相关著作

㉕

无国界之花

The Boundless Flower

文 罗兆良 编 朱鸣 text: Paul edit: Zhu Ming

自2 500年前春秋时期《孙子兵法》诞生以来，这部世界上最早的兵学经典，不仅对中国的军事学术和战争实践产生巨大的影响，并且在历史的长河中，穿越国界，突破语言和文化的樊篱，成为迄今为止在海外最受推崇的中国古代著作之一。早在公元8世纪，《孙子兵法》首先传入日本，其精深的奥义深得历代日本军事家和兵法家的青睐，对其研究的热情也一直持续至今。相较于在东洋日久岁深的传播历史，《孙子兵法》在西洋的传播时间却不到300年，但其产生的影响也颇有可书之处。

把《孙子兵法》引入欧洲的第一人，是法国天主教耶稣会传教士——约瑟夫·阿米欧(Joseph-Marie Amiot)。1718年，约瑟夫·阿米欧出生于法国土伦，1746年在里昂由主教授予神职成为神父。在修道期间，他就希望日后能够去中国传道，这一请求最终得到了教会的准许。到达中国之后，约瑟夫·阿米欧为自己起了一个中国名字——钱德明。从1750年到1793年整整43年的时间，钱德明除了传教以外，把绝大多数的精力都用在中国文化的研究上面。在此期间，他学会了汉语、满语，并把中国的历史、语言、儒学、音乐、医药等各个方面的知识翻译并介绍到法国，成为第一批把东方文化带到欧洲的传播者之一。他也是把中国乐器笛子和笛子乐曲介绍到欧洲的第一人。

◉ 约瑟夫·阿米欧（1718~1793）

当然，在钱德明所有传播东方文化的工作当中，最有意义的就是受法国国王路易十五的大臣M·贝尔东的委托，翻译了6部中国古代兵书。凭借着自己汉语和满语的深厚语言功底，钱德明根据一部《武经七书》的满语手抄本，对照汉语兵书开始了翻译工作，最终编纂成集，并将此套法译版兵学丛书命名为《中国军事艺术》(L'Art de la Guerre)，其中第二部就是《孙子兵法》(另外两部分别为《吴子》和《司马法》)。1772年，此套兵学丛书由巴黎的迪多出版社发行，一经问世便在法国引起轰动。《法国精神》等文学刊物纷纷发表评论，高度赞扬《孙子兵法》中所阐述的精妙思想内涵。有的评论家甚至认为，在《孙子兵法》里看到了西方名将和军事著作家斯诺芬、波利比尤斯和萨克斯笔下所表现的“伟大艺术的全部真理”，其精邃富赡、逻辑严谨缜密的思想令人赞服，他们建议将这一杰作作为“那些有志于统领我国军队的热血青年和普通军官的教材”。

◉ 翟林奈（1875~1958）

法兵子孫

SUN TZŬ

ON THE

ART OF WAR

THE OLDEST MILITARY TREATISE IN THE WORLD

TRANSLATED FROM THE CHINESE WITH INTRODUCTION AND CRITICAL NOTES

BY

LIONEL GILES, M. A.

Assistant in the Department of Oriental Printed Books & MSS. in the British Museum.

LONDON
LUZAC & Co.
1910

◉ 翟林奈先生于1910年翻译的《孙子兵法》书稿

至于首部英文版《孙子兵法》，则是由英国炮兵上尉卡尔斯罗普（Everard Ferguson Calthrop）翻译，并于1905年在日本东京出版。卡尔斯罗普由于自身汉语水平十分有限，所以是在两位日本助手的帮助下完成《孙子兵法》的翻译工作。正是囿于对于汉语理解的不到位，导致卡尔斯罗普无法真正深入了解《孙子兵法》的内涵，只能把一部分的内容基于自己的主观想象，再加上大量借鉴日语版《孙子兵法》和资料，所以翻译的内容和原作可谓是差之千里。虽然这是历史上第一部英文版《孙子兵法》，但评价不高。

真正被大众推崇的英文版《孙子兵法》是由英国汉学家翟林奈（Lionel Giles）于1910年所翻译的。翟林奈严厉批评了卡尔斯罗普的版本，他认为"这样的翻译是彻头彻尾的失败，内容大量遗漏，翻译流于表面，蓄意扭曲和模糊原作的真实内涵，是无法被原谅的。这种随意的态度不仅在翻译希腊语和拉丁语的经典著作时应予以批评，而且诚实的翻译标准也应当在翻译汉语著作过程当中体现出来。"

翟林奈，1875年出生于中国，曾担任英国驻中国领事官，其父翟理思（Herbert Allen Giles）也是汉学家，所以，家学渊源使翟林奈对汉学研究有着很高的造诣。在翻译《孙子兵法》的过程中，翟林奈以权威的清代孙星衍《孙子十家注》为翻译母本，为了体现对经典原作的尊重，并便于双语学者对比检验，译作以中英对照的形式出现，而且是先出中文再出英文，可见翟林奈希望完全以中文的语言特点和逻辑为基石，力求原汁原味还原这部著作。此外，翟林奈用阿拉伯数字为每段《孙子兵法》中的长句加序号，便于西方读者阅读，仅译本导论就长达43页。该译本不但力求准确，还尽可能达到行文流畅，更接近中文琅琅上口的特点。

翟林奈的英文版发行之后，《孙子兵法》的影响力在欧美国家迅速扩展，美国西点军校和哈佛大学商学院均将其作为必读教材。但令人惊异的是，作为一部军事著作，《孙子兵法》在西方世界的影响领域不仅仅局限在军事上，它也潜移默化地渗透进商业、生活甚至文化艺术领域，短短一个世纪的时间，《孙子兵法》深厚的根就牢固地扎进这片异国土壤中。

◉ 克劳塞维茨（1780~1831）、约米尼（1779~1869）、李德·哈特（1895~1970）——西方世界著名的三位军事战略家。

西方军事理论教育一直以来都以克劳塞维茨（Carl Von Clausewitz）、约米尼（Antoine-Henri Jomini）、李德•哈特（Liddell Hart）的经典著作为核心，《孙子兵法》的思想使西方世界的军事思想体系更加完整，让重微观、重分析的西方思维特点和重宏观、重综合的东方思维特点结合起来，继而更加全面地理解军事和战争的本质。

作为东西方最为经典的军事著作，《孙子兵法》和克劳塞维茨的《战争论》的不同思想如两大阵营的旗帜，一直牢牢地决定着战争史的发展进程，但自近代《孙子兵法》传入西方世界之后，世界军事的发展开始慢慢出现新的情况和面貌，东方与西方在冷硬的军事领域中也有了思维的交集。欧美国家运用了《孙子兵法》中"慎战"的精髓，逐渐开始重视外交、宣传、斡旋的力量，通过战略性孤立敌人，既可避免正面战争，又可维护、争取自身的利益。

西方对于《孙子兵法》的研究持续升温，最初的原因也是在军事方面。自西方工业革命之后，欧美国家的军事科技发展突飞猛进，把中国远远地抛在了身后。但是随着中国共产党革命的成功以及美国对中国朝鲜战争、越南战争两次正面交锋的败退，深深地震撼了西方世界的神经。西方希望通过对《孙子兵法》的研究，找出战争时，自身在处于绝对优势的情况下，却惨遭失败的原因。

对于社会高度系统化和严密专业分工的欧美国家，《孙子兵法》之所以受欢迎，还因为这是一部对于高层决策者来说，能够培养战略博弈思维的高水平著作。商场如战场，在某种程度上来说，瞬息万变的商战环境和真实的战争环境是可以等同的。前通用汽车公司首席执行官罗杰·史密斯（Roger Smith）就将《孙子兵法》作为自己在商业竞争中的实战手册。科技先锋 DocuSign（电子签名）公司的 CEO 基斯·克拉奇（Keith Krach）则明确表示，《孙子兵法》是他最喜欢的一本书。他认为，所有人都能从《孙子兵法》中汲取营养，并应用到自己的生活当中。"知己知彼，百战不殆"这一警句也在现代西方世界中得到广泛应用，和如今风行的"自我实现"的价值观相辅相成。因《孙子兵法》科学、全面和普世的思想，它的影响力自然而然地从军事、商业延伸到西方各个领域当中。世界著名足球教练斯科拉里（Luiz Felipe Scolari）在执教过程中，也会借鉴《孙子兵法》的谋略在比赛中排兵布阵。

◉ 罗杰·史密斯、基斯·克拉奇、斯科拉里——在不同领域实践着"兵法"。

◉"and how many rains must fall before the stains are washed clean"——Imran Qureshi（要下多少场雨这血污才能被洗净——伊姆兰·库雷希）

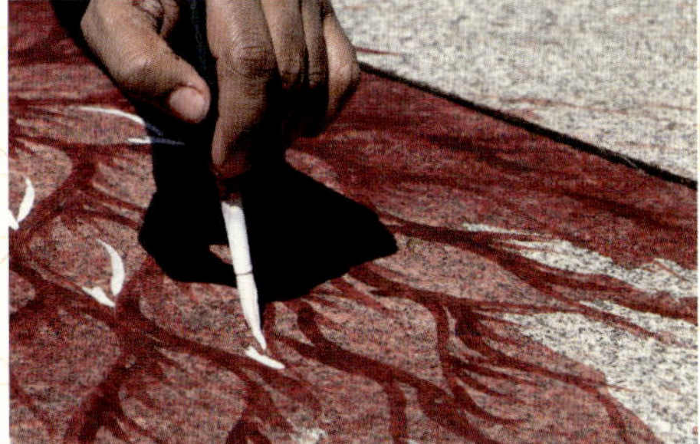

◉ 创作中的伊姆兰·库雷希

最为神奇的是，《孙子兵法》也和西方文化艺术产生了奇妙的化学反应，出现了很多优秀的艺术作品。艺术是以多种元素和角度去呈现世界当下的文化现象，而军事和战争，是最能激起艺术家"反映人类社会问题"创作欲望的题材。

巴基斯坦艺术家伊姆兰·库雷希（Imran Qureshi）2003年下半年，于纽约大都会艺术博物馆的屋顶创作的地面装置艺术，最能契合《孙子兵法》"慎战"和对于军事本质剖析的主题。

这幅作品占据了大都会艺术博物馆屋顶将近750

◉《慎战》局部

平方米的空间。此地地处纽约中央公园上方，周围的景观一片郁郁葱葱，绿色的树林和碧蓝的天空让这幅作品的力量更加旺盛。伊姆兰·库雷希用红色丙烯涂料在屋顶上制造了一个美轮美奂的红色花园，犹如莫卧儿王朝巨大花园的模型。他用自己细腻的画笔在屋顶上画出一朵朵绝美的花瓣，但花瓣互相重叠，从鸟瞰和远望的视角来欣赏，每一朵花瓣的叠落居然变成一大摊血迹，在平静的天空下醒目地晕染着。

伊姆兰·库雷希想借着这部作品表达：无论军事干预甚至是战争爆发的原因是多么的正当及合理，犹如花瓣一样绚烂华美，但最终带来的结果一定是死伤无数，一片哀鸿。《孙子兵法》虽然是一部军事著作，但其对于军事和战争残酷本质的揭露、真正“胜利”含义的解读，以及倡导尽可能用其他一切平和手段去解决争端，都符合当今西方国家乃至整个世界的期望。

《孙子兵法》以军事为叙述点，阐述了人与人之间最朴素自然的哲理，它像一朵无国界之花一样，自春秋时期在中国诞生，无论岁月如何变迁，文明如何更迭，文化之间有着怎样的差异，依旧能随着时间的风尘传遍世界的各个角落，灿烂地绽放着。图

㉖

分庭抗礼的中西战略艺术

The Rival Military Strategy Between China and the West

文 罗兆良 编 朱鸣 text: Paul edit: Zhu Ming

1840年第一次鸦片战争之前，以中国为代表的东方和以欧洲列强为主的西方，在各个领域皆交流甚少，军事方面更是如此。这段时期，东方还在“沉睡”，西方则在通过“资产阶级革命”，迈向全新的历史阶段，科学的发展使人们的思想、观念发生巨变。

◉ 卡尔·冯·克劳塞维茨（Carl von Clausewitz），1780年出生于普鲁士马格德堡，12岁时就加入了普鲁士军队，一生参与战役无数，并为后人留下了许多军事理论资料。他和同样生于19世纪的约米尼，并称西方军事思想的两大权威。

◉ 孙武，字长卿，出生于春秋时代的齐国，青年时期出仕吴国，助吴王灭楚平越。其军事思想凝结成一部《孙子兵法》，流传千年。孙武被后世尊称为“兵圣”，是中国军事思想史上举足轻重的人物。

17~18世纪的“资产阶级革命”之后，西方与军事相关的学术，不再只是被用来“记述战史”，众多优秀军事学者的涌现，使其渐渐成为可以单独研究、并能通过科学方法总结规律的学科。其中，普鲁士军官克劳塞维茨，对亲身经历以及过往的战争经验进行归纳总结，西方军事文化的集大成之作——《战争论》[1]就此诞生。《战争论》的理论基础来自于“发生过的战争”，克劳塞维茨通过研究、分析这些战争，运用理性科学思维，系统总结了战争的共性及主导军事的规律和原则。全书由“论战争的性质”“战争理论”“战略概论”“战斗”“军队”“防御”“进攻”“战争计划”八部分组成（后两个部分为草稿）。《战争论》的出现使西方有了一部可以和中国的《孙子兵法》相媲美的军事理论典籍，二者分别构成东西方军事文化的根基。

《孙子兵法》和《战争论》虽然创作背景完全不同，对比二者，却可以发现许多相通的思想理念。孙武和克劳塞维茨都认为，战争的本质是“达成政治目的”——《战争论》认为“战争是政治的延续”，《孙子兵法》则有“兵者，国之大事”之说。除此之外，两人都不约而同地将军事的构成拆分成不同的要素，通过对各个要素的分析，形成了对战争的完整理解。由于时代和语境的不同，两人定义的“战略要素”名词迥异，但围绕这些要素所展开的探讨，很多都是类似且可以进行对比的。

1 J.F.C Fuller. The Reformation of War. Hutchinson and Company. London. 1923

“精神力”和“道”——人

表面来看，装备、后勤、部队规模等硬实力的强弱，关乎战争的成败，但由于战争中有“人”的因素，所以参战人员的士气或者“精神力”这股不可见的力量，对战争的走向也起着决定性的作用。许多以少胜多的战役，正是因为军队气势之盛，才弥补了硬实力的不足。孙武把提高军士“精神力”的方式称之为“道”，他认为上至统治者，下至百姓，若能够意志一致，同生死，共患难，便能使军队的战斗力最大化。同样，克劳塞维茨用“精神力”诠释战争中“人”的作用，他指出：“主要的精神力量重点是指统帅的才能、军队的武德和军队的民族精神。”此外，克劳塞维茨还对统帅、士兵和民众等不同群体进行更加科学的分析，总结出各个群体在战争中的作用和影响力。“军备”是没有生命的物质，这些物质只有通过人的使用，才能转化为实际的能量，而战争最重要的构成是人的活动。因此，孙武和克劳塞维茨都极其重视战争中“人”的作用。

“物质”和“度量数”——硬实力

军队的“精神力”很重要，但物质才是构成战斗力的基础。战争是一个国家国力的综合体现与运用，经济发达、土地广袤、人口众多的强国，自然在战争中占有更大的优势。《孙子兵法》提到：“兵法，一曰度，二曰量，三曰数，四曰称，五曰胜。地生度，度生量，量生数，数生称，称生胜。”即把硬实力看作一个整体，从土地的面积到人口的多少，再到资源是否丰富，一切构成硬实力的元素，都是环环相扣、息息相关的。在战争开始时，通过对这些元素综合的考量，便可以估计出敌我双方的实力和胜败的概率。因此，孙武是把综合国力和战争合到一起进行分析，战争爆发之时，一切的元素都对其有影响；而克劳塞维茨则主要从军队角度出发，重点衡量的是在军队中后勤保障、各个军种编成比例等非常具体的因素，考虑的是在战场上军队本身的硬实力。

◉ 莫斯科保卫战作战路线图。在世界战争史中，莫斯科保卫战（Battle of Moscow）充分体现了精神要素在战争中的重要性。莫斯科保卫战中，德军人员比苏军多40%，火炮和迫击炮多80%，坦克是苏军的1.7倍，作战飞机是苏军的2倍。德军不仅在数量上占据优势，而且在武器装备上也明显处于上风。但苏联军队和人民众志成城的联合，对于家国和民族强大的守护信念，用生命和鲜血的代价，硬是粉碎了希特勒的闪电战计划。

◉ 莫斯科妇女和老人挖掘战壕（来源：United States Information Agency 美国新闻署）

◉ 苏军新兵连奔赴前线（来源：Russian International News Agency 俄罗斯新闻社）

“地形”和“天地”——自然

两军交战一定是发生在某一个地理区域中，地形是两本书都非常重视的一个要素。克劳塞维茨着重分析“复杂多变的地形对战争的影响”，他对军队在山地、江河、沼泽地、泛滥地、森林等不同地形条件下，应当如何进行攻防，做出了详细的分析与讨论；而孙武对自然的概念，维度更大，在“地”的基础上扩展到了“天”的层面。“天”，即“阴阳、寒暑、时制”等气候条件。孙武说“夫地形者，兵之助也”，地形的“远近、险易、广狭、死生”都决定着战斗力的发挥。此外，在孙武的时代，火攻和水攻一直作为重要的战术而备受重视，因而《孙子兵法》中也分析了实施火攻和水攻的自然条件。

◉ 山峰（hill）

◉ 山鞍（saddle）

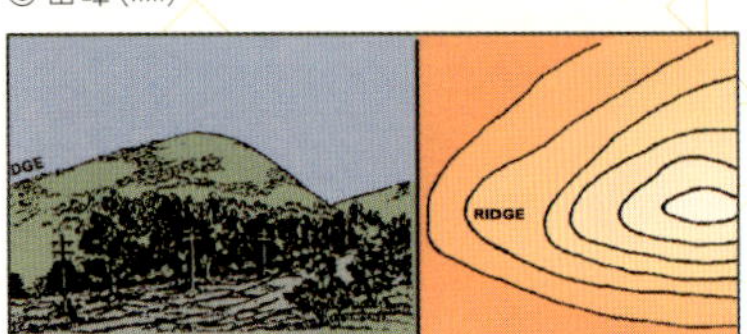

◉ 山脊（ridge）

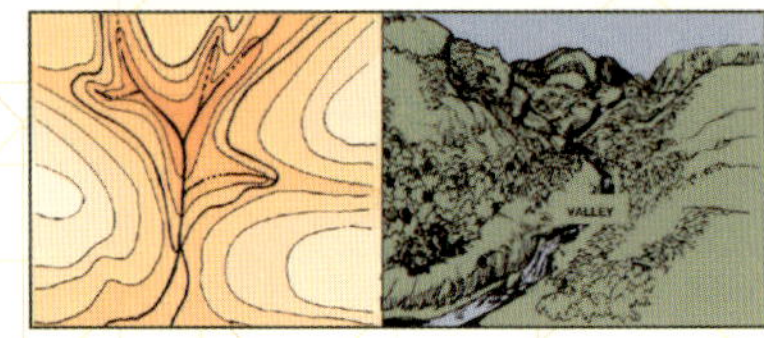

◉ 山谷（valley）

《战争论》中地形对军事行动的影响描述

◉ 山地（mountain）
山地的主要作用是妨碍通行，这表现在两个方面：其一，不是到处都能通行；其二，即使在可以通行的地方，军队的行动也比较缓慢，费时费力。因此，在山地各种行动的速度都会大受限制，整个行动要花费更多的时间。但是，山地也具有其他地形没有的特点，即在某一地点可以瞰制另一地点。山地的这种特点会导致兵力的极度分散，因为有些地点之所以重要，不仅在于它们本身，而且在于它们能够对其他地点产生影响。

◉ 沼泽（depression）
沼泽的第一个特点也是最主要的特点是，除非修筑堤道，否则步兵根本无路可走，通过它比渡过任何一条江河都困难得多，此外，沼泽地上的通路并不像破坏渡河器材那样被彻底破坏。防守者要想利用沼泽地的有利地形，就必须用相当大的兵力占领现有的一切堤道，并且认真地进行防守。因此，用在沼泽地防守的兵力必须比用在江河直接防守的兵力要多一些。

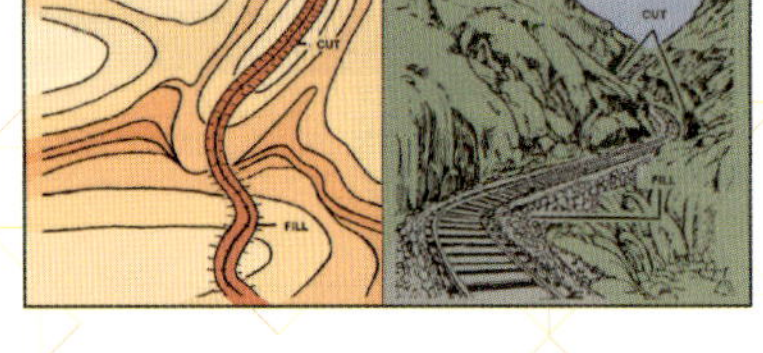

◉ 锁钥阵地（cut）
我们所说的锁钥阵地是很少的。在大多数场合，能够打开一个国家的门户的钥匙是对方的军队，只有具备特别有利的条件时，地形才可能比军队更重要。我们认为，必然具备两个有利条件：第一，配置在这个地点的军队借助地利能够在战术上进行强有力的抵抗；第二，这种阵地可以在敌人威胁我方行进路线以前，有效地威胁敌方的行进路线。

“军事天才”与“将”——将帅

将帅，全军的最高指挥者，将帅的军事能力、个人魅力、品德威望，都直接影响着部队的战斗力。孙武认为，将帅应当是“拯救国家于水火”的重要角色，一个好的将帅应当具备“智、信、仁、勇、严”这五种品德。对于真正称职的军事领袖，克劳塞维茨则用“军事天才”来形容，并且认为一个“军事天才”的诞生，是一个国家极其宝贵的财富。克劳塞维茨认为将帅最为重要的品质，就是要具有敢于冒险和负责的勇气——战争是直接面对生死的行动，将帅只有足够坚定与勇敢，为下属的军士做出榜样，才可保证军队的士气。

◉ 选帝侯国（Brauschweig-Lüneburg）步兵军团战斗队形
《战争论》对于军队战斗队形的分析是："一个整体区分的部分太少，整体就不灵活。整体的各个部分过大，整体司令官的权力就会受到削弱。增加任何传达命令的新层级，都会从两方面削弱命令的效力，一方面是多经过一个命令，其准确性就会受到损失；另一方面是传达命令的时间拖得越长，就越会使命令的效力受到削弱。这一切都要求尽量增多平行的单位，减少上下的层级。一般而言，一个军团的司令官能够顺利指挥的单位不超过8～10个，次一级的指挥官能够顺利指挥的单位不超过4～6个。"

"情报"与"先知"——获取敌情

知己知彼者，百战不殆，充分了解敌军的情况，可以大大削弱战争的不确定性，使得胜负结果有了更为清晰的判断。"故明君贤将，所以动而胜人，成功出于众者，先知也。先知者，不可取于鬼神，不可象于事，不可验于度，必取于人，知敌之情者也。"《孙子兵法》提出"先知"有"三不可"，即不可通过类比的方式来获知敌情，不可仅通过对数据简单的分析来推测敌情，不可用计算方法来推测敌情。言下之意，不能把战争当作是有逻辑规律的事，了解敌军要结合自身和战场的现实情况，并通过谍报获取的消息综合分析，虚实之间，各个可能都要结合起来，达到面对未来发生的任何情况都能有所准备。克劳塞维茨则认为，战争环境是极其紧张的，而人在极度紧张焦虑的状态下，对于情报真伪的判断并不太可靠。因此，为了避免情报对战争产生极大的负面作用，克劳塞维茨对其几乎完全持否定态度，他说："战争中有许多情报都是矛盾的，甚至更多的情报是虚假的，而且绝大多数情报是不真实的。"事实上，克劳塞维茨对于情报的理解主要停留在作战层面上；而孙武所重视的情报，不只局限于当下的战场，更多是在战争计划和准备层面上，因此，二者对于情报的态度迥异。

◉ 图为1796年，拿破仑军队进攻意大利的路线图。1796年第一次意大利战争，拿破仑率领法军取得了胜利。克劳塞维茨在《战争论》中详细论述了拿破仑的历次战争，并且分析了拿破仑能够获胜的原因。

《孙子兵法》和《战争论》成书时间相差了2000多年。克劳塞维茨所处的时代，西方科学的兴起也为军事学术带来了新的研究方向和观点。《战争论》中，克劳塞维茨借鉴当时迅速发展的几何学，对部队的阵型、排兵进行严谨有逻辑的分析，作战阵线构成的角度、向心运动和离心运动，一切有计算价值的要素，都可以帮助将帅精确判断出军队运动最优化的方案。但克劳塞维茨同时也指出，用数学方法计算战斗中的要素联系，并不是最重要的，最重要的还是要把握全局，从战略的角度制定作战方针。

孙武和克劳塞维茨虽然都将“战争的构成”划分为不同的要素，但二人对于战争的理解方式还是有着本

◉ 克劳塞维茨位于德国的墓地与墓碑

◉ 克劳塞维茨的邮票与兵人

◉ 西方将《孙子兵法》与《战争论》共同出版（The Book of War : Sun-Tzu's "The Art of War" & Karl Von Clausewitz's "On War"）

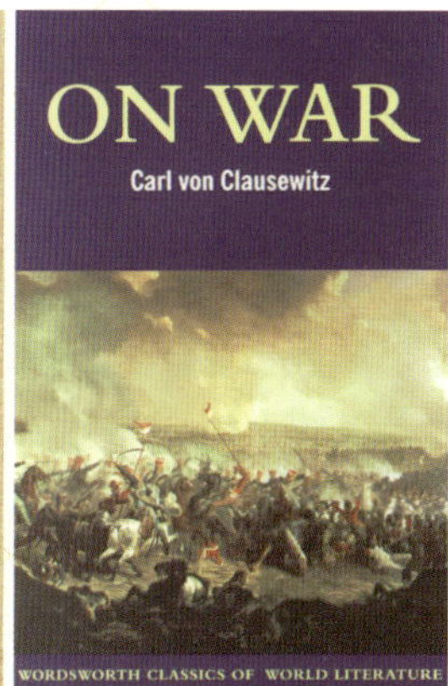

◉ 各种现代版本的《战争论》

质的区别：孙武无论关注哪个要素，都会和其他要素进行综合分析，一直把战争看作一个整体；而克劳塞维茨则是在“战争是一个整体”的基础上，精密切分战争各要素，是逐渐向下细分的过程。不过，克劳塞维茨也认识到，单独分析一个个要素是毫无用处的，写《战争论》的本质是让军事理论还原到每一个具体的战争中去，所以具体情况应当具体分析，不能孤立地理解这些影响战争的要素。[2]殊途同归，二者的核心目的都是为了能够让“战争的本质”更加清晰，这样才能在不同情况下研究出最为合理、最符合己方的战略和战术，各个要素才会体现真正的价值。

2 出自《战争论》：“这些要素在军事行动中大多是错综复杂并紧密地结合在一起的，因此，如果有人想根据这些要素来研究战略，那么这将是一种最不幸的想法。”

㉗

军之礼义与骑士精神

The Rites of Military and Chivalry

文 罗兆良　编 朱鸣　text: Paul　edit: Zhu Ming

《礼记》有云：“凡人之所以为人者，礼义也。”在社会各个方面都经历巨大嬗变的春秋中期之前，各诸侯国之间即使发生军事摩擦，也都必须遵守“军礼”而战，不可过分胡来，即打仗时要“以礼为固”，作战双方要以“堂堂之阵，正正之旗”，公平斗争。

正是在这种“遵守礼法”的社会氛围影响下，这个时期的战争以威慑对方为目的的小规模军事行动较多。《孙子兵法》中的“伐交”便是典型的军事威慑之法，其本意是通过布列阵势，显示强大实力，震慑敌人，逼迫其退缩或降服。以军事威慑和政治外交谋略，迫使对方屈服从而接受自己的条件，成为普遍奉行的战争指导原则。当时的强国，一方面“收编”周边小国，壮大自己；另一方面，与其他大国间发生战争时，多以双方妥协，或一方屈服为结局。彻底消灭对方武装力量、摧毁对方政权的现象比较罕见。于是，“会盟”“行成”等谈判议和方式时常可见。

齐桓公所发起的战争就突出反映了上述指导原则。他在位43年，参与大小战争20多次，其中除了“长勺之战”“乾时之战”等个别战役之外，基本上都是凭借军事上的威慑来达到战略目的。以“礼”为规范指导战争的原因，与当时各国掌权贵族及相互有宗族姻亲的关系是分不开的。“甥舅之国”“兄弟之国”名分的存在，决定了当时战争的性质——都是一家人，难免会有摩擦，但要有度。族长“周”制定的家规还是要遵守的，大家不要撕破脸。

但是，随着周王室的衰败，“礼”不可避免地走向式微。到了春秋战国时期，周王室的中央权力地位已经名存实亡，“一家无主”的状态导致各个诸侯国过去遵守的行为规范——“周礼”的影响力持续降低，“礼崩乐

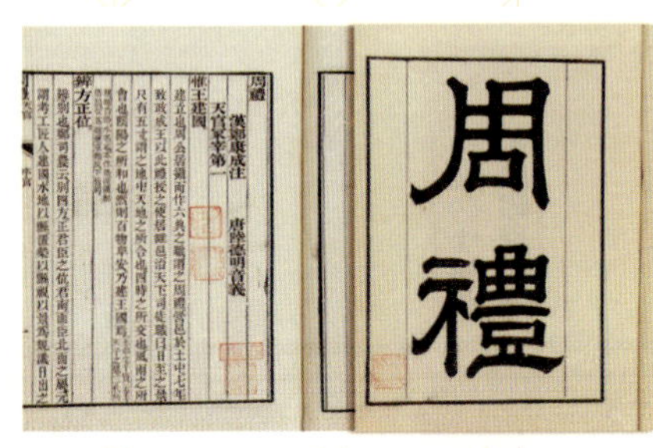

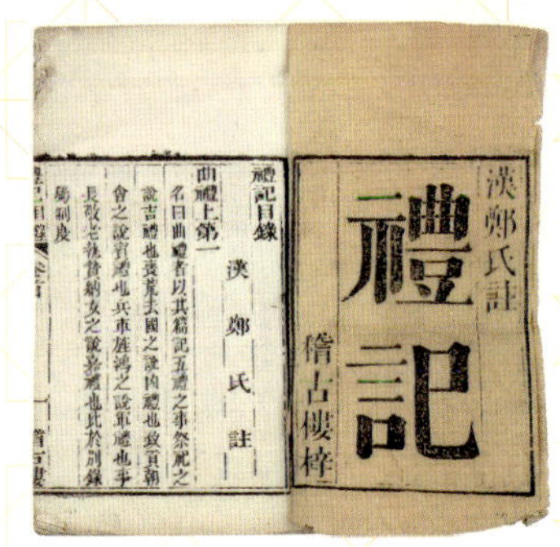

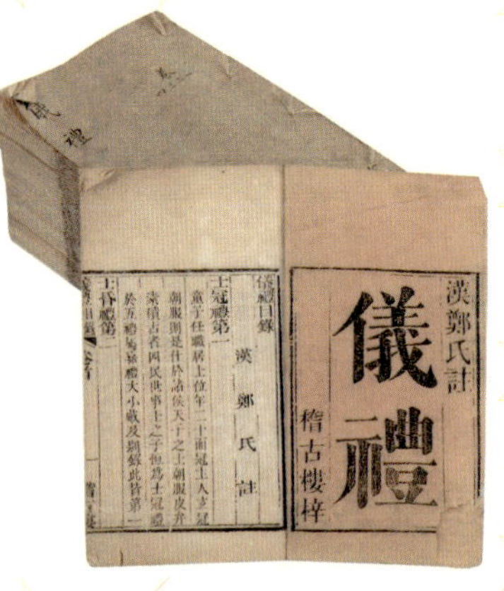

◉《周礼》《仪礼》《礼记》，并称为“三礼”。诞生于周代的“三礼”，对礼法、礼义做了最权威的记载和解释，是对历代礼制影响最为深远的三本著作。

◉ 公元前681年春，齐桓公霸业初成，主持“北杏会盟”。之前的“会盟”皆由周天子主持，齐桓公在这里开了诸侯自行担当盟主的先例，从此天子势力更弱，诸侯愈加强。

◉ 公元前678年，齐国召集鲁、宋、陈、卫、郑、许、滑、滕等国，举行“幽地会盟”。齐桓公被推为盟主，从此确定霸主地位。(东周列国故事选 / 齐桓称霸 / 张鹿山、叶浩之 绘)

坏”——老族长丧失权威，大家都争着要当族长。诸侯间“会盟”的性质，也从最初的“尊王攘夷”，以礼服天下，变成了“称雄争霸”，以武平天下。为了达到争霸或兼并的目的，这个时期的诸侯国，突破规则打击对手的做法变得越来越普遍。这种打破“规则”的思想集中体现在《孙子兵法》之中，即“用兵之道，在于不讲规则、出奇制胜”，要想打赢战争，最好的办法就是使用各种计策，蒙蔽敌人。

春秋以后，在《孙子兵法》教导下成长起来的中国历代军事家们，往往只看重战争的胜负，认为手段应该是为结果服务的，战争的目的是求胜，欲求胜，便不能拘泥于形式。正因如此，之后的中国，几乎再也没有出现过对战争手段和方法进行限制的法律规则。

而西方，自中世纪的“骑士精神”形成以来，“尊重程序，讲求规则”的意识一直统领、指导着整个西方军事思想体系，让这里的战争出现了独特的形态。西方对骑士精神的尊崇，延伸、融入世人生活的方方面面，从而最终导致中西文化的迥然不同。[1]

◉ 查理曼大帝(742~814)(来源：The Palace of Versailles 凡尔赛宫)

早在中世纪早期，骑士精神就已经开始萌芽，它源于早期日耳曼和罗马军事传统中，对于勇敢、忠诚、自我培养以及服务他人的称颂。将这些古老传统发扬光大的

1 Carnine, Douglas. World History:Medieval and Early Modern Times[M].USA: McDougal Littell.2006

◉ 贝叶挂毯（Bayeux Tapestry）中对于采邑制的描绘。

人，是查理曼大帝的骑兵们。公元800年，查理曼大帝统一西欧，被教皇加冕为“伟大的罗马皇帝”，12名跟随他南征北战的勇士成为“皇帝的侍卫”，他们被人们称为圣骑士（Paladin），并统帅着当时加洛林王朝的所有法兰克骑士们。[2]

在此时期，农业占据了社会经济的绝对支配地位，土地是最重要的财产，于是，一种最终赋予骑士制度以经济载体的“军事采邑制”应运而生。双方以土地为基础，以服骑兵役为纽带，维系了相互的关系。服骑兵役者不仅获得了经济上的力量，而且获得了政治上、法律上的力量。随着采邑的可继承性、可转让性的确立，国王的封臣又以骑兵服役为条件，将其从国王那里获得的采邑再分赐给他们的臣子。经济与政治联系紧密，骑士与土地进一步结合，骑士制度亦最终在西欧确立起来。[3]

承袭着在军事中所保持的理想美德，骑士们渐渐将“把个人荣誉感置于最神圣地位”的思想延伸到生活中。为了维护个人的尊严和名誉不受损害，决斗文化和个人英雄主义思想逐渐萌芽。这其中，教会对于骑士的教化和规范骑士们“内心对于理想的情怀”，起到了决定性作用。教会不仅修正了“古典概念美德”和“英雄主义”的定义，还向骑士们不停地灌输着“上帝的和平与休战”的思想。

作为骑士们共同遵守的行为准则的一部分，真正的“骑士精神”形成于1170～1220年。12～13世纪，西欧的经济有了缓慢但稳定的发展，货币经济逐渐恢复，封建贵族们能够过上更为安逸和体面的生活，这从某些方面降低了他们的野蛮程度，因为他们有条件过上更为充裕、更具品味的生活。新的骑士道德标准就是在这种物质背景下产生的。[4]

经过一段时期教会、社会以及君主对骑士阶级的影响，骑士们心中对于自我身份和个人美德的认同感更加巩固，“骑士精神”也从一首11世纪歌颂查理曼大帝时期圣骑士罗兰（Roland）的史诗《罗兰之歌》（La Chanson de Roland）中开始正式形成。这首史诗中对于骑士的要求便是“骑士法规”。[5]

2 Gautier, Léon. Chivalry[M].London.George Routlidge & Sons Ltd.1891　3 张景全、王卓．论骑士制度产生的原因[J]. 北京大学学报[社会科学版].2000年12月第1卷第4期
4 Brian, Tierney & Sidney, Painter.Western Europe in the Middle Ages.1998　5 La Chanson de Roland. Le Livre de Poche.1990

THE KNIGHTS CODE OF CHIVALRY AND THE VOWS OF KNIGHTHOOD

TO FEAR GOD AND MAINTAIN HIS CHURCH

†

TO SERVE THE LIEGE LORD IN VALOUR AND FAITH

†

TO PROTECT THE WEAK AND DEFENCELESS

†

TO GIVE SUCCOUR TO WIDOWS AND ORPHANS

†

TO REFRAIN FROM THE WANTON GIVING OF OFFENCE

†

TO LIVE BY HONOUR AND FOR GLORY

†

TO DESPISE PECUNIARY REWARD

†

TO FIGHT FOR THE WELFARE OF ALL

†

TO OBEY THOSE PLACED IN AUTHORITY

†

TO GUARD THE HONOUR OF FELLOW KNIGHTS

†

TO ESCHEW UNFAIRNESS, MEANNESS AND DECEIT

†

TO KEEP FAITH

†

AT ALL TIMES TO SPEAK THE TRUTH

†

TO PERSEVERE TO THE END IN ANY ENTERPRISE BEGUN

†

TO RESPECT THE HONOUR OF WHITE WOMEN

†

NEVER TO REFUSE A CHALLENGE FROM AN EQUAL

†

NEVER TO TURN THE BACK UPON A FOE

＊骑士法规：敬畏上帝，维护主的教会；为主献上勇气与信仰；保护弱小和无助的人；给寡妇与孤儿帮助；不可无礼地冒犯他人；活得尊严以及荣誉；不看重金钱的奖赏；为所有人的幸福而战斗；遵从当权者的指令；维护其他骑士的尊严，回避不公正、恶意以及欺骗；持守信仰；只说实话；坚持到底；尊重白人女性；绝不回拒同等之人的挑战；绝不背对敌人

骑士作战尊重程序，讲求规则，“维护公平”比“打败对手”更有意义。无论是在作战还是在决斗中，都必须通过平等竞争，即要在阳光下凭借自己的本事和勇气赢得胜利，不允许使用各种阴谋诡计，不允许给敌人设圈套，不允许通过不正当手段攻击对手。若首先攻击指挥官，战争就失去了意义，因为“没有进行充分的表演就直接得出胜负的结论是不正当的”，通过“走捷径”的方式来达到目的是难以被接受的。

早在中世纪英诺森三世（Innocent III）时期，为了规范骑士们的作战原则，“教会法”就禁止使用“大规

◉ 马内塞古抄本（Codex Manesse）中对骑士的描述。骑士精神有八大美德，起初由勃艮第公国（Duchy of Burgundy）的公爵开始明确规定，作为真正的骑士必须具备的美德。在经过一段时期的传播后，这八大美德逐渐成为之后骑士们固守的信条。骑士精神“八大美德”分别是：

（来源：Universitätsbibliothek Heidelberg 海德堡大学图书馆）

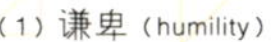

（1）谦卑（humility）

（2）荣誉（honor）

（3）牺牲（sacrifice）

模杀伤性武器”投石机（ballista），并且规定战争双方不能侵犯僧侣、商人、妇女和儿童这些特定的人群，否则开除教籍。被誉为“国际法之父”的胡果·格劳秀斯（Hugo Grotius）的《战争与和平法》也是在这种思维下书写的。[6]

（4）英勇（valor）

（5）怜悯（compassion）

6 Kajencki, AnnMarie Francis. Count Casimir Pulaski: From Poland to America, a Hero's Fight for Liberty. New York: PowerPlus Books.2005.

相较于“骑士精神”，中国《孙子兵法》“不讲规则”的用兵之道，以及受《孙子兵法》影响后来发展起来的《三十六计》，把“诡道”发挥到了极致。其核心就是通过“不按套路出牌”，以达到“出其不意，攻其不备”的目的。在这样的思维指导下，任何一方都没有绝对的强，绝对的弱，兵力的多少并不是决定战争胜负的唯一因素。所以中国古代的经典战役，大多都是以少胜多、以弱胜强。

《孙子兵法》中的思想具有很明显的“齐文化”伦理思想特点，即一方面讲“仁”“礼”，另一方面更重功利。《孙子兵法》讲“仁”，但是并不把“仁”放在首要地位。

(6) 诚实 (honest)

(7) 公正 (justice)

◉ 上海公共租界巡捕房警察参与大清衙门审判犯人

（8）灵魂（spirituality）

◉ 胡果·格劳秀斯（1583~1645）（来源：Museum Het Prinsenhof 普林森霍夫博物馆）

◉ 绘画作品《罗兰吹响号角》

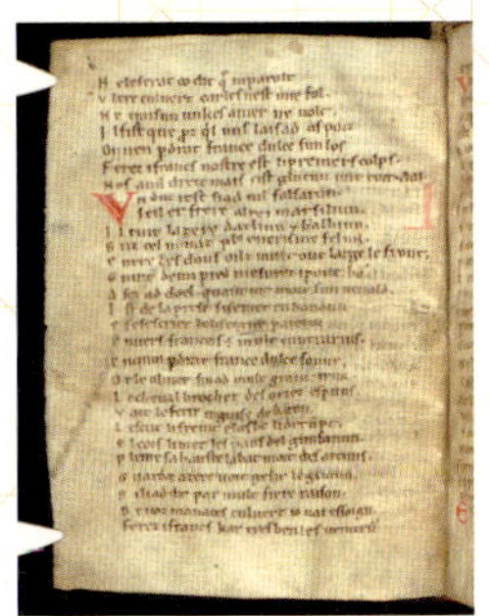

◉ 1908 年的《罗兰之歌》手稿

◉ 绘画作品《罗兰之歌》

“将者，智、信、仁、勇、严也。”它在讲将领的“五德”时，把“智”放在首要地位，而把“仁”的要求放在次要地位，是十分自然的。[7]

中西方对军事战争的不同理解，直接影响到了后世人们法律观念上的差异。在骑士精神的影响下，西方司法一直秉持着“程序至上、公平竞争”的原则和观念。发现事实必须依赖于正当程序才是有效的，通过欺骗、强迫、暴力等手段取得了所谓的“证据”，即使能证明事实，也不能采纳；作证义务不能向所有人提出，近亲属、医生、神职人员等特定人群具有作证的豁免权。

在实用主义思维的支配下，中国传统司法则表现出了强烈的“结果主义”倾向。司法的目的在于正确裁判，正确裁判的关键则在于发现事实。只要能发现事实，什么手段都可以使用。于是，在中国古代司法中，刑讯逼供现象比较普遍，并且这些往往被视为“妙判”的技巧来宣扬。所以在中国历史上，如西方那样，把司法当成一个“表演化”的过程，并以这一过程来确定结论的正当性的观念，始终不曾存在过。

7 思妃．中国古代兵书通解 [J]. 长春：吉林人民出版社．1992

火攻
第十二

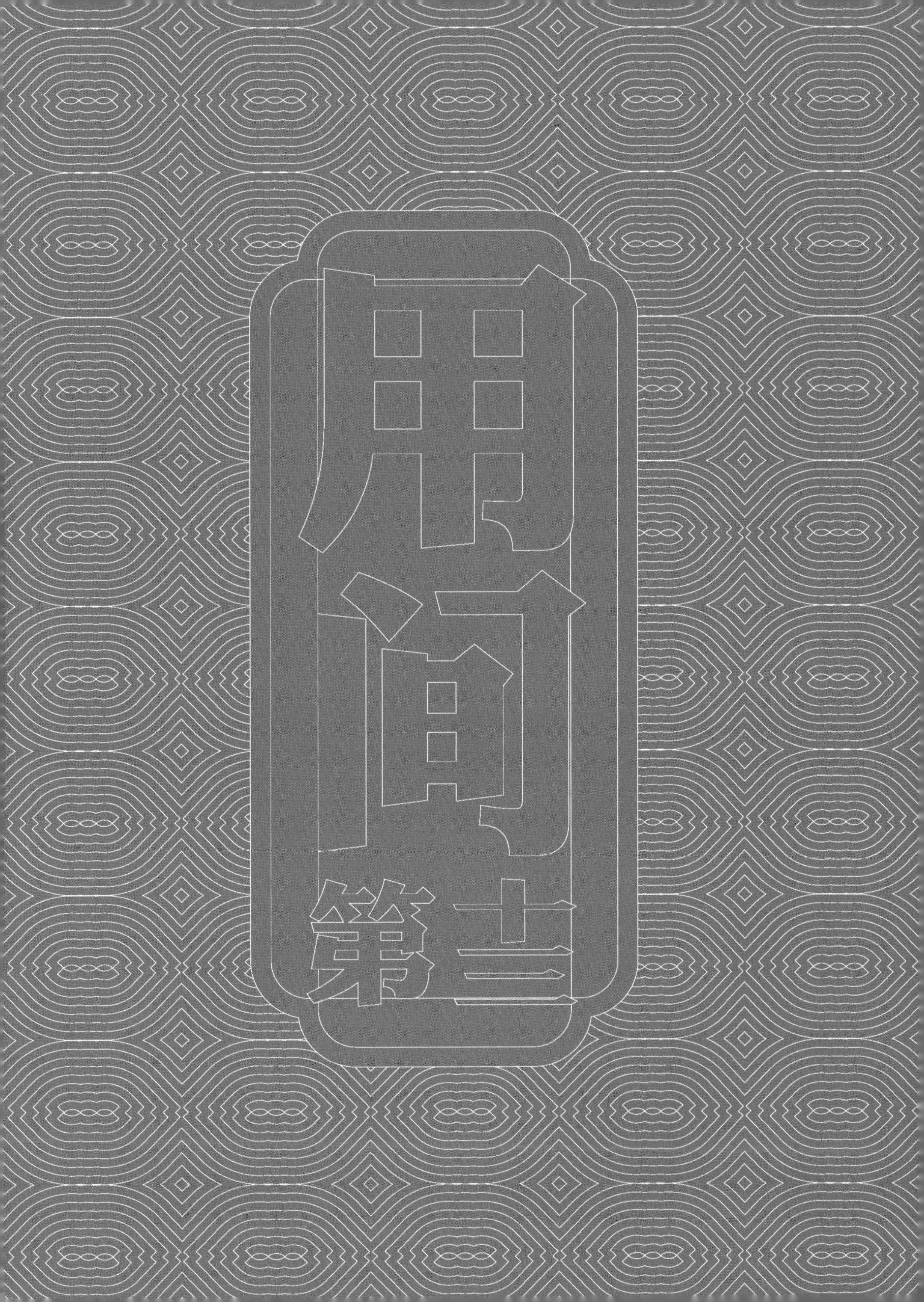
用间
第十三

29

在漫画中看懂“兵法”

The Art of War in Comic

文 李宛霖　编 朱鸣　text: Li Wanlin　edit: Zhu Ming

《孙子兵法》除了内涵深刻外，曾经也以文风优美、遣词用句言简意赅而为世人称道，千年前的“优秀作文”让今天的人看却颇有些头疼——古文对于许多人来说，几乎已是一门“外语”，那么，如何轻松愉快地读懂《孙子兵法》呢？漫画或许是个不错的途径。

◉ 蔡志忠笔下的孙武

● 蔡志忠，台湾彰化人，九岁立志成为漫画家，从此心无旁骛地朝漫画家的道路前进。几十年来，他将诸子百家的经典创作成漫画，广受好评。其主要作品有《孔子说》《孟子说》《孙子说》等。● 蔡志忠用深入浅出的笔法、独特而有吸引力的画风，将《孙子兵法》中的兵家智慧，化为一个个鲜活生动的人物形象。蔡志忠笔下的孙武，留着小胡子，戴着高帽，寥寥数笔，一个生动有趣的兵法家形象便跃然纸上。

◉ 日版蔡志忠漫画封面

李志清《孙子攻略》

● 来自香港的漫画家李志清，凭借《孙子攻略》，赢得了日本“国际漫画奖”，成为第一位打入日本市场的香港漫画家。李志清的漫画作品以水墨风格为主，代表作品有《三国志》《孙子攻略》《射雕英雄传》等。● 2006年，《孙子攻略》被翻译成日文出版，在日本大受好评，售出数十万册。此书全集共十册，皆以《孙子兵法》中的关键词命名。漫画讲述在东周晚期的混乱局势中，良将伍子胥与其背后的孙武，运用《孙子兵法》的谋略，洞察战事先机，纵横沙场。● 李志清擅长使用传统水墨的笔法创作，《孙子攻略》用色彩的浓淡、明暗，或刚或柔的曲线、直线，控制着人物的情感和氛围。●“港漫”大多擅长打斗场面的刻画，且采用香港电影式的分镜处理手法，使读者有身临其境之感。李志清的《孙子攻略》，以中国经典历史故事为母本，加上独特的画风，迅速吸引了日本读者的眼球。

◉ 李志清所绘《孙子攻略》，画风颇具个人特色

◉《孙子攻略》漫画封面

◉ 李志清笔下的孙武与吴王

◉《孙子攻略》故事中另一位重要角色——伍子胥

◉《死侍兵法》封面

● 漫威(Marvel Comics),美国最著名的漫画公司之一,创作了许多经典超级英雄漫画,蜘蛛侠、钢铁侠、美国队长等角色皆出于此。死侍(Deadpool),漫威旗下的经典"反英雄角色"(同时具有反派人物缺点及英雄气质的角色),拥有"不死之身",很强,但性格超"贱",与之前的英雄们有着巨大的反差,一出场便赚足人气。

● 《孙子兵法》作为一部闻名世界的兵学圣典,在西方世界也颇受推崇。"脑洞"特别大的漫威,将《死侍》与《孙子兵法》结合,推出了漫画《死侍兵法》:死侍穿越到古代中国,看到了孙武帮吴王训练宫女的场

◉ 死侍的"兵法活用"

01 我有许多名字，但最为人知的一个就是孙子（武）了。
02 一天，我那部具有深远影响力的作品《孙子兵法》引起吴王阖闾的关注。
03 他召见我并对我说，他想让我用自己的兵法训练他的宫女，来测试一下兵法是否实用。我同意了。

●《死侍兵法》中的孙武形象

◉《膑～孙子异传～》封面

星野浩字《膑～孙子异传～》

● 同样身为大兵法家的孙膑*，成了日本漫画家星野浩字《膑～孙子异传～》的主角。故事发生在战国时期，兵荒马乱，盗贼在中国四处肆虐。星野想要画一个“战乱中的孤儿”的故事，于是便决定以孙膑为主角，由这位“讨厌战争”的军师，去保护战乱中的平民百姓。漫画中的孙膑被描绘为一个脸上受到黥刑（古代在脸上刻字，以表示犯罪的标志），膝盖受到膑刑的怪异男人。他原为齐国将军田忌的军师，在屡立战功即将飞黄腾达之时，拒绝了高官厚禄，独自前往北方拯救遭受战乱之苦的人民。● 由于战国时期流传下来的相关史料很少，星野只能凭借自己的想象力和创造力来还原当时的场景。在漫画中，星野时常引用孙武的名言，作为主角孙膑的“制胜法宝”。星野认为，孙武的战术和战略中有着“温柔”的情感部分，他希望能够将这份对人类和社会的“温柔”传递给读者。

◉ 孙膑被描绘成一个受过“黥刑”和“膑刑”的奇怪男子。

* 孙膑，战国时期齐国人，著有《孙膑兵法》，故被称为“齐孙子”。中国历史上有两位著名的“孙子”，一位是“吴孙子”孙武，另一位便是“齐孙子”孙膑。

参考文献
REFERENCES

中文

① 郭化若 . 孙子兵法译注 [M]. 上海: 上海古籍出版社, 2012.
② 孙武撰, 曹操等注, 杨丙安校理 . 十一家注孙子校理 [M]. 北京: 中华书局, 1999.
③ 赵国华 . 中国兵学史 [M]. 福州: 福建人民出版社, 2004.
④ 刘永华 . 中国古代军戎服饰 [M]. 北京: 清华大学出版社, 2013.
⑤ 刘永华 . 中国古代车舆马具 [M]. 北京: 清华大学出版社, 2013.
⑥ 李零 . 孙子古本研究 [M]. 北京: 北京大学出版社, 199 5.
⑥ 李零 . 吴孙子发微 [M]. 北京: 中华书局, 1997.
⑦ 李零 . 兵以诈立: 我读《孙子》[M]. 北京: 中华书局, 2006.
⑧ 黄朴民 . 王者无外: 中国古代国家统一战略研究 [M]. 长沙: 岳麓书社, 2013.
⑨ 黄朴民 . 梦残干戈: 春秋军事历史研究 [M]. 长沙: 岳麓书社, 2013.
⑩ 黄朴民 . 先秦两汉兵学文化研究 [M]. 北京: 中国人民大学出版社, 2010.
⑪ 张震泽撰 . 孙膑兵法校理 [M]. 北京: 中华书局, 2014.
⑫ 郭建 . 金戈铁马: 兵制与军事 [M]. 长春市: 长春出版社, 2004.
⑬ 陈恩林 . 先秦军事制度研究 [M]. 长春市: 吉林文史出版社, 1991.
⑭ 思妃 . 中国古代兵书通解 [M]. 长春市: 吉林人民出版社, 1992.
⑮ 刘昭祥, 王晓卫 . 军制史话 [M]. 台北市: 国家出版社, 2005.
⑯ 佐藤坚司 . 孙子研究在日本 [M]. 高殿芳译 . 北京: 军事科学出版社, 1993.
⑰ 克劳塞维茨著, 中国人民解放军军事科学院译 . 战争论 [M]. 北京: 解放军出版社, 2004.
⑱ 李德・哈特著, 钮先钟译 . 战略论: 间接路线 [M]. 上海: 上海人民出版社, 2010.
⑲ 山东省博物馆临沂文物组 . 山东临沂西汉墓发现《孙子兵法》和《孙膑兵法》等竹简的简报 [J]. 文物, 1974年第2期 .
⑳ 银雀山汉墓竹简整理小组 . 临沂银雀山汉墓出土《孙膑兵法》释文 [J]. 文物, 1975年第1期 .
㉑ 时殷弘 . 从"朝贡和平"到决战决胜: 汉初80年的帝国对外历程 [J]. 文化纵横, 2011年第3期 .
㉒ 时殷弘 . 武装的中国: 千年战略传统及其外交意蕴 [J]. 世界经济与政治, 2011年第6期 .
㉓ 翟东升, 时殷弘 . 对孙子的克劳塞维茨式批判 [J]. 战略与管理, 2003年第5期 .
㉔ 高殿芳 .《孙子兵法》在日本的传播源流简述 [J]. 日本研究, 1988年第4期 .
㉕ 张景全、王卓 . 论骑士制度产生的原因 [J]. 北京大学学报社会科学版 . 2000年12月第1卷第4期 .
㉖ 熊剑平 . 日本的《孙子》研究 [J]. 军事历史研究, 2011年第2期 .
㉗ 霍印章 . 论《孙膑兵法》对《孙子兵法》的继承和发展 [J]. 军事历史研究, 1987年第4期 .
㉘ 陈相灵 . 论《武经七书》的历史渊源及时代价值 [J]. 军事历史研究, 2003年第3期 .
㉙ 阎盛国 . 宋代诗人笔下的孙武与《孙子兵法》[J]. 军事历史研究, 2011年第3期 .
㉚ 阎盛国 . 唐代诗人笔下的孙武与《孙子兵法》[J]. 军事历史研究, 2009年第4期 .
㉛ 阎盛国 . 诗词曲赋视野下的孙子与《孙子兵法》[J]. 滨州学院学报, 2014年10月第30卷第5期 .
㉜ 褚良才 . 宋刻本《十一家注孙子》汇考 [J]. 浙江大学学报人文社会科学版, 2000年8月第30卷第4期 .
㉝ 张小龙, 张志学 . "奇正"与"真锐"之争: 从中日兵学思想渊源解析甲午海战 [J]. 南京政治学院学报, 2014年第30卷第5期 .
㉞ 黄朴民 .《武经七书》的文化密码 [J]. 美文, 2014年第23期 .
㉟ 周凤五 . 六韬研究 [D]. 台湾: 国立台湾大学历史研究所, 1979.
㊱ 萧子仲 . 墨家组织与管理思想之研究 [D]. 台湾: 国立政治大学公共行政研究所, 1983.
㊲ 杨宏彬 . 墨子的政治思想 [D]. 台湾: 中国文化大学政治学研究所, 1986.
㊳ 吴淑瑜 . 墨学问题之研究 [D]. 台湾: 东海大学中国文学研究所, 1987.
㊴ 罗独修 . 先秦兵家思想探源 – 以孙武 , 孙膑 , 尉缭为例 [D]. 台湾 中国文化大学史学研究所, 1998.
㊵ 林灿雄 . 墨子宗教政治暨经济思想探析 [D]. 台湾: 华梵大学东方人文思想研究所, 2004.
㊶ 洪协强 . 战国时期军事思想之研究 – 以《商君书》、《六韬》、《孙膑》、《吴子》、《墨子》为例 [D]. 台湾: 佛光大学哲学研究所, 2004.
㊷ 熊晓惠 .《周礼》与《司马法》军礼比较研究 [D]. 台湾: 逢甲大学中国文学所, 2005.
㊸ 于海峰 . 汉魏晋南北朝边塞乐府诗研究 [D]. 北京大学中国语言文学系, 2012.
㊹ 刘洋 . 先秦兵家军事哲学研究——以孙武、孙膑兵法为中心 [D]. 山东大学易学与中国古代哲学研究中心, 2011.
㊺ 成曙霞 . 唐前军旅诗发展史 [D]. 山东大学文史哲研究院, 2010.
㊻ 郭小转 . 多元文化背景中元代边塞诗的发展 [D]. 中央民族大学文学与新闻传播学院, 2012.
㊼ 张妍 .《银雀山汉墓竹简 [壹]・孙膑兵法》集释 [D]. 吉林大学古籍研究所, 2012.

英文

① Claudia von Collani: Amiot, Jean-Joseph-Marie. In: Biographisch-Bibliographische Kirchenlexikon(BBKL). Band 14, Bautz, Herzberg 1998, Sp. 697 - 700.
② Lionel Giles, The Art of War by Sun Tzu - Classic Collector's Edition, ELPN Press, 2009.
③ Ando, Your History Questions Answered-An essay written for War and Diplomacy class, 2008.
④ Carnine, Douglas. World History:Medieval and Early Modern Times. USA: McDougal Littell, 2006.
⑤ Gautier, Léon. Chivalry. London.George Routlidge & Sons Ltd, 1891.
⑥ Brian, Tierney & Sidney, Painter.Western Europe in the Middle Ages, 1998.
⑦ La Chanson de Roland. Le Livre de Poche, 1990.
⑧ Kajencki, AnnMarie Francis. Count Casimir Pulaski: From Poland to America, a Hero's Fight for Liberty. New York: PowerPlus Books, 2005.
⑨ J.F.C Fuller. The Reformation of War. Hutchinson and Company. London, 1923.
⑩ the Art of War: Sun Zi' s Military Methods, Columbia University Press, 2007.
⑪ Soldierly Methods: Vade Mecum for an Iconoclastic Translation of Sun Zi Bingfa, No. 178 of Sino-Platonic Papers, 2008.
⑫ 佐藤堅司 . 孫子の思想史的研究—主として日本の立場から [M]. 日本: 風間書房, 1962.
⑬ 佐藤堅司 . 孫子の体系的研究 [M]. 日本: 風間書房, 1963.
⑭ 守屋洋 . 孫子の兵法 [M]. 日本: 三笠書房, 1984.
⑮ 武岡淳彦 . 兵法と戦略のすべて [M]. 东京: 日本実業出版社, 1987: 228.
⑯ 金谷治 . 新訂 孫子 [M]. 东京: 岩波书店, 2000.
⑰ 金谷治译注 . 孫臏兵法—もうひとつの「孫子」[M]. 日本: 筑摩書房, 2008.
⑱ 守屋淳 . 最高の戦略教科書 孫子 [M]. 日本: 日本経済新聞出版社, 2014.

知中 ZHICHINA 零售名录

“知中 ZHICHINA”特集，每月出版。可前往以下零售书店购买，也欢迎书店来信洽谈合作。
工作邮箱：zhichina@foxmail.com

网站
亚马逊
当当
京东
中信出版社淘宝旗舰店
文轩网
博库网

北京
西单图书大厦
王府井书店
中关村图书大厦
亚运村图书大厦
生活·读书·新知三联书店
Page One 书店
万圣书园
库布里克书店
时尚廊书店
单向街书店

上海
上海书城福州路店
上海书城五角场店
上海书城东方店
上海书城长宁店
上海新华连锁书店港汇店
季风书园上海图书馆店
“物心”K11 店（新天地店）
上海古籍书店

广州
广州购书中心
新华书店北京路店
广东学而优书店
广州方所书店
广东联合书店

深圳
深圳中心书城
深圳罗湖书城
深圳南山书城
深圳西西弗书店

南京
南京市新华书店
凤凰国际书城
南京大众书局
南京先锋书店

天津
天津图书大厦

郑州
郑州市新华书店
郑州市图书城五环书店
郑州市英典文化书社
生活·读书·新知三联书店
郑州分销店

浙江
博库书城有限公司
博库网络有限公司电商
庆春路购书中心
解放路购书中心
杭州晓风书屋
宁波市新华书店

山东
青岛书城
济南泉城新华书店

山西
山西尔雅书店
山西新华现代连锁有限公司
图书大厦

湖北
武汉光谷书城
文华书城汉街店

湖南
长沙弘道书店

安徽
安徽图书城

江西
南昌青苑书店

福建
福州安泰书城
厦门外图书城

广西
南宁书城新华大厦
南宁新华书店五象书城
南宁西西弗书店

云贵川渝
贵州西西弗书店
重庆西西弗书店
成都西西弗书店
成都方所书店
文轩成都购书中心
文轩西南书城
重庆书城
新华文轩网络书店
重庆精典书店
云南新华大厦
云南昆明书城
云南昆明新知图书百汇店

东北地区
新华书店北方图书城
大连市新华购书中心
沈阳市新华购书中心
长春市联合图书城
长春市学人书店
长春市新华书店
黑龙江省新华书城
哈尔滨学府书店
哈尔滨中央书店

西北地区
甘肃兰州新华书店西北书城
甘肃兰州纸中城邦书城
宁夏银川市新华书店
新疆乌鲁木齐新华书店
新疆新华书店国际图书城

机场书店
北京首都国际机场 T3 航站楼
中信书店
杭州萧山国际机场
中信书店
福州长乐国际机场
中信书店
西安咸阳国际机场 T1 航站楼
中信书店
福建厦门高崎国际机场
中信书店

香港
绿野仙踪书店

微博账号
@知中 ZHICHINA